DICHTER DULDEN KEINE DIKTATOREN NEBEN SICH

In ihrem winzigen reich dem freien vers

DICHTER DULDEN KEINE DIKTATOREN NEBEN SICH

Reiner Kunze

Die wunderbaren Jahre

Von Deutschland nach Deutschland

herausgegeben
von
Matthias Buth und Günter Kunert

VERLAG
RALF LIEBE

Edition des
PEN-Zentrum deutschsprachiger Autoren im Ausland

Verlag Ralf Liebe, Weilerswist, 2013

Herstellung: Rheinische Druck- und Verlagsgesellschaft
Umschlaggestaltung: Ralf Liebe unter Verwendung einer Fotografie
von Jürgen Bauer (www.juergen-bauer.de)
Verlag Ralf Liebe
Kölner Str. 58
53919 Weilerswist
Tel.: 0 22 54/33 47
Fax: 0 22 54/16 02
info@verlag-ralf-liebe.de
www.verlag-ralf-liebe.de

ISBN : 978-3-944566-05-4
20.- Euro

Inhalt

Matthias Buth
  Kunzes Mut 9
Günter Kunert
  Herr Keuner und Herr Kunze. 11
Brigitte Friedrich
  Portraits Reiner Kunze 14
Reiner Kunze – Leben, Poesie und Prosa: ein Überblick 19

Freunde und Gefährten

Wolf Biermann
  Selbstportrait für Reiner Kunze 23
Walter Hinck
  Drei Stationen des Werks. 26
Birgit Lermen
  „.... wir wissen nicht zu fragen" 49
Wilhelm Gössmann
  Die Bedeutung Heinrich Heines für Reiner Kunze. 55
Doris Liebermann
  „Landschaften der Lüge"
  Mein Gespräch mit Jürgen Fuchs,
  dem Freund Reiner Kunzes 60
Gabriele Stötzer
  Rückkehr aus Prag.. 85
Utz Rachowski
  Kunze-Preis-Rede 94
Hendrik Grimmling
  Käfig der Freiheit 103
H. Johannes Wallmann
  Der blaue Vogel soll fliegen 108
Thomas Blomenkamp
  Musik mit Reiner Kunze 128
Karsten Dümmel
  „die schuld knien hören". 132
Karl Corino
  Die wunderbaren Jahre, Gründe, Hintergründe, Abgründe 137

Lutz Rathenow
Begegnungsblitze .. .. .146
Franz Hodjak
Brief mit blauem Siegel 150
Gerhardt Csejka
Ja, wenn sich der Prager Frühling ins Karpartenland ... .161
Karl Dedecius
Nachdichten .. .. .164
Hans Dieter Zimmermann
„Im Einbaum versteckt ..." 167
Volker Strebel
Im Vertrautsein zuhause –
Reiner Kunze und die tschechische Literatur .. .. .173
Michael Wolffsohn
Reiner Kunze – der stille Deutsche. .. .. .179
Peter Steinbach
Die Erinnerung des Johann Kogoj.. .. .. .186
Horst Drescher
Erzgebirgler ob der Donau. Seefahrt. .. .. .202
Marko Martin
„Es ist auf den Weg gebracht". Eine Danksagung.. 206
Udo Scheer
„Kommt Zeit, vergeht Unrat"
Der Verbandsausschluss – ein Exempel wird statuiert. 220
Uwe Grüning
„.... weil er so mutig ist" .. .. .235
Wulf Kirsten
Abschreckendes Beispiel eines Staatserschütterers 242
Toni Pongratz
Am Anfang.. .. .. .246
Ralf Liebe
Rudern zwei 249
Günter Kunert
Reiner Kunze liest .. .. .250

Prosa und Poesie für Reiner Kunze

Sabine Gruša
Aufrecht durchs Leben. .. .. .255

Jiří Gruša
Landeinwärts. .. .. .257
Schläfer. .. .. .258
Der Garten .. .. .258
Nicht geräuschlos .. .. .259

Kay Hoff
Warum ich keine Gedichte mehr schreibe .. .. .260

Eva Zeller
Geburtstagsgruß für Reiner Kunze. .. .. .263

Dirk von Petersdorff
Für Reiner Kunze
Die Geschichten sind am Ende. .. .. .265

Benno Rech
Reiner Kunze stimuliert Johannes Kühn
zu freudigerem Dichten .. .. .268

Johannes Kühn
Reiner Kunze zum 80. Geburtstag.. .. .. .272
Mittagsblick .. .. .273

Ludwig Harig
Alterslust.. .. .. .274

Werner Söllner
Ungewisses Gefühl .. .. .275

Ulrich Schacht
Prag, Café „Slavia". .. .. .276

Jan Wagner
versuch über silberdisteln .. .. .277

Zum Schluß

Matthias Buth
Ach, Deutschland. .. .. .280

Die Autoren .. .. .295
Die Fotografin. .. .. .280

Matthias Buth

Kunzes Mut

Wenn Mut eine literarische Kategorie ist, dann ist sie von Reiner Kunze nobilitiert worden.

Ein Leben in Deutschland seit 1933, erst als Kind im Verbrechersystem des NS-Staates, dann als Student und Schriftsteller bis 1977 gefangen im Repressionssystem der SED, anschließend nach Bayern gewechselt und seit dem 3. Oktober 1990 im Vereinigungsland.

Hätte Heinrich Heine in *Deutschland. Ein Wintermärchen* in Caput XIX auch Reiner Kunze meinen können?

> O, Danton, du hast dich sehr geirrt
> Und musstest den Irrtum büßen!
> Mitnehmen kann man das Vaterland
> An den Sohlen, an den Füßen.

„Mein Vaterland ist Deutschland", sagte Kunze am 16. Oktober 1979 in der ARD und auf die Frage, ob er ein politischer Autor sei, am 27. Oktober desselben Jahres im WDR: „Ich stelle mich dem Politischen dort, wo es mich als Autor stellt, wo es ins Existentielle hineinreicht. Aber ich bin kein politischer Autor, kein Autor, der schreibt, um Politik zu machen."

Im Buch *Deckname Lyrik* stellt Reiner Kunze 1990 Auszüge aus 12 Bänden Stasi-Verfolgungen zusammen.
Dort heißt es:

Gera, 31. August 1976 (Datierung ungenau)
Durch... IM...wurde bekannt, dass der Deutschlandfunk am 1.9.1976 gegen 19.30 Uhr eine Sendung über Reiner Kunze ausstrahlte, die folgendes beinhaltete: ... Jetzt

erscheint im S. Fischer Verlag eine neue Textsammlung von Reiner Kunze „Die wunderbaren Jahre"... Über dieses Buch sprach Gottfried Hoster mit der Leiterin des S. Fischer Verlages, Monika Schoeller... Nach der Veröffentlichung dieser stark politischen und system-kritischen Texte sowie evtl. persönlichen Konsequenzen des Autors befragt, äußerte die Sch.: „Das (ist)...möglich. Doch Reiner Kunze ist zu sehr realistisch, um das nicht zu sehen. Er hat mir, als ich das Manuskript bekam, ei-nen Brief geschrieben, in dem steht – ich zitiere das jetzt:

Nach Erscheinen dieses Buches rechnen wir, meine Frau und ich, mit jeder möglichen Maßnahme, die eine Regierung gegen einen Schriftsteller treffen kann. Wir hoffen, dass uns das Schlimmste erspart bleibt, aber auch darauf bin ich vorbereitet. Seien Sie jedenfalls ver-sichert, dass ich meinen Teil gründlich bedacht habe."

Für Reiner Kunze ist die Sprache der Ort, um Halt zu finden und Mut zu mobilisieren, sein inneres Vaterland.

In Gedichten, in den Prosastücken *Die wunderbaren Jahre*, in den Kinderbüchern, den Nachdichtungen vor allem tschechi-scher Lyrik sowie in Interviews und Essays hat er so Deutsch-land auch als geistiges Gefilde, als Sprachraum, erkennen lassen.

Am 16. August 2013 blickt Reiner Kunze auf acht Jahr-zehnte zurück. Sein Werk und sein tapferes Leben haben viele angeregt, über ihn zu schreiben und sich in einen Kontext zu setzen zu seinen Texten und Einsichten.

So ist ein Lesebuch entstanden zur Lyrik in Deutschland, zur Diktatur und Bevormundung des SED-Staats und zum Selbstbehauptungswillen aller, die wie Reiner Kunze an Deutschland gelitten haben und leiden, dieses Land aber heute als offene Hand erkennen wollen.

Mut und Entschiedenheit sind erforderlich: im Leben wie in der Literatur.

Günter Kunert

Herr Keuner und Herr Kunze

Einst habe ich mit Vergnügen die Brechtschen Keuner-Geschichten gelesen, und, wozu sie ja auch gedacht waren, auf unsere Wirklichkeit bezogen. Nur die eine der Geschichten scheint mir heute fragwürdig, dubios, auf unausgesprochene Weise sogar verräterisch. Es handelt sich um die Geschichte, da Herr Keuner von der Macht - sie ist übrigens namenlos - gefragt wird: "Willst du mir dienen?" Und Herr Keuner, ohne direkt zu antworten, dient der Macht, folgt ihren Wünschen, wartet ihr auf, pflegt sie und hegt sie, bis sie eines Tages stirbt, Keuner sich die Hände wäscht und sagt. „Nein!" Damals lächelten wir einverständig nickend über diesen Text, ohne zu ahnen, welchen moralischen Abgrund, welchen Niedergang des Menschlichen er heiter anekdotisch beschrieb. Nach dem Kriegsende 1945 traten die Keuners massenhaft auf, und es ist gar keine Frage, dass Brecht zu einem der Berühmtesten dieser Kategorie gehörte. Nur hat er den Tod der Macht nicht mehr erlebt, wie leider allzu viele nicht, die ihren Lippendienst geleistet hatten, um des eigenen Fortkommens, der eigenen Karriere willen.

Es war dieses Jahrhundert, das berüchtigte Zwanzigste, da die Keuners in allen Bereichen des Lebens und natürlich auch in denen der Kunst und Literatur auftraten. Ihre Namen sind meist schon vergessen. Erinnert werden nur jene, die die Frage der Macht vor deren Tod mit "Nein" beantworteten. Unter diesen befand sich auch ein Herr Kunze, der anfänglich der Macht gefällig gewesen war, weil er sie und ihre Ziele und Absichten verkannt hatte. Es war ja auch ein Jahrhundert des Getäuschtwerdens und der Selbsttäuschung. Herr Kunze jedoch, der durch seine Antwort sogleich in kafkaester Weise zu einem "Fall" wurde, gehörte zu der nicht gerade großen Schar, die sich früher oder später von der Macht, aber noch zu deren Lebzeiten, eigenständig aus diesem Dienst entließen. Damit hatte Herr Kunze ein Zeichen gesetzt, ein würdiges, indessen Herr Keuner seinen später geleugneten Opportunimus weder jemals abgestritten noch erwähnt hat. Natürlich weist der „Fall Kunze" weit über den Anlaß hinaus, er ist, vorsichtig gesagt, paradigmatisch, und zwar keineswegs nur gewesen, sondern auch heute beispielhaft gültig.

Wo immer die Macht bemüht ist, über alles und jeden herrschen und bestimmen zu können, wird jeder, dessen Wort diesem überheblichen Anspruch nicht genügt, zum Außenseiter, zur "Unperson", zum Feind, ob klassen- oder rassebezogen spielt keine Rolle, wird er auf jeden Fall zum Störenfried, der als Schlange im permanent deklarierten Paradies der Macht nichts zu suchen hat. Bis jedoch der Keunerungleiche merkt, worum es geht, dauert eine gewisse Weile, denn anfangs ist er ja noch gutwillig und glaubt an das, was im 18. Jahrhundert „Fürstenerziehung" hieß, glaubt an die Möglichkeit, literarisch die Macht zu sympathiesieren, ihr ein „menschliches Antlitz" zu verleihen, bis er merkt, dass die anfängliche Liebesmüh ganz unerwünscht ist. Die Macht ist bekanntlich nur an dem interessiert, was ihr nützt und was sie stützt. Herr Kunze war keine Stütze. Wir wissen ja, dass ein ziemlich umfangreicher Teil von Autoren, Intellektuellen überhaupt, von Künstlern die DDR verließen, im Bewußtsein, dass dieses tiefgekühlte, festgefrorene System unreformierbar ist.

Die meisten von ihnen, von uns, möchte ich meinen, lebten lange Zeit in der Illusion, aus diesem "Ländchen" (wie Sarah Kirsch die DDR nannte) etwas machen zu können: zwar kein liebenswertes, aber doch ein lebenswertes Gebilde. Insofern unterlagen die Nachdenklicheren einem zeitweilig währenden Irrtum, bis sie eines Tages mit der Macht kollidierten. „Es ist eine alte Geschichte, doch bleibt sie ewig neu,.." wie es bei einem anderen Emigranten namens Heinrich Heine heißt.

Herrn Kunzes Schicksal bildete die Blaupause für viele folgende Lebensläufe. Seine Vertreibung war schon der Anfang von dem kommenden Exodus wesentlicher Autoren. Kein Keuner zu sein, war gewiß beschwerlicher und beängstingender, als sich nach der historischen "Wende" die Hände zu waschen und den Dienst, der sowieso sinnlos geworden war, zu verweigern.

Brigitte Friedrich

Portraits Reiner Kunze

1973

1977

1986

1986

1998

1998

1998

Leben, Poesie und Prosa: ein Überblick

Reiner Kunze wurde am 16. August 1933 als Sohn eines Berg-arbeiters in Oelsnitz im Erzgebirge geboren, studierte von 1951 bis 1955 Philosophie und Journalistik in Leipzig, war wissen-schaftlicher Assistent, verließ 1959 vor der Promotion die Uni-versität aus politischen Gründen, arbeitete als Hilfsschlosser. Seit 1962 wohnte er als freiberuflicher Schriftsteller mit seiner Frau Elisabeth, einer Ärztin aus der Tschechoslowakei, und einer Tochter in Greiz. Am 22. August 1968 trat er aus der SED aus, 1976 wurde er aus dem Schriftstellerverband ausgeschlos-sen, im Frühjahr 1977 siedelte er in den Westen Deutschlands über. Er lebt seit Herbst 1977 in Obernzell-Erlau bei Passau.

Reiner Kunze ist Mitglied des P.E.N. – Zentrums deutsch-sprachiger Autoren im Ausland sowie mehrerer Akade-mien, Ehrendoktor der TU Dresden und Träger u.a. des Großen Bundesverdienstkreuzes und des Bayerischen Ma-ximiliansordens. Für sein Werk erhielt er u.a. den Überset-zerpreis des tschechoslowakischen Schriftstellerverbands 1968, den Deutschen Jugendbuchpreis 1971, den Litera-turpreis der Bayerischen Akademie der Schönen Künste 1973, den Andreas-Gryhius-Preis 1977, den Georg-Trakl-Preis 1977, den Georg-Büchner-Preis 1977, den Geschwis-ter-Scholl-Preis 1981, den Eichendorff-Literaturpreis 1984, den Weilheimer Literaturpreis 1995, den Hölderlin-Preis 1999 und den Hans-Sahl-Literaturpreis 2001, den Thüringer Litera-turpreis 2008 und den Menninger Freiheitspreis 2009.

Zu seinen Ehren stiftete Kunzes Vaterstadt Oelsnitz den Reiner-Kunze-Preis, der 2007 erstmalig verliehen wurde.

Werke (Auswahl): widmungen, gedichte (= g.), Bad Godesberg o.J. (1963) / sensible wege, g., Reinbek 1969 / Der Löwe Leopold. Fast Märchen, fast Ge-schichten, Frankfurt am Main 1970 / Der Dichter und die Löwenzahnwie-se, Berlin (West) 1971 / zimmerlautstärke, g., Frankfurt 1972 / Brief mit blauem Siegel, g., Leipzig 1973 / Die wunderbaren Jahre, Prosa, 1976 / Das Kätzchen, mit Bildern von Horst Sauerbruch, 1979 / auf eigene hoffnung, g., 1981 / gespräch mit der amsel, frühe g., sensible wege, zimmerlautstärke, 1984 / eines jeden einziges leben, g., 1986 / Das weiße Gedicht, Essays, 1989 / Deckname »Lyrik«. Eine Dokumentation, 1990 / Wohin der Schlaf sich schlafen legt, G. für Kinder, 1991 / Am Sonnenhang, Tagebuch eines Jahres, 1993 / Wo Freiheit ist ... Gespräche 1977 – 1993, 1994 / Steine und Lieder. Namibische Notizen und Fotos, 1996 / ein tag auf dieser erde, g., 1998 / gedichte, 2001 [alle G. bis 2000] / Die Aura der Wörter. Denkschrift zur Rechtschreibreform, Stuttgart, 2002 / Wo wir zu Hause das Salz haben, Nachdichtungen, 2003 / Der Kuß der Koi, Prosa und Photos, 2002 / lindennacht, g., 2007 / Wenn wieder eine Wende kommt, Vortrag, 2011 / Was macht die Biene auf dem Meer? G. für Kinder, Mütter, Väter, Großmütter und Großväter. Mit Bildern von Horst Sauerbruch, 2011.

Reiner Kunzes in mehr als 30 Sprachen übersetztes Werk erscheint vor allem im S. Fischer Verlag in Frankfurt am Main sowie im Verlag Toni Pongratz.

Freunde und Gefährten

Wolf Biermann

Selbstportrait für Reiner Kunze

An Bitternis mein Soll hab ich geschluckt
Und ausgeschrien an Trauer was da war
Genug gezittert und zusammgezuckt
Das Kleid zerrissen und gerauft das Haar
    Ach du, ach, das ist dumm :
        Wer sich nicht in Gefahr begibt
        der kommt drin um

Mein Freund, wir wolln nicht länger nur
Wie magenkranke Götter keuchen ohne Lust
Von Pferdekur zu Pferdekur
Mit ewig aufgerissener Heldenbrust
    Ach du, ach, das ist dumm ...

Du, wir gehören doch nicht zu denen
Und lassen uns an uns für dumm verkaufen
Es sind ja nicht des Volkes Tränen
In denen seine Herrn ersaufen
    Ach du, ach, das ist dumm ...

Wir wolln den Streit und haben Streit
Und gute Feinde, viele
Von vorn, von hinten, und zur Seit
Genossen und Gespiele
    Ach du, ach, das ist dumm ...

Es ist schön finster und schön licht
Gut leben und gut sterben
Wir lassen uns die Laune nicht
Und auch kein Leid verderben
    Ach du, ach, das ist dumm ...

Kurz vor der Ausbürgerung 1976 schrieb ich in Ostberlin dieses Selbstportrait für meinen Freund, den Lyriker in Greiz. Reiner besuchte mich gelegentlich in der Chausseestraße 131. Ich war damals schon seit dem skandalösen 11. Plenum des ZK der SED im Dezember 1965, total verboten. Mein Status: staatlich anerkannter Staatsfeind. Das hieß: absolut keine Veröffentlichung in der DDR, kein einziges Konzert.

Ich wollte aber nicht vereinsamen und vertrocknen und verbittern und verblöden. Also nahm ich meine Freunde und fast jeden Fremden schamlos in Gebrauch: Ich las den Besuchern meine neuen Gedichte vor und sang meine neuesten Lieder. Eine komische Szene habe ich scharf im Gedächtnis: Freund Kunze mal wieder zu Besuch. Er saß mir am schwarzen Tisch auf den beiden rotplüschigen Sesseln im Erker der Chausseestraße 131. Wir tranken Tee. Ich hatte ihm das obligate Privatkonzertchen geliefert, hatte ihm auch mein neuestes Liebeskummer-Lied vorgesungen, das „Kuckuck-Lied" mit der Pointe: „Der Kuckuck hat gelog'n / Und du hast mich betrog'n / Und dich, mein Lieb dazu." - Da sagte der Lyriker aus Thüringen pathetisch im thüringischen Sachsen-Ton – also das „b" wie ein „p" und das „k" wie ein „g" ausgesprochen - „Schön! sehr schön, Wolf. Aber das Gugguggslied – das pleipt!"

Es brach nun das Schicksalsjahr 1976 über uns herein. Kunze hatte kurze Prosatexte über das Leben in der DDR unter dem sarkastischen Titel *Die wunderbaren Jahre* veröffentlicht. Das Buch erschien im Westen, natürlich ohne Genehmigung unserer Obrigkeit. Kunze war daraufhin aus dem Schriftstellerverband der DDR ausgeschlossen worden. Und im November dieses verflixten Jahres durfte ich mit einem Visum von Ostberlin nach Köln reisen. In meinem ersten Konzert in Köln, zum allerersten Mal gleich vor achttausend Menschen, sang ich auch dieses „Selbstportrait für Reiner Kunze", ein Lied mit dem Refrain: „Wer sich nicht in Gefahr begibt, der kommt drin um."

So wie fast jedes Portrait eines anderen Menschen - das gilt für Maler wie für Dichter - oft auch ein unfreiwilliges Selbstportrait ist, so ist umgekehrt natürlich mein „Selbstportrait " auch ein indirektes Portrait des Kollegen Kunze. Wir waren eben entgegengesetzte Charaktere. Wir kämpften gegen den gleichen Feind, also gegen die totalitäre Monopolbürokratie in der DDR, aber wir waren beide auf sehr unterschiedliche Art Soldaten in dem, was Heinrich Heine im Gedicht „Enfant Perdu" den ewigen Freiheitskrieg der Menschheit nennt.

Ich wollte damals den bedrängten Freund in seiner Haltung bestätigen und trösten und ermutigen – aber eben auch knuffen und stacheln.

Walter Hinck

Drei Stationen des Werks

Der Vater Bergarbeiter im Erzgebirge, die Mutter Heimarbeiterin der Strumpfindustrie, Eltern also aus der Klasse des Proletariats – günstigere Voraussetzungen für die Übereinstimmung der Interessen von sozialistischem Staat und jungem Schriftsteller lassen sich kaum denken. Der Schriftsteller findet Wohlwollen und die besten Startbedingungen vor, die Kulturpolitik des Staates rechnet mit seiner Zustimmung und Linientreue. Im Falle des 1933 geborenen Reiner Kunze schien diese Rechnung zunächst aufzugehen.

Denn eine erste Phase zeigt Kunze noch ganz aufgehoben in der staatlichen Förderung von Arbeiterkindern, die ihn zum Abitur führt. So stark ist noch das Maß der Konformität, dass Kunze schon als Sechzehnjähriger in die SED eintritt (1949). Der Prozess der Abnabelung beginnt wohl mit dem Studium in Leipzig, an einer Universität, an der noch ein Geisteswissenschaftler wie der Autor des mehrbändigen Werks „Geist der Goethezeit", H.A. Korff, lehren durfte und der Philosoph Ernst Bloch und der Literaturwissenschaftler Hans Mayer, beide aus dem Exil zurückgekehrt, mit ihren Vorlesungen einen weiten Horizont aufrissen (und schließlich dann von der marxistischen Orthodoxie in den Westen getrieben wurden).

Kunzes Tätigkeit als wissenschaftlicher Assistent in der Journalistischen Fakultät, zunehmend von einer neuen Freiheit des Denkens bestimmt, stößt auf die Entrüstung der ideologischen Hardliner; er fällt in Ungnade. Dieser erste eklatante Bruch im Verhältnis zum System der DDR hat tiefgreifende Folgen. Kunze wird aus dem Lehrkörper der Universität verstoßen und in die Verbannung geschickt, zur Arbeit als Hilfsschlosser im Maschinenbau (1959-1961). Aber immer noch ist er formell Mitglied der SED. Was wie Inkonsequenz scheinen mag, ist wohl ein Tribut um der Literatur willen. Dem jungen Autor, der 1959 seinen ersten Gedichtband veröffentlicht und sich 1962 ins Risiko des freien Schriftstellers eingelassen hat, kann an einer totalen Konfrontation noch nicht gelegen sein. Dieser entscheidende zweite Bruch mit dem Regime wird unaufschiebbar, als im August 1968 die Bewegung des „Prager Frühlings" von 1968, die Bewegung eines „humanen Sozialismus", von den Truppen des Warschauer Pakts, auch der DDR, niedergewalzt wird. Kunze, seit 1961 mit einer tschechischen Ärztin verheiratet, protestiert und erklärt seinen Austritt aus der SED.

Eine totale Vereisung der Beziehung zwischen Regime und Dichter ist die Folge. Der autoritäre Staat und sein Instrument, die Staatssicherheit, schließen das Netz der lückenlosen Überwachung. Verschärft wird die Situation, weil es Kunze gelungen ist, in der Bundesrepublik einen Verlag für einige Bücher zu finden. Zum Signal werden die Veröffentlichung des Bandes *Die wunderbaren Jahre* (1976), der Ausschluss aus dem Schriftstellerverband der DDR und Kunzes Beteiligung am Protest gegen die Ausbürgerung Wolf Biermanns (1976). Kunze, längst zur unerwünschten Person geworden, antwortet seinerseits mit dem Antrag auf Entlassung aus der DDR-Staatsbürgerschaft und kann mit seiner Familie die DDR verlassen (1977). In der Nähe von Passau findet er ein Asyl.

Drei Bücher sind es vor allem, in denen der Zündstoff dieser Schriftstellerexistenz, das Daseinsbewusstsein und die Schreibtechniken Kunzes ihren exemplarischen Ausdruck finden: *zimmerlautstärke*, gedichte (1972), *Die wunderbaren Jahre*, Prosa (1976) und *ein tag auf dieser erde*, gedichte (1998).

zimmerlautstärke, gedichte (1972)

Die durchschaute Phrasenhaftigkeit der ideologischen Sprache
In diesem Gedichtband versucht Kunze den Gegensatz zwischen politischem Anspruch und politischer Praxis vor

allem mit den Mitteln der paradoxen Redeweise bloßzustellen. Die „monologe mit der tochter" sind in Wahrheit Anreden an die Tochter, weil sie ihr Wissen und Erfahrungen weitervermitteln, die der Sprecher eigentlich „hinter schloss und riegel" (13) verwahren müsste: so sind zur sagenhaften Grausamkeit des asiatischen Eroberers Tamerlan (Timur) durch die „teilweise ausgrabung/jüngster fundamente" (12) alarmierende Parallelen entdeckt worden.

In der Schule steht beim Appell auf dem Schulhof ein Schüler der siebten Klasse ‚am Pranger', weil er das Bildnis Lenins mit Brille und dichtem Haupthaar versehen hat. Dieser Makel wird Folgen fürs ganze Leben haben. Mit einer paradoxen Wendung wartet der Schluss des Gedichts auf, indem er voraussetzt, dass Lenin selbst so humorlos und ideologisch verbohrt nicht reagiert hätte: „Lenin kann ihm nicht mehr helfen, tochter" (15). Die Begründung der Schulleitung stellt den Schüler zu den Feinden der Arbeiterklasse und den Handlangern der Imperialisten. Kunze verfolgt beharrlich die Spur der Phrasenhaftigkeit der Funktionärssprache.

Das Gedicht „drill" bringt eine Überlegenheitsgebärde zu Fall, und zwar in allgemeiner und in konkret satirischer Weise (16). Die Sprache der Fidschiinsulaner sei, so sage man, eine Sprache von niederer Kultur, weil sie auf dem einfachen Prinzip der Wiederholung beruhe („kere = bitten, „kerekere = betteln"). Am Ende werden zwei Sachverhalte kurzgeschlossen, die an sich nichts miteinander zu tun haben, im Gedankensprung zur Kulturlosigkeit der militärischen Kommandosprache: „Daher, tochter:/ marschmarsch!"

Das Versprechen des Lesebuch-Liedes, „Wir sind jung/ die Welt ist offen" im Gedicht „Siebzehnjährig" (19), wird mit der politischen Wirklichkeit konfrontiert, dem „Horizont aus schlagbäumen". Selbst in den Grenzflüssen wartet die Sperre: „Bis auf den flussgrund stacheldraht den nur/ der fisch durchschwimmt" (29).

Und doch behauptet sich die geheime, subtile Revolte der Lebenslust unter dem Zwangskorsett ideologischer Korrektheit im Gedicht SONNTAG (17):

Zwanzig zentimeter überm knie

In Strümpfen
die blühen über den schenkeln in
strümpfen gezeichnet wie die schlänge
in unsichtbaren strümpfen in
strümpfen geknüpft wie
strickleitern.

Im Vergnügen am erotischen Gedankenspiel immunisiert sich der Lyriker selbst gegen die Verführung durch den Ungeist, mit dem er im Handgemenge liegt.

Solidarität der Verfemten
Im Prosaband *Die wunderbaren Jahre* kann der Hinweis auf eine Reise Kunzes in die Sowjetunion – ausgerechnet 1968, im Jahr des Einmarsches der Truppen des Warschauer Pakts in die Tschechoslowakei – Befremden auslösen. Nicht aber in den *zimmerlautstärke*-Gedichten. Die Reise gehört in die Reihe jener mutigen Aktionen, durch die sich Kunze mit den literarischen Außenseitern, Abweichlern und Verfemten des „sozialistischen Lagers" solidarisiert. Das Gedicht RUSSLANDREISE 1968 bettet Details noch in ein poetisches Ungefähr ein:
„Irgendwo/ hinter wäldern" trifft man sich (31). Alexander Solschenizyn gewidmet aber ist die REDE AUF RUSSLAND. Damit bekennt sich Kunze als Bewunderer eines Autors, der 1947 zu acht Jahren Straflager in Sibirien verurteilt worden, nach sechs Jahren in bloße Verbannung entlassen und 1956 rehabilitiert worden war, aber ein Rebell blieb, 1967 in einem offenen Brief gegen die Zensur protestierte und im Herbst 1969 aus dem Schriftstellerverband der Sowjetunion

ausgeschlossen wurde. Im Band *zimmerlautstärke* folgt der REDE
AUF RUSSLAND Kunzes – den Triumph nicht verbergendes
– Gedicht „8. Oktober 1970 (Verleihung des Nobelpreises an
Alexander Solschenizyn)":

> Nicht verbannbar nach Sibirien
>
> Die zensur kann ihn
> nicht streichen
> [...]
> Ein tag der die finsternis
> lichtet (33).

Es muss aber daran erinnert werden, dass Solschenizyn,
nachdem 1974 der erste Teil seines *Archipel GULag*, der
Dokumentation des sowjetischen Straf- und Arbeitslager-
systems, im Westen erschienen war, ausgebürgert und in
die Bundesrepublik abgeschoben wurde, wo ihn zunächst
Heinrich Böll beherbergte. Ein Vergleich drängt sich auf. In
eine ähnliche Lebenssituation sollte Reiner Kunze nur drei
Jahre später geraten, als er aus der Staatsbürgerschaft der DDR
entlassen wurde und in der Bundesrepublik sofort in Heinz
Piontek einen hilfreichen Freund fand.

Von Solidaritätsbekundungen geprägt wird vor allem der
zweite Teil des Bandes *zimmerlautstärke*. Der erste Zuruf gilt dem
Mann, gegen dessen Ausbürgerung Kunze 1976 protestierte,
und zwar ohne diesen Protest halbwegs zu widerrufen, wozu
sich andere später zwingen ließen.

Hier das Gedicht

> WOLF BIERMANN SINGT:
>
> Im zimmer kreischt die straßenbahn,
> sie kreischt von Biermanns platte,
> der, als er die chansons aufnahm,
> kein studio hatte

Er singt von Barlachs großer not,

die fasst uns alle an,

denn jeder kennt doch das verbot

und hört die straßenbahn (39)

Ein anderes Gedicht setzt einem Vertreter der Kirche, einem wahren Christen, der seine Hilfe an keine Bedingung knüpft, einen literarischen Denkstein:

PFARRHAUS
Für pfarrer W.

Wer da bedrängt ist findet

mauern, ein

dach und

muss nicht beten (41)

Der Nachruf auf Johannes Bobrowski gilt einem Autor, der weder seine frühere Zugehörigkeit zur „Bekennenden Kirche" verleugnete noch mythisierende Elemente in seinen Landschaften und Geschichtsdichtungen preisgab, der in der DDR zwar seiner Nähe zum Widerstand gegen den Nationalsozialismus wegen geachtet, von den Hardlinern des „Sozialistischen Realismus" aber beargwöhnt wurde. Er blieb ein Stiefkind der DDR. Ebendiese zwitterhafte Beurteilung Bobrowskis bringt das Gedicht IN MEMORIAM JOHANNES BOBROWSKI mit jener Lakonie, die so viele Texte Kunzes auszeichnet, auf den Punkt:

Sein foto

an den anschlagsäulen

Jetzt

Der nachlass ist

gesichtet, der dichter

beruhigend tot (55)

Bissiger noch ist die Lakonie, mit der das Gedicht GEBILDETE NATION Peter Huchels Übersiedlung in den Westen kommentiert:

> Peter Huchel verließ die
> Deutsche Demokratische Republik
> (nachricht aus Frankreich)
>
> Er ging
>
> Die zeitungen meldeten
> keinen verlust (56)

Huchel, zunächst vor allem als Lyriker bekannt geworden, hatte zwischen 1949 und 1962 auf hohem Niveau die Zeitschrift *Sinn und Form* herausgegeben. Er zählte zu seinen Mitarbeitern Autoren wie Werner Kraus, Ernst Bloch, Arnold Zweig, Hans Mayer, auch Bertolt Brecht, der ihn eine Zeitlang schützen konnte. Dann aber wurde er das Opfer dogmatischer Quertreiber. Seiner Ablösung folgten Jahre der Isolation und der öffentlichen Angriffe. Für jüngere Autoren wie Biermann, Kunert oder Kunze blieb er ein Leitbild. Und nach hartnäckigen internationalen Interventionen erlaubte ihm die DDR 1971 die Ausreise.

Kunzes Gedicht konstatiert nur die Nachricht aus Frankreich und das Verschweigen des Verlusts in der DDR. Den eigentlichen Zündstoff des Gedichts aber liefert der Titel. Er entlarvt den Anspruch eines Landes, das sich gern als eigenständige sozialistische deutsche Nation propagierte, als absurd; er offenbart eine Schande.

Der verlorene Sohn
Kunzes Mut, als Vertreter der Opposition erkennbar zu werden, blieb bei seinen Eltern ohne Verständnis. Dies ist die Kehrseite seines so wirksamen Schreibens. Man spürt seine Melancholie angesichts der zunehmenden Distanz. In zwei

Gedichten wird die Entfremdung sichtbar, in beiden aus dem Blickwinkel der Mutter.

UMSTEIGEN IN S.

Am bus
die eltern

Wir wollten dich nur sehn

Die Augen der mutter
randvoll mit vorwürfen gegen
den vater der
schweigt

Das leben leer
und tote strecken unter tage

Geblieben
der alkohol und
der sohn der

weiterfährt (44)

Die Begegnungen mit dem Sohn sind beschränkt auf Momente der Durchfahrt. Das eigentliche Problem ist hier das Elend des Vaters. Nach dem Ende seines Berufslebens im Bergwerk haltlos geworden, sucht er das Gefühl der Leere durch den Alkohol zu betäuben und ist süchtig geworden. Halt geben könnte der Familie nur noch der Sohn. Aber die rasche Weiterfahrt entführt ihn schon wieder. Er ist den Eltern zum verlorenen Sohn geworden.

Der zweite Text handelt von einer anderen Art der Entfremdung. Einige Verse des Gedichts DAS KLEINE AUTO seien zitiert:

Fremd wie die welt eines tiefseefischs
ist das bücherschreiben des sohnes

Auf einer radiowelle
kommt sein name geschwommen

Doch:
Was bringt das ein

Andre söhne holen ihre eltern ab
im auto (45)

Abhandengekommen ist der Mutter ihr Sohn – und hier wird aus Anklage (gegen den Vater) der Seelenschmerz über den tieferen Riss in ihrer Beziehung zum Sohn. Sie hat keinen Anteil an der geistigen Welt des Bücher schreibenden Sohns; ihr bleibt nur die Frage nach dem materiellen Wert der Arbeit, der sich auch in der DDR schon nach dem Besitz oder Nichtbesitz eines Autos bemisst. So wird die Entfremdung zwischen Mutter und Sohn total und führt in eine Hoffnungslosigkeit, für die die Anfangsverse dieses Gedichts nicht zu hoch gegriffen sind:

> Seufzer gibt's die
> absplittern von der seele

Die wunderbaren Jahre. Prosa (1976)

Die korrumpierte Friedensidee
Zu den zentralen Parolen des politischen Vokabulars und der Selbstdarstellung der DDR gehörte die Friedensidee. Versicherung der Friedensliebe und des Friedenswillens fanden schon früh ihr künstlerisches Symbol in Pablo Picassos „Friedenstaube". Auf dem Bühnenvorhang von Brechts „Berliner Ensemble" fiel alle Aufmerksamkeit auf die großformatige Abbildung dieser „Friedenstaube". Die verheerenden Folgen des Zweiten Weltkriegs waren dem Gedächtnis der Menschen eingebrannt und die Schäden immer noch sichtbar. In die Ablehnung des Krieges floss gewiss auch viel pazifistischer Ideengehalt ein, nicht nur die Ablehnung des

Krieges aus religiösen oder ethischen Gründen, sondern auch ein vom Erfahrungsschock diktierter Wunsch nach Vermeidung des Krieges um jeden Preis. Gerade solche Tendenzen aber waren ein Hindernis für die politischen Ziele der Sowjetunion, die gegen den Westen auf Konfrontationskurs gegangen war (siehe Blockade Westberlins und Luftbrücke). Dadurch geriet die Friedensdiskussion in einen Widerspruch. Friedensliebe musste auf ein Maß reduziert werden, das die gleichzeitige Dämonisierung des westlichen „Klassenfeindes" erlaubte.

Wie Doppelzüngigkeit mit der Erziehung eingeimpft wird, zeigen sieben Texte des Abschnitts „Friedenskinder" (10-16). Kunzes Form der Enthüllung lässt das Hochtrabende der Friedensattitüde in den Widersprüchen der Kindersprache selbst zu Fall kommen. Der Spielzeugsoldaten durchbohrende Sechsjährige rechtfertigt sich mit der naiven Begründung „Das sind doch die andern". Der schon mit Revolver und Spielzeugmaschinenpistole fuchtelnde Siebenjährige hält sich bereit für den Kampf „gegen die Bösen" und beruft sich auf Lenin, dessen Name aber eine reine Leerfloskel bleibt. Was allen Jahrgängen bis zum Zwölfjährigen gemeinsam bleibt, ist ein blind aggressives Feindbild. Schon der Elfjährige erklärt sich für „sozialistische Wehrerziehung" verantwortlich. Und der Zwölfjährige hätte schon auf dem Schützenstand das Schießen mit einer richtigen Pistole gelernt, wäre sie ihm bei der nötigen Zieleinstellung von 15 Sekunden nicht zu schwer geworden.

Die Beispielreihe „Friedenskinder" endet mit einem Sondertext. Ein junger Mann, der „gerade erst seinen Facharbeiter mit Abitur" gemacht hat und nun zur Nationalen Volksarmee einrücken soll, versucht über die Grenze zu fliehen, wird gestellt und erhängt sich in der Haft. „Schießbefehl" heißt dieser Text. Er bilanziert Schritte einer Methode, die letztlich zur Bereitschaft erzieht, auch auf flüchtige Landsleute zu schießen. Eine korrumpierte Friedensidee ist der Bewusstseinsmanipulation, der Erziehung des Menschen zum „Brudermord" überführt. Es ist kein Wunder, dass sich die Ideologen des vorgeblich „sozialistischen" Staats durch solche Enthüllungsliteratur ins Mark getroffen fühlten.

Die DDR in preußischen Stiefeln

Man erinnert sich noch der Fernsehbilder von Formationen der Volksarmee, die der Politprominenz auf der Tribüne huldigen und im Parademarsch vorbeidefilieren. Die DDR präsentierte sich mit Vorliebe in preußischen Stiefeln. Wie das Ordnungsprinzip das Leben disziplinierte, zeigen in den „Wunderbaren Jahren" Szenen, die sich unfreiwillig ins Groteske überschlagen. Der Lehrer bemängelt den schmutzigen Pullover der Schülerin, meint aber eigentlich seine dunkle Farbe. Er nimmt an ihren langen Haaren Anstoß und flüchtet sich schließlich in die Pedanterie: „Aber der Mittelscheitel ist nicht gerade." (31) Der Direktor, der keine Schülerinnen in Hosen mag, verrät wenigstens noch seine schlüpfrige Phantasie:

„,Wenn die Mädel so angetreten sind, alle in ihren kurzen Röcken, das gibt doch ein ganz anderes Bild'. Dabei schnalzte er mit der Zunge." (32)

Aber die Transportpolizisten, die Mädchen und Jungen kontrollieren, die von einem Jazzkonzert kommen und den Morgenzug abwarten, reagieren mechanisch wie Computer:

„Entweder Sie setzen sich gerade hin, oder Sie verlassen den Bahnhof, Ordnung muss sein!" (36) Die Beispiele machen deutlich, dass Kunze für seinen Widerstand gegen das militaristische Gehabe der DDR nicht die Form des „pathetischen" Protestes wählt, sondern immer die der geschliffenen geistvollen Demaskierung.

Kassiber der geheimen Brüderlichkeit

In eine doppelbödige Situation gerät Kunze nach der Besetzung Prags durch die Truppen des Ostblocks. Sie ist literarisch umrissen im Schlussabschnitt der „Wunderbaren Jahre", „Café Slavia". Der Text „Hinter der Front" (87) vergegenwärtigt an einer eigenen Erfahrung die breite Proteststimmung gegen die Beteiligung von Truppen der DDR. Kunze lebte seit 1962 im thüringischen Greiz, wo seine Frau in der Klinik arbeitete. Sie kommt mehrfach mit Blumensträußen nach Haus, die für die tschechische Ärztin abgegeben wurden; es sind Kassiber der Solidarität.

Doppelbödig vor allem Kunzes Lage im Text DER MANTEL, in dem er vom Aufenthalt in Prag berichtet. Ein Hamburger Verleger hatte bei ihm eine Übersetzung aus dem Tschechischen in Auftrag gegeben. Kunze hatte ein Visum für die Tschechoslowakei erhalten und sitzt nun im Café Slavia. Er bestellt sich einen Tee, aber die Kellnerin bringt ihn nicht. Auch ein nächstes Zeichen ändert nichts, während ein Gast am Nachbartisch sofort bedient wird. Kunze ist als Deutscher aus der DDR identifiziert worden. Von Freunden erfährt er später, dass ihn das Firmenschild im Futter des Mantels schon an der Garderobe als Bürger der DDR verriet, was im Hotel sofort als Alarmzeichen gewirkt haben musste.

Nun aber auch die Geheimzeichen der Solidarität, der Brüderlichkeit unter Freunden! Seine Prager Freunde kennen natürlich Kunzes oppositionelle Haltung in der DDR und gegen die Invasion der Panzer. So endet dieser Besuch in Prag mit Szenen, denen der brave Soldat, der schlaue Antikriegsphilosoph und Humorist Schwejk, mit Wohlgefallen zugesehen hätte. „Die Nachricht, mir sei in der Siävka – wie das Café Slavia im Prager Slang heißt – der Kaffee verweigert worden, eilte mir voraus. Wo immer ich mich angesagt hatte – ich wurde mit Kaffee empfangen." (90)

Resistenz im Überwachungsstaat

Unter Kunzes Übersetzungen aus dem Tschechischen zeichnen sich die Übertragungen von zwölf Gedichten von Jan Skácel aus. Nicht um Skácel handelt es sich im Text „Mein Freund, ein Dichter der Liebe": „Er ist einer der Couragiertesten zwischen March und Moldau, ein Tabu-Brecher, ein Dogmen zersetzender Ironiker: Er hatte das Frühjahr 68 mit herbeigeschrieben" (91). Dieser Dichter der Liebe ist ein Frauenheld, ein Casanova; er wohnt nicht in Prag, hat aber in seinem Prager Zimmer mit wechselnden Partnerinnen schon so manche selige Nacht geteilt. Doch nun ist seine Frau Alena zu Besuch, der zweite Bettplatz im Zimmer also vergeben. Da steht um drei Uhr morgens draußen eine Frau vor der Tür und verlangt nach ihm, klopft und ruft mehrmals. Mit Mühe gelingt es ihm, Alena zu beruhigen. Um halb sieben klopft es wieder. Alena lässt es sich nicht nehmen, aufzumachen. Sie kommt zurück mit der Nachricht „Prag ist besetzt, [...] auf dem Wenzelsplatz stehen sowjetische Panzer." Die Reaktion des Dichters der Liebe: „Junge, wenn du wüsstest, was da in mir vorging: War ich froh, als es nur die Panzer waren." (92)

Diese im ersten Augenblick durch den frivolen Egoismus des Casanova vielleicht schockierende Geschichte durfte nicht übergangen werden. Wer *Die wunderbaren Jahre* nur als eine Prosa liest, die das System der DDR an seinem eigenen Anspruch misst, übersieht leicht die dichterische Darstellung einer ideologiefreien Lebensvielfalt, der es gelingt, immer wieder der allgegenwärtigen Kontrolle zu entschlüpfen.

Obwohl das „soziale Zusammenleben" angeblich störend, spielen Jugendliche noch „drei Tage nach Abschluss der Weltfestspiele" in Berlin, Anfang August 1973, auf dem Alexanderplatz Gitarre (42). Künstlerisches Aufbegehren gegen den Ordnungszwang und Erotik gewinnen in Kunzes Prosa nicht von ungefähr gerade in Prag, wo nach der Liquidierung des „Prager Frühlings" die Unterjochung als besonders drückend empfunden wird, ihre Bedeutung fürs Überleben. Sie stärken die Widerstandskraft, mit der sich das Individuum politischer Totalherrschaft entzieht.

ein tag auf dieser erde. gedichte (1998)

IN ERLAU, WORTFÜHLIG

Wir schlafen, die wange am fluss,
an der unbeirrbarkeit des wassers

Doch immer öfter liegen wir wach,
um halt zu finden an der stille

Abseits der wörter
von den wühltischen der sprache

Vor dem haus, in der astgabel der eibe,
brütet die amsel unhörbar gesang aus,

und die glocke von Pyrawang jenseits des stroms
bucht ab von der zeit. (9)

Dieses Gedicht eröffnet den Band. Erlau ist der Ort in der Nähe (donauabwärts) von Passau, in dem Kunze 1977 nach seiner Übersiedlung in die Bundesrepublik Asyl fand. Das ist ein Ort abseits des literarischen Marktes. Im Baum vor dem Haus hat sich jener Vogel eingenistet, von dem Bertolt Brecht in seinem letzten Gedicht vor dem Tod im „weißen Krankenzimmer der Charité" spricht, nachdem er die Todesfurcht überwunden hat: „Jetzt/ Gelang es mir, mich zu freuen/ Alles Amselgesanges nach mir auch." Den Gedanken an das Sterben hält in Kunzes Gedicht die letzte Strophe wach. Und die allerletzte Strophe im Gedichtband überhaupt wird diesem Gedanken noch einmal volles Gewicht geben.

Ist aber das Eingangsgedicht programmatisch für den Band von 1998? Nur sehr bedingt. Die Themenvielfalt lässt sich nicht auf Formeln bringen. Titel wie „kreuz des südens" und „spaziergang zu allen jahreszeiten" deuten auf eine neue Bewegungsfreiheit, eine neue Sensibilität für Natur und Landschaft und Neugier auf weitere Welthorizonte. Aber auch Ereignisse der politischen Geschichte wie die polnischen Aufstände, der Freiheitskampf in Prag oder die Erbschaft des Baus der Berliner Mauer drängen ins Bewusstsein zurück. Ein Gegenpol erstarkt: die Faszination, die von Musik, bildender Kunst und Poesie ausgeht. Das Ende beschwört der Zyklus „ein tage auf dieser Erde', an denen das lyrische Ich verschmilzt mit der ins Mythische erhobenen Gestalt eines Anglers, der „der schöpfung zur hand geht". (99)

Ansichten der Natur

WINKL

Unterm dach, fast
haut an haut mit dem himmel

Das universum
dringt durch die poren

Nachts hörst du
das flügelheben des habichts, der im dämmer
einschoß ins gebälk,

und in der frühe
rüttelt der fasan an deinem schlaf
und schreit, sein reich abschreitend,

in dessen mitte du
dein lager aufschlugst

Hier verschläft kein dichter
das gedicht (14)

Die Nacht macht die Umgebung hörbar, selbst das Flügelheben des Habichts im Gebälk. Der unter dem Dach Nächtigende saugt vom Universum so viel ein, wie die Poren es erlauben. Naturerlebnis wird zum Allerlebnis. Wenn der Fasan am Morgen schreit, weckt er keinen Nachtschläfer. Denn was die Poren einsaugten, ist schon zum Gedicht geworden.

Kunzes Reiseradius reicht nun vom Fernen Osten bis nach Afrika. Wie in alter ostasiatischer Weise gemalt scheint das Gedicht KIRSCHBAUM IN KIOTO (48).

Von menschenhand
zweig für zweig
eingeflochten in den himmel

Die götter wandeln
auf blüten

Gegen den Blütenhimmel dieses Gedichts gestellt, erscheinen Wüste und Dürre Afrikas in WINDHOSE BEI WINDHOEK (55) in ihrer ganzen Trostlosigkeit.

Als bohre die erde den himmel an

Der sand rast

Alles, was dürstet,
duckt sich

Doch der fluß wird nicht kommen

Zuwehen wird das springbockgebein [...]

Da liegt die Vision einer Erde, von der die Natur weggetilgt ist, nicht so fern.

Minen aus der geschichtlichen Vergangenheit
Ist der Gedichtband zu einem Gutteil ein lyrisches Reisetagebuch, geschrieben aus unmittelbarer Anschauung, so werfen sich

doch in die mit allen Sinnen wahrgenommene Gegenwart
die Schatten der politischen Erfahrungen von einst. Die Reise
nach Polen führt in Posen zum DENKMAL DER AUFSTÄNDE
1956/68/70/76/80/81 (33):

zwei kreuze
aneinandergeseilt
und am himmel vertäut:

Posen Danzig

Mir aber war, als schlügen
Polen und Deutschland
gemeinsam das kreuz [...]

Ein ganzes Kapitel des Bandes steht unter dem Stichwort DIE
MAUER (60), nicht nur dieses:

Als wir sie schleiften, ahnten wir nicht,
wie hoch sie ist
in uns

Wir hatten uns gewöhnt
an ihren horizont

Und an die windstille

In ihrem schatten warfen
alle keinen schatten

Nun stehen wir entblößt
jeder entschuldigung

Scheint die Anfangsstrophe eine Erkenntnis auszusprechen,
die mittlerweile zur rhetorischen Floskel geworden ist, so führt
doch das Gedicht in eine tiefere ethische Dimension. Kunze, der
zur Zeit des Baus der Berliner Mauer im August 1961 bereits
von der Universität verstoßen war und Fabrikarbeit leistete,
war schon selbst Opfer von Zwangsmaßnahmen der DDR

geworden. Was sich hier ein ehemaliger Oppositioneller bewusst macht, ist eine Eingewöhnung in einen Unrechtszustand, die zunehmende Blindheit für das Skandalöse einer inhumanen Eingitterung der Menschen, eine mentale Anpassung an das nun einmal Bestehende. Mag auch das Urteil „entblößt jeder entschuldigung" zu hart sein, so ehrt es die entschlossene Weigerung, sich aus der Selbstprüfung zu stehlen.

Wo Minen aus der geschichtlichen Vergangenheit unentschärft bleiben, schaffen sie neue Anpassungsmuster. Lehren aus historischer Erfahrung zu ziehen, macht Kunze zur Maxime im letzten Gedicht des Kapitels „die mauer", im aphoristischen VERS ZUR JAHRTAUSENDWENDE:

Wir haben immer eine wahl,
und sei's, uns denen nicht zu beugen,
die sie uns nahmen (65)

Die Macht der Kunst

LEGENDE VOM GROSSEN MALER SESSCHU

Nichts nützliches tat
der schüler Sesschu, vertat
die zeit mit malen

Zur strafe ließ binden
der zenmeister ihn und werfen
in den turm

Da malte mit seinen tränen Sesschu
eine ratte, sie biß
die fessel durch (50)

Dieses Gedicht vom Ausgreifen der Kunstwirklichkeit in die Lebensrealität ist als Gleichnis zu lesen, als Parabel von der großen Verwandlungsmacht der Kunst. Was Leidenschaft für die Musik sein kann, zeigen die Verse über die WIENER

JUGEND VOR DEM KONZERT, die schon lange vor dem Beginn „die günstigsten der billigsten plätze" besetzt hält „wie eine eroberte festung" (75). Ovationen an die Musik sind die Gedichte über den Cellospieler Yo Yo Ma und Vladimir Horowitz' letztes Mozart-Konzert in Wien (74, 76).

DER DICHTER MARIAN NAKITSCH
J
Eine schwarze brodelnde wolke, so zog er
vom Balkan herauf, breitete aus sich
über tische und stühle und füllte
das haus uns, bis wir tasteten
im fremden

Auch der himmel sei ein schlachtfeld, sagte er,
die sonne kämpfe
Und friedhöfe lägen am himmel, so viele
schwärme von kreuzen

Er saß wie nebenbei,
er aß wie nebenbei,
er trank, als trinke er nicht

Er sprach

Sprechend
verdichtete er sich [...]

Die Rede ist hier (77) vom kroatischen Dichter Marian Nakitsch, der in deutscher Sprache schrieb und recht eigentlich erst von Reiner Kunze für Deutschland entdeckt wurde. Der Verfasser dieses Essays gehörte zu jenem Gremium, das auf Empfehlung von Kunze 1992 Marian Nakitsch für seinen Gedichtband *Flügelapplaus* den „Preis der Jürgen-Ponto-Stiftung zur Förderung junger Künstler" zusprach und ihm auch weiterhin den Weg zum deutschen Publikum zu ebnen versuchte. So verbindet sich für ihn Kunzes Beschreibung mit eigener Kenntnis. Nakitsch erschien wie ein poetisches

Kraftbündel, wie ein Besessener, überzeugt von seiner fast missionarischen Berufung, wie ein Egomane und eine Klette, die abzuschütteln schwer war. Er hatte abenteuerliche Vorstellungen von der Verwirklichung seines Berufenseins. Er meldete sich zuletzt aus einer der Berliner Künstler- und Bohèmegruppen am Prenzlauer Berg, aber Nachrichten über dichterische Erfolge blieben aus. Dem Verfasser ging seine Spur verloren –Nakitsch, vielleicht ein Genie, das seiner poetischen Besessenheit zum Opfer fiel und sich zu früh verbrauchte?

Kleine Poetik des Gedichts

Kunzes Text POETIK (81) schließt mit diesen beiden Strophen

> Das gedicht
> ist der blindenstock des dichters

> Mit ihm berührt er die dinge,
> um sie zu erkennen

Der „blindenstock" ruft das Bild einer zum Mythos gewordenen Dichtergestalt der Antike, des blinden Dichters Homer, auf. Dem Blinden ist der Stock ein Mittel, sich in einem Raum, den wahrzunehmen ihm das Augenlicht fehlt, zu orientieren. Um solche Raumorientierung aber geht es in Kunzes Text nicht. „Erkennen" bedeutet mehr: zur Substanz der Dinge vordringen. Dieses Erkenntnisvermögen macht den Dichter zu einem Halbbruder des Philosophen. Wieder bewährt sich Kunzes Kunst der lakonischen und aphoristischen Verdichtung und Zuspitzung. Dem „erkennen" fällt das ganze Gewicht des Schlussworts zu.

Einem philosophischen Anspruch freilich setzt das Horst Drescher gewidmete Gedicht SANFTER SCHULTERSCHLAG auch klar seine Grenzen: „poesie ist außer wahrheit/ vor allem poesie" (63). Unabdingbar aber bleibt (zumal in Zeiten der

Gefährdung ihrer Freiheit) die Pflicht zu verantwortlichem Handeln. Dem DICHTERVERLEGER Ryszard Krynicki gewidmet ist dieses Gedicht:

Für die existenz der poesie
die existenz riskieren

Die halbe bibliothek verkaufen,
um ein buch zu drucken

Es heften
mit dem eigenen lebensfaden (34)

Magie der Natur

Früh, vor dem offenen fenster,
läutet der rehbock, das seil im maul,
den apfelbaum

Du störst den fledermausschlaf
der watestiefel, die an der wand
schaftüber hängen,

und schulterst den fischkorb (95)

So beginnt der Schlussteil, dessen Titel mit dem des Bandes identisch ist. Der „tag auf dieser erde" ist ein Tag des Fischers. Eine auch sonst im Werk begegnende Glaubensskepsis Kunzes meldet sich neu:

Im domschatz rühmen sie gott

Du betest den bach,
die leere rosenkranzschnur (100)

Ein Ur-Muster wird wieder gegenwärtig: „Die jagd, der alte/ trieb" (105)

Durch den bogen der fliegenden schnur
schießt der eisvogel seinen blauen faden

Der fischer grüßt den fischer! (96)

Der Fischfang erscheint in einer mythisch-religiösen Aura.
Gott gab *„den kindern den fisch als geheimes/ und stummes kleinod
fast als ein lösegeld/ für alles, was er uns vorenthält"* (102). Vom „Ufer"
springt die Assoziation des lyrischen Ich zum mythischen
Lethe-Fluss und zu einer eigenen Legende der Entschädigung
für die von ihren Zeitgenossen unbeachteten Dichter. Der Fluss
des Vergessens ist zugefroren, die *„zu lebzeiten totgeschwiegnen
dichter/ sind nun auf dem weg!"* (103).

Es gibt Verse, die wie eine frohe Botschaft die Tätigkeit des
Fischers beflügeln.

Im frühjahr regnet's fische in den bach [...]

Im frühjahr gehst du der schöpfung zur hand (99)

Aber aller Überfluss, den die Fischgründe spenden, alle
Magie der Natur stößt an ihre Grenzen. Zu denen, die es am
tiefsten wissen, gehört der Dichter:

Wesen bist du unter wesen

Nur dass du hängst am schönen
und weißt, du musst
davon (106)

Und so hat diese Einsicht in die Vergänglichkeit auch das
letzte Wort im Band *ein tag auf dieser erde.*

Die weiden haben vom himmel
das letzte tageslicht gekehrt, der bach
dunkelt es ein

Rings um den mond, den beinernen schädel,
tritt aus der nacht
das vanitasbild (111)

Mit dem Vanitas-Topos, dem aus der Bibel (Prediger Salomon) zitierten Eitelkeits- und Vergänglichkeitsbild, fädelt sich Reiner Kunze in eine der mächtigsten literarischen Traditionsreihen ein.

Anmerkungen:

Die im S. Fischer Verlag, Frankfurt am Main, erschienenen Bücher Kunzes (*zimmerlautstärke*, gedichte, 1976; *Die wunderbaren Jahre*. Prosa, 1976) werden zitiert nach den Ausgaben im Fischer Taschenbuch Verlag, (18. Aufl. August 2003; 32. Aufl. Februar 2011) – der gebundene Band *ein tag auf dieser erde*. gedichte (1998) nach der 5. Aufl. Februar 1999.

Birgit Lermen

„… wir wissen nicht zu fragen"

Zu Reiner Kunzes Gedicht POETIK
und dem Lyrikband *ein tag auf dieser erde*

Unter dem Motto Paul Celans „Wir wissen ja nicht, was gilt"[1] fand am 30. November 2001 das VI. „Literarische Symposium" der Konrad-Adenauer-Stiftung in Berlin statt. Literatur- und Naturwissenschaftler, Schriftsteller, Theologen und Politiker sprachen und diskutierten vor einem großen Publikum (darunter zahlreiche Studenten aus dem gesamten Bundesgebiet) über „Wertorientierung" in einer offenen Gesellschaft, vor allem über die Wahrheits- und Wertesuche in der Literatur.

Höhepunkt der Veranstaltung war eine Lesung von Reiner Kunze, der Gedichte aus dem Band *ein tag auf dieser erde*[2] vortrug und die Funktion des Gedichts als ‚Stabilisator und Orientierungspunkt' hervorhob. Diese 1998 erschienene Lyriksammlung enthält eine Reihe von Gedichten, die der Beziehungslosigkeit und Beliebigkeit Widerstand entgegensetzen und an Grundbestimmungen des Menschen erinnern, die um keinen Preis aufgegeben werden dürfen, da sie den Menschen erst zum Menschen machen. Zu diesen Bestimmungen gehört nach Kunzes Meinung sogar die Fähigkeit zum Empfinden des Schönen und – damit unlösbar verbunden – das Nachdenken über das eigene notwendige Ende:

Wesen bist du unter wesen

Nur daß du hängst am schönen
und weißt, du mußt
davon.[3]

Die sprachlichen Eigentümlichkeiten dieser Poesie lassen sich subsumieren unter dem Begriff der Reduktion – gemäß dem ästhetischen Credo des Dichters: „auf knappestem Raum ein Höchstmaß an Ausdruck"[4]. Diese Ästhetik der Reduktion hat ihren Grund im geglückten „Zusammenspiel von Metaphorik und Lakonismus", das „ein Mitteilen durch Verschweigen" ermöglicht[5]. Kunze misst dem dichterischen Bild existentielle Bedeutung bei. Die Metapher ist für ihn „die Entsprechung zu einer poetischen Apperzeption der Wirklichkeit, die durch keine andere Form der Realitätserfahrung zu ersetzen ist"[6]. Der Lakonismus als verkürzte, verhüllende Rede reicht über die Grenzen des Sagbaren hinaus. Kunzes Sprechweise ist leise und verhalten. Vorsichtig tastet er sich den Rändern erinnerter und erfahrener Wirklichkeit entlang, überzeugt er durch eine dichte authentische Sprache und ein großes kompositorisches Talent. Die Sparsamkeit der Mittel ist eine eindrucksvolle Komponente seiner Lyrik, in der poetische Substanz und thematische Relevanz im Sinne von Heinrich Böll eine ‚Ästhetik des Humanen'[7] verwirklichen.

Diese Poetik einer humanen Wertorientierung entspringt dem Geiste eines Fragens, das nicht bei Sinn- und Wertsuche endet, sondern offen bleibt auf eine zu erhellende Zukunft hin, wie das Gedicht mit dem programmatisch überschriebenen Titel POETIK[8] belegt:

So viele antworten gibt's,
doch wir wissen nicht zu fragen

Das gedicht
ist der blindenstock des dichters

Mit ihm berührt er die dinge,
um sie zu erkennen.[9]

Die Spruchhaftigkeit dieses poetischen Textes erinnert an die älteste Formtradition der deutschen Lyrik. Mit der Anspielung auf die „Zaubersprüche" der germanischen Dichtung greift Reiner Kunze zurück auf die Anfänge der Literatur, um über das Morgen nachzudenken, um in der Herkunft die Zukunft zu finden.

Das Bild ist überaus treffend gewählt. Den Dichter leitet nicht der Scheuklappenblick des ideologisch Verblendeten, und der Blindenstock ist keine Krücke der Einbildungskraft. Es verwundert geradezu, dass einem so zerbrechlichen und zarten Gebilde wie dem Gedicht zugetraut wird, einen Weg zu weisen im Gelände der postmodernen Ausweglosigkeiten. Indem der Dichter die Dinge berührt, verwandeln sie sich und gewinnen einen neuen Sinn. Auf diese Weise erinnert das Gedicht an die Werte der Treue und des Vertrauens, wie sie Teiresias, der blinde Prophet, verkörperte, dem Homer im zehnten Buch der *Odyssee* allein unter allen Menschen ‚ungeschwächten Verstand' und ewige Weisheit zusprach. Die salopp formulierte erste Zeile des Kunze-Textes entspricht der Realitätserfahrung des Menschen von heute, der mit einem Überangebot an phrasenhaften Antworten überschüttet wird. Aber im Horizont dieses auf Oberflächenreize angelegten Daseins brechen keine Fragen auf, weil das Frag-Würdige allzu gleichgültig geworden ist. Darum ist im zweiten Vers die Kant'sche Frage „Was kann ich wissen?" – gestellt in einem Zeitalter, das alle hergebrachten Grundwerte ins Rütteln bringt – fast sokratisch zugespitzt zu der Aussage „wir wissen nicht zu fragen", die an die von Kunze übersetzten Verse Jan Skácels erinnert:

> Ich bin nur ein Dichter, ein Radar unter den Linden.
> Nicht an mir ist's zu antworten. Ich frage[10].

Die zweite Strophe weist einen Weg jenseits politischer Rezepte und gesellschaftlicher Vorschriften: Das Gedicht als

„blindenstock des dichters" ist Wegweiser, Halt und Orientie-
rungshilfe, besonders in dunklen Zeiten. Die sanfte Berührung
der Dinge genügt, um „zu erkennen". Dieses Erkennen, das
Sensibilität und Hellhörigkeit voraussetzt, ist eine Grundform
poetischer Welterfahrung, die den Blick auf den Grund der
Dinge richtet und ihr Wesen zu erforschen bemüht ist.

Diese Suchbewegung ist konstitutiv für Reiner Kunzes poetische Wertorientierung. Sein Gedicht ist, wie der Autor in einer Nachbemerkung zu seinem Band *zimmerlautstärke*[11]schreibt,
„Stabilisator" und „Orientierungspunkt eines Ichs". Es ist
ein Stabilisator der Werte, indem es verlässliche Signale im
Zeitalter der Unsicherheiten aussendet und jene Antworten
aufbewahrt, die unter dem Schutt falsch oder gar nicht erst
gestellter Fragen begraben liegen. So formuliert das poetische
Wort keinen direkten handlichen Wert, aber es birgt in sich
einen zeit- und raumüberdauernden, krisenfesten Wert, der
MÜNZE IN ALLEN SPRACHEN ist, wie Reiner Kunze ein
anderes sinnspruchartiges Gedicht überschreibt und festhält:

Wort ist währung

Je wahrer,
desto härter"[12].

Sprache ist für Reiner Kunze „nicht nur menschliches Kommunikationsmittel, sondern auch Identität". Als Medium der
Selbstfindung berührt das Gedicht die tiefsten Schichten unseres Seins, lässt es uns „zu Entdeckungen in uns selbst aufbrechen"[13]. Der Dichter bekennt sich zum Individuum und spricht
in seiner Büchner-Preis-Rede von der Notwendigkeit, sich „auf
die Substanz Mensch"[14] zu besinnen. Aber er ist auch der Meinung, dass der Lyriker immer auf dem Weg ist, „die inneren
Entfernungen zwischen sich und anderen zu verringern", um
„die Erde um die Winzigkeit dieser Annäherung bewohnbar

zu machen"[15]. Dichtung ist für Reiner Kunze Kommunikation. Er ist davon überzeugt, dass der Dichtende sich immer auf dem Weg zu den Mitmenschen befindet[16]. Poesie als Dialog bedeutet jedoch im Werk von Kunze zunächst Selbstvergewisserung und ist zudem immer auch engagierte Poesie, sowohl im öffentlichen als auch im privaten Bereich, wobei der Begriff ‚Engagement' nicht im Sinne des Agitprop zu verstehen ist, sondern als Partizipation am Zeitgeschehen. Seine Gedichte widersprechen Gottfried Benns Ästhetik einer monologischen Kunst und sind – wie Hilde Domin formulierte – Ausdruck eines Glaubens an die „Anrufbarkeit des anderen"[17]. Im Sinne Paul Celans ist das Gedicht bei ihm immer Anrede und intendiertes Gespräch:

„Das Gedicht will zu einem Andern, es braucht dieses Andere, es braucht ein Gegenüber. Es sucht es auf, es spricht sich ihm zu"[18].

Den Glauben an die Möglichkeit des Gedichts, den anderen erreichen zu können, teilt Kunze mit Celan, der von dem Gedicht sagt, dass es „seinem Wesen nach dialogisch" sei:

„eine Flaschenpost ..., aufgegeben in dem – gewiß nicht immer hoffnungsstarken – Glauben, sie könnte irgendwo und irgendwann an Land gespült werden, an Herzland vielleicht"[19].

Eine solche „Flaschenpost" ist für mich das Gedicht „POETIK", das Reiner Kunze mir am 30. November 2001 als Widmung in seine 2001 veröffentlichte Sammlung Gedichte geschrieben hat.

1 Paul Celan: Die Niemandsrose, Frankfurt a. M. 1963, S. 13.
2 Reiner Kunze: ein tag auf dieser erde, Frankfurt a. M. 1998.
3 Kunze (2), S. 106.
4 Reiner Kunze: Ergriffen von den Messen Mozarts. In: R. K.: Das weiße

Gedicht, Frankfurt a. M. 1989, S. 163.

5 Otto Knörrich: „Rhetorik des Schweigens". Zur Autorpoetik Reiner Kunzes. In: Marek Zybura (Hrsg.): „Mit dem wort am leben hängen...". Reiner Kunze zum 65. Geburtstag, Heidelberg 1998, S. 29.

6 Heiner Feldkamp: Poesie als Dialog, Regensburg 1994, S. 327.

7 Vgl. Heinrich Böll: Laudatio auf den Georg-Büchner-Preisträger Reiner Kunze (1977). In: Heiner Feldkamp (Hrsg.): Reiner Kunze. Materialien zu Leben und Werk, Frankfurt a. M. 1987, S. 55-61.

8 Das Gedicht POETIK ist dem polnischen Lyriker, Publizisten und Übersetzer Jakub Ekier gewidmet.

9 Kunze (2), S. 81.

10 Jan Skácel: Fährgeld für Charon, Hamburg 1967, S. 35.

11 Reiner Kunze: zimmerlautstärke, Frankfurt a. M. 1972, S. 65.

12 Kunze (2), S. 82.

13 Reiner Kunze: Wo Freiheit ist [...]. Gespräche 1977-1993, Frankfurt a. M. 1994, S. 133 und 108.

14 Reiner Kunze: Rede zur Verleihung des Georg-Büchner-Preises. In: Feldkamp (7), S. 38.

15 Reiner Kunze: Brief nach Butzbach. In: Jürgen P. Wallmann (Hrsg.): Reiner Kunze. Materialien und Dokumente, Frankfurt a. M. 1977, S. 135.

16 Feldkamp (6), S. 12-13.

17 Hilde Domin: Wozu Lyrik heute, München 1975, S. 17.

18 Paul Celan: Der Meridian. Rede anläßlich der Verleihung des Georg-Büchner-Preises. In: Paul Celan: Ausgewählte Gedichte / Zwei Reden, Frankfurt a. M. ³1970, S. 144.

19 Paul Celan: Ansprache anläßlich der Entgegennahme des Literaturpreises der Freien Hansestadt Bremen. In: Celan (18), S. 128.

Wilhelm Gössmann

Die Bedeutung Heinrich Heines für Reiner Kunze

In dem Buch „Geständnissse. Heine im Bewußtsein heutiger Autoren"[1], das 1972 erschien, findet sich ein höchst interessanter Beitrag von Reiner Kunze. Dieser spiegelt in eklatanter Weise seinen literarischen Rückbezug zu Heine.

Bis 1972, als der große Heine-Kongress in Düsseldorf stattfand, war Heine in der DDR bekannter und anerkannter als in der Bundesrepublik, wenn auch politisch-sozialistisch gedeutet und gepriesen. Das bis heute Besondere an Kunze ist, dass er als DDR- Autor dieses Heine-Bild nicht übernahm, sondern für sich ein eigenes, völlig anderes entwickelte und als Vorbild vermittelte, wenn auch in seiner damaligen schriftstellerischen Situation nur für die Bundesrepublik möglich.

In seinem skizzenhaft entworfenen damaligen Beitrag „Unzensiertes über die Zensur. Notizen zu Heinrich Heine" setzt er sich provokativ mit dem Begriff der Zensur auseinander, so wie sie Heine zu seiner Zeit erlebt und entlarvt hat. In diesem Beitrag wird aber auch gleichzeitig der gesamte Heine deutlich.

Der in den „Geständnissen" veröffentlichte Beitrag von Kunze ist als wichtiges Zeugnis für die Heine-Rezeption in die Heine-Forschung eingegangen. Er wurde in dem Buch „Heine und die Nachwelt" aufgenommen und dementsprechend kommentiert.[2]

Unzensiertes über die Zensur

(Notizen zu Heinrich Heine)

I

»Um den Einzeldruck veranstalten zu können, mußte mein Verleger
das Gedicht den überwachenden Behörden zu besonderer Sorgfalt über-
liefern, und neue Varianten und Ausmerzungen sind das Ergebnis dieser höheren Kritik.«
(Vorwort zum »Wintermärchen«)
Eine zensierte Dichtung mit einem unzensierten Vorwort, in dem »sehr
unumwunden« auf die Zensur verwiesen wird.
Und ein Verleger hat es gedruckt!

II

»Die deutschen Zensoren –
– –
– –
– – – – – – – – – – – – – – – Dummköpfe – – – – – – – – –
– –
– «
Hier sei Heine seiner Maxime, »nicht für ein Land nur, sondern für die
Welt« zu schreiben, untreu geworden, meinte mein slawischer Kollege
N. N.

III

»Und gesegnet sei der Gewürzkrämer, der einst aus meinen Gedichten
Tüten drehen wird, um Kaffee oder Tabak für die armen, guten alten
Weiber hineinzuschütten . . .«
Heine auf Tüten – das Risiko wäre zu groß.
Man stelle sich vor, auf einer Tüte steht der Vers:

»Ich fühlte, wie über die Stirne mir
Auch manchmal etwas gestrichen,
Gleich einer kalten Zensorenhand,
Und meine Gedanken wichen –«

Und auf einer anderen:

»Der König liebt das Stück. Jedoch
Wär' noch der Autor am Leben,
Ich riete ihm nicht, sich in Person
Nach Preußen zu begeben.«

Die Verwirrung unter den armen, guten alten Weibern könnte unabseh-
bare Folgen haben.
Eher Heine i n Tüten, fein abgewogen.
Und der Name hebt das Ansehen des Ladens.

IV

»Ich war damals der Meinung, die Lächerlichkeit des Donquichottismus
bestehe darin, daß der edle Ritter eine längst abgelebte Vergangenheit
ins Leben zurückrufen wollte und seine armen Glieder, namentlich sein
Rücken, mit den Tatsachen der Gegenwart in schmerzliche Reibungen
gerieten. Ach, ich habe seitdem erfahren, daß es eine ebenso undank-
bare Tollheit ist, wenn man die Zukunft allzu frühzeitig in die Gegenwart einführen will und bei solchem Ankampf gegen die schweren Interessen des Tages nur einen sehr mageren Klepper, eine sehr morsche
Rüstung und einen ebenso gebrechlichen Körper besitzt!«
Die Zukunft allzu frühzeitig in die Gegenwart einführen oder sich nicht
mitschuldig machen zu wollen, daß sie allzu spät eingeführt wird, und
die Vergangenheit beim Namen zu nennen, selbst wenn sie sich für die
Zukunft ausgibt – das ist die Tollheit der Dichter.

Gewiß, nicht nur der Dichter. Und nicht aller.
Dem Rest winkt in der Hand des Zensors ein Blatt vom Lorbeerkranz
Heinrich Heines.

Das literarische Pamphlet Kunzes beginnt mit einem Zitat aus dem Vorwort Heines aus *Deutschland. Ein Wintermärchen.* Dieses Vorwort unterlag im Gegensatz zum „Wintermärchen" selbst nicht der Zensur, wie Kunze zurecht schreibt. Heine hat es unzensiert direkt an den Verlag Hoffmann und Campe gesendet. In diesem Vorwort setzt er sich wie so oft mit der Problematik der Zensur auseinander und entlarvt sie.[3] Reiner Kunze fühlt sich als Schriftsteller und Lyriker in einer ähnlichen Situation. Bei ihm greift die Zensur sogar noch härter und brutaler zu, weil er seine Texte in der DDR überhaupt nicht mehr veröffentlichen durfte. Heine hat zeitlebens die Zensur des preußischen Staates ertragen müssen, aber man kann mit Bewunderung sagen, dass er trotz Zensur das geschrieben hat, was er schreiben wollte. Das Exil in Paris und sein Hamburger Verleger ermöglichten es.

Ironisch spricht er von der Zensur als „höhere Kritik". Man sieht, dass Heine den Zensoren das Leben schwer gemacht hat. Er hat sich ihnen entzogen und sie bloßgestellt. Kunze war dies nicht möglich.

Es folgt in dem provokativen Text Kunzes das wohl bekannteste Zitat Heines über die deutsche Zensur. Es arbeitet mit dem Prinzip der Weglassung. Symbolisch stehen Gedankenstriche für das von den Zensoren Gestrichene. Heine arbeitet mit diesem Prinzip und läßt allein das Wort „Dummköpfe" stehen. So entsteht ein Schriftbild von entlarvender Eindringlichkeit. Der Text Heines findet sich im „Buch Le Grand" als Kapitel XII, kommentarlos. Es spricht für sich, wurde damals und heute als geniale Persiflage verstanden.[4] Die Nachbemerkung Kunzes entlarvt einen Zeitgenossen.

Im dritten Abschnitt von Kunzes Pamphlet arbeitet er mit einer Textpersiflage. Er greift auf das Bild des „Krautkrämers" bei Heine zurück aus der Vorrede zur französischen Ausgabe der Lutetia und verbindet es mit zwei verschiedenen Strophen aus dem „Wintermärchen", die direkt auf die Zensur zielen. Die eine Strophe findet sich im Minden-Kapitel und spiegelt einen Alptraum wider. Heine als Reisender erfährt die Unheimlichkeit und die Bedrohung aus der Vorstellung: Minden als preußische Garnisonsstadt. Heine verläßt sie fluchtartig, um in die Freiheit zu gelangen. Die letzte Strophe des Minden-Kapitels bringt dies erlösend zum Ausdruck:

> Ich reiste fort mit Extrapost,
> Und schöpfte freien Odem
> Erst draußen in der freien Natur
> Auf Bückeburgschem Boden.

Die zweite zitierte Strophe stammt aus einem der Hamburg-Kapitel und drückt den Rat aus „sich in Person nicht nach Preußen zu begeben". Solche Gedichtstrophen sollten besser als Kaffeetüten dienen, um auf diese Weise der Zensur zu entgehen. Eine gelungene Ironie, wie Literatur sich ungeschoren verbreiten kann.

Im letzten Verweis flüchtet sich Heine und mit ihm Kunze in den Donquichottismus. Dieser ist in seiner Art unangreifbar, weil Gegenwart, Vergangenheit und Zukunft sich herausfordernd vermischen. Es ist ein Spiel der literarischen Freiheit. Heine ist in seinen Werken immer wieder auf Don Quichote eingegangen, haben auch herausgestellt ‚wie Don Quichote und der Donquichottismus in der Romantik weite Verbreitung genommen hat und zum Spiel mit gesellschaftlichen Möglichkeiten wurden.[5]

Der Quichottismus hat immer wieder die Leser und die Zensoren irritiert.

Es war ein glücklicher Einfall von Kunze, sich in dieser Weise auf Heine zu berufen. Sein Beitrag spiegelt in vielfältiger Weise literarische Freiheit und Spitzfindigkeit. Man kann seinen Schlußsatz umformulieren: Die Dichtung Kunzes als „Blatt vom Lorbeerkranz Heinrich Heines".

1. Geständnisse. Heine im Bewußtsein heutiger Autoren. Hrsg. von Wilhelm Gössmann unter Mitwirkung von Hans Peter Keller und Hedwig Walwei-Wiegelmann. Düsseldorf 1972. In diesem Buch haben 92 deutschsprachige zeitgenössische Autoren und Autorinnen zu Heine literarisch Stellung genommen.

2. Vgl.: Heine und die Nachwelt. Geschichte seiner Wirkung in den deutschsprachigen Ländern. Hrsg. von D. Goltschnigg u. H. Steinecke. Band 3: 1957-2006. Berlin 2011. S. 70. Der Beitrag Reiner Kunzes aus den „Geständnissen" ist abgedruckt auf S. 228f.

Die Bedeutung Kunzes für die Heine-Rezeption kann man auch daran erkennen, dass er bei Vorträgen in der Heine-Gesellschaft erwähnt wird und dass 2002 sein Buch „Gottes grausamer Spaß? Heinrich Heines Leben mit der Katastrophe" vorgestellt wurde und großen Anklang fand.

3. Die Vorworte Heines sind für das Verständnis seines Werkes besonders aufschlußreich. Sie dienen vor allem der Vermittlung des betreffenden Werkes. Vgl. hierzu: Wilhelm Gössmann. Vorworte als didaktische Textsorte. Exemplifiziert an Heinrich Heine. In: Textsorten und literarische Gattungen. Dokumentation des Germanistentages in Hamburg. April 1979. Hrsg. vom Vorstand der Vereinigung der deutschen Hochschulgermanisten. Berlin 1983. S. 709-720.

4. Zur Zensur und Pressefreiheit zur Zeit Heines vergleiche den Beitrag zu diesem Thema von Erhard Weidl in: Wilhelm Gössmann/Wilfried Woesler. Politische Dichtung im Unterricht: „Deutschland. Ein Wintermärchen" von Heinrich Heine. Düsseldorf 1974. S. 96-100.

5. Besonders zu erwähnen sind Heines Ausführungen zu Cervantes: „Der sinnreiche Junker Don Quixote von la Mancha".

Doris Liebermann

„Landschaften der Lüge"
Mein Gespräch mit Jürgen Fuchs, dem Freund Reiner Kunzes

Der Schriftsteller Jürgen Fuchs wurde 1950 im vogtländischen Reichenbach, einer kleinen Textilarbeiterstadt nahe der tschechoslowakischen Grenze, geboren. Nach dem Abitur, einer Lehre bei der Reichsbahn und dem Armeedienst studierte er Sozialpsychologie in Jena. Erste Texte schrieb Jürgen Fuchs schon in der Schulzeit. In kurzen, realitätstreuen Momentaufnahmen, in Gedächtnisprotokollen und parabelhaften Versen notierte er, was ihn bewegte, worüber er nachdachte, was er an Konflikten in seiner Umgebung wahrnahm. Von den frühen Gedichten konnte er nur zwanzig in der DDR veröffentlichen. Sie sollten seine einzigen Publikationen dort bleiben. Den jungen Autor beschäftigten die Unterdrückungsmechanismen der DDR-Gesellschaft, ihn interessierte die Realität, die sich nackt und ungeschminkt hinter „Präambeln, Phrasen und gehobenen Worten" verbarg: in den „Dienstzimmern kleiner Bahnhöfe", in „Gefängnissen, Irrenhäusern, Schulen und Kasernen".

Bald interessierte sich das MfS für ihn.

Durch die Lage seiner Heimatstadt war ihm die Tschechoslowakei geographisch nahe, mehr noch wurde sie es durch die Literatur. Als junger Dichter entdeckte er die tschechische Lyrik für sich, dank Reiner Kunze, den er Ende der 1960er Jahre kennenlernte und der zu seinen frühen Förderern und Ermutigern gehörte. Reiner Kunze lebte in Greiz, nicht weit von Reichenbach entfernt. Kunze übertrug zusammen mit seiner tschechischen Frau Elisabeth Gedichte von Jan Skácel, Ludvík Kundera und Jaroslav Seifert ins Deutsche, Dichter die für Fuchs Vorbilder wurden. Es war auch ein tschechischer Dichter, den er später in der Stasi-Untersuchungshaft Berlin-Hohenschönhausen rezitierte, um sich Mut zu machen: Vladimír Holan, „Parkspaziergang 1939": „Es gibt Parks. Es gibt Schwarzes. Das Schwarze bläht sich./ Es gibt Schilder: Verboten ist – / Macht nichts. Die Erde dreht sich./ Die Nacht verfließt." Als 17-jähriger hatte er diese Verse in der von Ludvík Kundera und Franz Fühmann herausgegebenen Anthologie *Die Glasträne* gefunden und an die Wand seines Zimmers gehängt: es war im Jahr des „brüderlichen" Einmarsches.

In Reichenbach sah der 17-jährige im August 1968 russische und auch einige DDR-Panzer Richtung Grenze rollen: „Die Panzer / Fuhren durch unser Viertel/ Ich stand am Annenplatz und habe sie gesehen/" heißt es in dem Gedicht *Die Fassade*.

„Jetzt sind die Tschechen dran", hörte er einen älteren Mann sagen, „in zwei, drei Tagen, ohne Blutvergießen geht das heutzutage ... die Technik." Im Frühjahr 1968 hörte er die deutschen Sendungen von Radio Prag, und er vergaß nie die verzweifelten Hilferufe gegen die Intervention, die der Tschechoslowakische Staatsrundfunk Pilsen im August 1968 in den Äther schickte.

1973 trat Fuchs in die SED ein, um die DDR-Gesellschaft von innen, aus dem Parteiapparat heraus, zu verändern. Wegen „Plattformbildung" und „trotzkistischer Tendenzen" wurde er zwei Jahre später aus der Partei ausgeschlossen. Sein Studium konnte er nicht beenden. Unmittelbar vor Abschluß des Examens, das er mit der Note „Sehr gut" bestanden hatte, wurde Jürgen Fuchs 1975 von der Universität Jena relegiert. Er fand Arbeit in einem kirchlichen Kinderheim bei Berlin und mit seiner Familie Unterkunft bei Robert Havemann in Grünheide. Aus dessen Auto heraus wurde er im November 1976, nach der Ausbürgerung Wolf Biermanns, verhaftet. Wegen „staatsfeindlicher Gruppenbildung" drohten ihm bis zu zehn Jahre Haft. Die Stasi ließ nichts unversucht, um den jungen Autor in seiner ganzen Persönlichkeit zum Zusammenbruch zu bringen. Er beobachtete an sich die Wirkung von Psychopharmaka, er hatte rätselhafte Krankheitszustände. Später tauchte der Verdacht auf, er sei in der Haft möglicherweise radioaktiv verseucht worden.

In der Bundesrepublik übernahm der Verband deutscher Schriftsteller in der IG Druck und Papier (VS) die Patenschaft über den jungen Autor, und das West-Berliner „Schutzkomitee Freiheit und Sozialismus" organisierte internationale Proteste, für die es viele Prominente gewinnen konnte: Heinrich Böll, Max Frisch, Romy Schneider, Yves Montand, Helmut Gollwitzer und viele andere. Ende August 1977 wurde Fuchs zusammen mit den ebenfalls verhafteten Leipziger Liedermachern Gerulf Pannach und Christian Kunert ohne Prozess nach West-Berlin abgeschoben.

Der Schriftsteller hielt von West-Berlin aus die Kontakte zu Oppositionellen in der DDR und zu Emigranten der Solidarność und der Charta 77. Er gab Informationen über Verhaftungen an westliche Medien weiter, und er thematisierte immer wieder in Artikeln und Aufsätzen die Menschenrechtsverletzungen in der DDR und im östlichen Europa. Damit stand er auch im Westen wie kaum ein anderer im Visier des MfS. Vierzig auf ihn angesetzte IMs zählte er allein in den drei von fünfundzwanzig Aktenbänden der „operativen Bearbeitung" aus West-Berliner Zeit, die erhalten geblieben sind. Trotz dieser Aktenfunde sind viele Fragen nach wie vor offen. Die wichtigste ist: War sein früher Tod nicht „gottgewollt", sondern „menschengemacht"? Jürgen Fuchs wurde nur 48 Jahre alt. Er starb am 10. Mai 1999.

Mein Gespräch fand im September 1996 im „Treffpunkt Wald-
straße" statt, einer psychosozialen Beratungsstelle in Berlin-
Moabit, wo Jürgen Fuchs halbtags als Psychologe arbeitete.
Einzelne Passagen daraus wollte ich für das Radio-Feature
„Jenaer Memfis-Blues. Die Biermann-Ausbürgerung und die
Folgen" verwenden. Anlaß war der 20. Jahrestag der Aus-
bürgerung von Wolf Biermann aus der DDR. Der „Jenaer
Memfis-Blues" war das letzte Lied, das Wolf Biermann in der
DDR geschrieben hatte. Der Refrain des Liedes besteht aus
den Nummern der Stasi-Autos, die ihn in Jena verfolgt hatten.
Im November 1976 hatten junge Leute in Jena Unterschriften
gegen die Ausbürgerung gesammelt. Es war zu Massenver-
haftungen durch die Staatssicherheit gekommen.

Von 45 Festgenommenen blieben acht sogenannte „Rädels-
führer" fast zehn Monate in Untersuchungshaft. Wie Jürgen
Fuchs wurden sie 1977 ohne Prozeß nach West-Berlin ausgebürgert.

Jürgen Fuchs hatte viele Freunde in Jena, auch unter den
Verhafteten. Er hatte von 1971 bis 1975 in Jena Psychologie studiert und war kurz vor dem Examen, das er schon bestanden
hatte, von der Universität exmatrikuliert worden.

An diesem späten Nachmittag im „Treffpunkt Waldstraße"
erzählte er zuerst von seiner Verbindung zu Jena.

JF: Ich habe Jena immer schon gerne gehabt, ich kam dort
durch, wenn ich in den Ferien zu meiner Großmutter nach
Gotha in Thüringen gefahren bin. Ich habe aus dem Zug
nach unten auf die Häuser gesehen, und hatte ein gutes
Gefühl. Ich wusste auch schon etwas über den literarisch-
kulturellen Hintergrund, der von Frechheit und von
Sich-nichts-gefallen-lassen geprägt war. Ich habe an der
Jenaer Universität von 1971 bis 1975 Sozialpsychologie
studiert. Ich habe Lilo in Jena kennengelernt, wir haben
uns angefreundet, geheiratet und haben ein Kind. Unsere

Tochter Lili ist 1975 in Jena geboren. Und in Jena ist eben eine Menge passiert ...

DL: Was genau?

JF: Das Studium war insofern ein turbulentes Studium, weil im Studienjahr nicht bloß „normale Kommilitonen und Kommilitoninnen" waren. Es waren mehrere Offiziere der Staatssicherheit darunter, die sich als Studenten der Psychologie bezeichneten und Psychologie, Psychotherapie, Diagnostik lernten, um das später bei Vernehmungen und im sogenannten „operativen Einsatz" anzuwenden. Insofern war das Studium schon etwas besonderes. Hinzu kommt, dass ich mich an diesen Strukturen gerieben habe, ich schrieb Gedichte und Prosa, und nahm Themen an, um dies aufzuschreiben. Ich habe in Jena in kürzeren und längeren Arbeiten thematisiert, auch in der Begegnung mit Wolf Biermann und Robert Havemann, die mich ermutigten, was zum Beispiel an der Jenaer Universität, aber auch im politischen Bereich geschah. Zum Teil habe ich das zum Thema meines Schreibens gemacht. Das hatte Folgen: der Ausgrenzung und der Exmatrikulation von der Universität. Ich sollte nicht als Psychologe arbeiten und als Schriftsteller sowieso nicht. Ich habe in Jena erlebt: Zensur, Ausgrenzung und die Vorbereitung zur Inhaftierung und Ausbürgerung. Gleichzeit habe ich in Jena eine sehr freie, anregende Atmosphäre erlebt, durch Begegnungen mit Freunden, mit Menschen, die an der Universität arbeiteten, aber eher als Haushandwerker im Uni-Turm. Die Dozenten waren weniger gesprächsbereit. In Jena bin ich zusammen mit Wolf Biermann, Robert Havemann, der zu Besuch kam, seiner Tochter Sibylle Havemann und anderen Freunden herumgelaufen. In Jena habe ich mich gegen diese blöde Diktatur gewehrt. In Jena habe ich meine letzte Lesung in der Jungen Gemeinde gemacht, Thomas Auerbach hat sie geleitet. Ich habe kurze Prosa gelesen, weitgehend über den Kasernenhof der DDR, und bin dann auf dem Weg hoch zur Tatzendpromenade, eine Straße in Jena, in der ich übernachtet habe, im Abstand von eins, zwei Metern von zwei Ladas der Staatssicherheit begleitet worden. Sie wollten mir zeigen, dass eine Uhr abgelaufen war.

DL: Jürgen Fuchs wohnte damals, im Jahr 1976, mit seiner Familie bereits in Grünheide bei Berlin – im Gartenhaus von Robert Havemann.

JF: Ich war auch kurz in Jena, als ich 1976 auf der Durchfahrt nach Greiz war. Ich habe mich in Jena mit Freunden unterhalten, mit Siegfried Reiprich, einem engen Freund, mit Lutz und Petra Leibner, mit dem Malerehepaar Frank und Eve Rub. Damals wurde Reiner Kunze aus dem Schriftstellerverband ausgeschlossen, und ich hatte eine Dokumentation dieses Ausschlusses aus dem Schriftstellerverband und der internationalen Reaktion darauf bei mir. Ich habe sie nach Greiz gebracht, und dort habe ich auch sehr, sehr nahe die Stasi gespürt. In Greiz sind sie mir nachgefahren wie in Jena. Das war das Jahr 1976. Ich wusste, was angesagt ist. Deshalb habe ich zu Wolf Biermann gesagt: „Fahr nicht weg. Sie werden dich nicht mehr reinlassen. Das ist eine Zeit der Repression und nicht der Öffnung"

DL: In anderen Ländern Osteuropas schien in diesem Jahr 1976 der Kasernenhof-Sozialismus aufzubrechen. In Polen wurde KOR, das Komitee zur Verteidigung der Arbeiter gegründet, in der Tschechoslowakei kündigte sich die „Charta 77" an – Grund auf Hoffnung zur Veränderung. Das Modell des „Prager Frühlings" schien manchen doch noch realisierbar.

JF: Ich hatte überhaupt keine euphorische Stimmung, weil ich mit der Abwehr einer biographischen Katastrophe beschäftigt war. Ich wurde wenige Tage vor der Verleihung der Diplomurkunde rausgeworfen, das war das Ende des Studiums. Damit hatte ich keine Erlaubnis, im Beruf zu arbeiten, und ich konnte nicht mehr öffentlich lesen.

Eine Zuspitzung war das Verbot von Gerulf Pannach, Bettina Wegener und mir nach gemeinsamen öffentlichen Auftritten in Thüringen. Zu erleben, dass Alexander Solshenizyn 1974 ausgebürgert wurde, die Kampagnen im Studienjahr, den „Archipel Gulag" zu verurteilen, ohne ihn gelesen zu haben, und mit Stasi-Leuten im Studium und in der Partei konfrontiert zu sein. Nach Rücksprache mit Robert Havemann und Wolf Biermann bin ich in die Partei eingetreten, um sie im literarisch-publizistischen Auftrag von innen zu beschreiben. Schon 1974/75 hatte ich die „Gedächtnisprotokolle" angefangen und habe publiziert. Sie haben Wallraff aufgefordert, mal ein bisschen in die DDR-Strukturen einzudringen, aber er war doch zu gehemmt, und da mussten Typen wie ich herhalten. Ich habe es auch gemacht.

Ich hatte überhaupt keine Illusionen. Welcher Art? Wenn man sah, was die Sowjets mit Alexander Solshenizyn machten, wenn man sah, was mit Reiner Kunze unmittelbar vor der Ausbürgerung geschah, dann war klar, dass es eine sehr konfliktreiche Zeit werden würde. Wolf Biermann ist dann doch gereist, er hat gesagt: ich bin mir dessen bewusst, aber wir müssen diese Konfrontation eingehen und einem großen internationalen Publikum zeigen, was wir sagen wollen. Das fand ich sehr richtig. Ich habe zeitgleich die Veröffentlichung meiner „Gedächtnisprotokolle" bei Rowohlt organisiert und Reiner Kunzes „Wunderbare Jahre" erschienen bei Fischer. Es war so, dieses außerhalb jeglicher Illusionen zu wollen.

DL: Jürgen Fuchs war 1973 in die SED eingetreten, nicht, um „Hurra zu sagen und die Hand zu heben", wie er einmal schrieb, sondern um die DDR-Gesellschaft von innen, aus dem Parteiapparat heraus, zu beschreiben und zu verändern. Zwei Jahre später wurde er wieder ausgeschlossen.

JF: Der Eintritt in die Partei war die bewusste Entscheidung, die Strukturen von innen anzusehen. Ich wurde mehrfach abgelehnt, weil die Stasi-Leute mir misstrauten. Ich bin dann mit der Maßgabe aufgenommen worden, mich zu kontrollieren und einzubinden, und ich habe insgesamt zwei Parteiversammlungen erlebt. Wegen Plattformbildung und trotzkistischer Tendenzen wurde ich später ausgeschlossen. Ich hatte Gelegenheit, eine Menge dieser Formalien mitzubekommen, und vor allem zu sehen, wie so ein Rausschmiss ablief. Meinem eigenen Mut habe ich zu verdanken, dass ich das zum Gegenstand gemacht habe, teilweise auch der Unwissenheit, was noch geschehen kann, und Freunden, die mich dazu ermunterten und aufstachelten. Ich habe Havemann noch im Ohr, er hatte die Todeszelle überlebt und war seit 1965 verboten, ob er alles allein machen soll. „Wie lange wollt ihr denn noch warten", hat er gesagt, „da müsst ihr schon etwas riskieren."

DL: Im gleichen Jahr, 1975, wurde Jürgen Fuchs auch von der Universität Jena relegiert. Diese Zeit hat er in seinem Buch „Gedächtnisprotokolle" beschrieben.

JF: Ich habe am 17. Juni 1975, unmittelbar am Ende des Studiums, die Exmatrikulation erhalten in den Uni-Räumen. Damit war ich nicht Diplom-Psychologe, und damit hatte ich kein Recht, in meinem Beruf zu arbeiten. Ich bekam die Auflage, mit Uni-Vertretern Gespräche zu führen, wie ich mir meinen weiteren beruflichen Weg vorstelle. Diese Gespräche habe ich ausgeschlagen. Ich habe dann bei der Kirche als Erzieher gearbeitet und meine literarische Arbeit fortgesetzt. Ich war am Anfang, hatte aber schon eine Menge vorgelegt und war einer der sehr wenigen Autoren, die Gegenwartsthemen wie Kaserne und Staatssicherheit in Prosa und Lyrik verarbeiteten. Das musste ich irgendwie tun. Die Konfrontation war eben so, wie sie war, und zum ersten Mal habe ich in realistischer Prosa auch Parteistrukturen geschildert. Ich habe das ein bisschen operettenhaft gemacht, als Gedächtnisprotokolle, das liest sich mit Rollenverteilung ganz gut. Gleichzeitig hatte es eine biographische Seite und geschah tatsächlich. Die angewendete Wallraff-Methode war eben so, dass es in einer Diktatur geschah und nicht in einer Demokratie. Jena war ein ausgezeichneter und toller Ort dafür, so etwas zu erleben, auch zu riskieren, mit vielen Freunden und Bezügen ringsherum. Ich habe schon Thomas Auerbach und die Junge Gemeinde und auch literarische Freunde genannt. Es gab viele Studenten, die in andere Städte fuhren. Auch Lehrlinge, die eine Woche kamen und dann wieder in viele andere DDR-Orte zurückkehrten. Idealer kann ein Ort nicht sein, um Nachrichten oder Manuskripte zu verteilen, fast wie ein Puls, wie ein Herzschlag. Das war der riesige Vorteil von Jena, im Gegensatz zu großen Städten wie Leipzig und Berlin. Jena war ein kleiner Ort mit großem Landesbezug, und vor allem einer Geschichte, die über die Jahrhunderte ging und aufsässige Spuren hinterlassen hatte. Man müsste einmal untersuchen, welche magisch-kulturellen Auswirkungen das hatte. Das ist schon sehr interessant.

DL: Zusammen mit Jürgen und Lilo Fuchs studierte Sibylle Havemann in Jena, die Tochter des bekanntesten DDR-Oppositionellen Robert Havemann. Durch sie lernte Jürgen Fuchs Robert Havemann und Wolf Biermann kennen. Die Freundschaft bestärkte ihn in seinem Schreiben.

JF: Diese Freundschaft war ganz entscheidend, aber auch die mit Reiner Kunze. Ich habe Reiner Kunze als 14-jähriger kennengelernt, und er hat mich ermutigt, zum Beispiel Armeethemen zu beschreiben und in meine literarischen

Arbeiten hineinzunehmen. Ich hatte während des Einmarsches 1968 in die Tschechoslowakei erlebt, wie die Panzer durch das Vogtland fuhren.

Wenn man von solchen Leuten, aber auch von Günter Kunert, hört, dass das gut ist, was man schreibt, ist es zur Orientierung wichtig. Es gab ja keinen Verlag in der DDR, der meine Texte haben wollte. Das zweite war die Möglichkeit eines begrenzten Schutzes. Ich hätte mir dies nicht getraut, wenn nicht die Nähe zu diesen Persönlichkeiten da gewesen wäre, die internationale Öffentlichkeit herstellen konnten.

Ich habe mit dazu beigetragen, dass sie nach Jena gekommen sind, ich habe die Freundeskreise mit geöffnet. Sibylle Havemann zum Beispiel ist durch meine Vermittlung bei Freunden untergebracht worden, wir waren in dieser Zeit eng befreundet. Sibylles erster Sohn, Felix, wurde während des Studiums von der Mutter meiner Frau betreut. Nachdem ich 1975 exmatrikuliert worden war, haben wir in Grünheide bei Robert Havemann Unterschlupf gefunden. Wolf Biermann hat uns mit dem Auto aus Jena abgeholt, er hat uns richtig rausgeholt. Die Stasi stand vor dem Haus, sie hatte eine konspirative Wohnung mit Volltime-Beobachtung angelegt, wie in einem Irrenhaus. Er ist zu ihnen gegangen und hat gesagt: „Wenn ihr die angreift, dann müsst ihr mich mitnehmen." Das war natürlich sehr stark für mich. Es war ein Schutz, ein Aufschub der Verhaftung um ein Jahr.

DL: Jürgen Fuchs hatte die Verhaftung schon 1975 erwartet.

JF: Natürlich. Wenn man sich vorstellt, dass man in solch einer Weise beschattet und drangsaliert wird, durch dieses dichte Hinterherfahren, dieses Im-Hausflur-stehen, dieses Anpöbeln in der Lutherstraße 25, kann man auf gar keine andere Idee kommen, als dass sich eine Schlinge zuzieht. Gleichzeitig erlebte ich Solidarität in Jena, wusste aber auch von Zwangsmaßnahmen gegen junge Leute. In der Gartenstraße fand eine Verlobungsfeier statt, die von der Polizei gestürmt wurde. Ein paar junge Leute wurden abtransportiert und junge Frauen wegen Widerstand gegen die Staatsgewalt inhaftiert. Diese Dinge nahmen Rebellionscharakter an. Dort wollte man nicht weg und klein beigeben. Darüber habe ich auch geschrieben. Dass ich dann zusammen mit meiner Familie in Robert Havemanns Gartenhaus in Grünheide Unterschlupf fand, führte dazu, die Verhaftung aufzuschieben. Insofern hatte ich überhaupt keine Illusionen, dass etwas geschehen könnte. Zeitgleich fand aber die Konferenz der Kommunistischen und Arbeiterparteien statt, die neue Töne in das „Neue Deutschland" brachte. Enrico Berlinguer und Santiago Carillo sprachen davon, dass es eigenständige Wege in eine neue Gesellschaft geben müsste. Das waren alles Stichworte, die jetzt überhaupt nicht mehr verständlich sind, die damals aber sehr wichtig waren. Man kann nicht sagen: es lief alles gut, sondern sehr konfliktreich, das war doch ganz deutlich. Ich sage es einmal ein bisschen pathetisch: da muss man vor und versuchen, die Entwicklung voranzutreiben. In der Tschechoslowakei haben sie es 1968 auch versucht, wenn auch von oben. Wir haben gesagt: es muss jetzt weiter gehen, jetzt weitergehen. Schonung gibt es nicht mehr. Hier würde ich sagen: die erste Reihe geht dann ins Feuer. Ich gehörte als junger Mensch zusammen mit Lilo und anderen Freunden, die auch in Jena wohnten - in anderen Städten auch, aber jetzt reden wir über Jena - schon zu dieser ersten Reihe. Wir waren ganz vorn.

DL: Nach den Protesten gegen die Ausbürgerung Wolf Biermanns wurde Jürgen Fuchs am 19. November 1976 in Ost-Berlin verhaftet, aus dem Auto von Robert Havemann heraus. Zwei Tage später wurden die Leipziger Liedermacher Gerulf Pannach und Christian Kunert verhaftet.

Alle drei wurden im Stasi-Untersuchungshaftgefängnis Berlin-Hohenschönhausen inhaftiert. Wegen angeblicher „staatsfeindlicher Gruppenbildung" drohten ihnen drei bis zehn Jahre Haft. Nach internationalen Protesten wurde alle drei – sowie sieben der acht inhaftierten Jenaer - ein knappes Jahr später mit ihren Angehörigen nach West-Berlin ausgebürgert.

JF: Es war eine sehr harte U-Haft-Zeit mit mehreren Vernehmern, die sich große Mühe gaben, mich fast täglich zu vernehmen oder Aussagen zu erpressen: Distanzierung von meinen eigenen Arbeiten, Distanzierung von den Freunden, belastendes Material über mich und andere. Zuerst über mich, und da dachten sie eben, dass ich in die Knie gehe, und dann sollte ich andere belasten. Das habe ich nicht gemacht. Das war eine sehr harte Zeit für mich. Es wurden verschiedene psychologische Methoden angewandt, die ich als psychische Folter ansprechen würde, Zellenbedingungen zusammen mit einem Zellenspitzel, der u. a. auch mit Gewalt drohte, und eben sehr zugespitzten, auch physischen Angriffen. Zum Beispiel eine total überheizte Zelle, die man mit vielen Rohren und Knöpfen regeln konnte, die vor den Zellen waren. Da konnte man das Wasser und den Strom regeln, man konnte alles regeln, was man wollte, und die drinnen waren wie in einem Käfig, wie in einem Labor für Besessene, die von außen regulierten. Diese Zeit habe ich als eine sehr harte Zeit erlebt, und jetzt aus dem Abstand wurde mir erst richtig klar, dass ich der Hauptbelastungszeuge gegen Havemann sein sollte. Ich begleite den Robert-Havemann-Prozeß in Frankfurt/Oder, wo gegen die Richter und Staatsanwälte ermittelt wird, die ihn in Hausarrest gebracht haben. Sie haben die zentralen Befehle von Mielke und Honecker für den Hausarrest und für die Kriminalisierung ausgeführt: Havemann hätte Devisen geschmuggelt und ohne Genehmigung im Westen veröffentlicht. Ich wusste genau, was er wie gemacht hat und welche Wege er über Journalisten und Diplomaten nach dem Westen hatte. Ich hätte sehr viel belastendes Material für solche Prozesse liefern können. Und ich denke, dass auch aus diesem Grund dieser harte, extreme Druck auf mir als Person lag. Ich habe mich dann entschlossen, mehrere Monate überhaupt nichts zu sagen. Ich habe damit meine Gesundheit riskiert, man wird ja dann wie verrückt, und habe dem widerstanden. Das erfüllt mich mit Freude. Gleichzeitig spüre ich jetzt, wo ich darüber spreche, noch die Erschöpfung, die so etwas mit sich bringt.

DL: Im Gefängnis schrieb Jürgen Fuchs die *Vernehmungsprotokolle*, die kurze Zeit nach der Haft im Rowohlt Verlag erschienen.

JF: Die *Vernehmungsprotokolle*, die kurze Zeit nach der Haft im „Spiegel" und dann bei Rowohlt erschienen, habe ich im Gefängnis entworfen, indem ich ohne Papier und ohne Schreiberlaubnis auf dem Tisch gearbeitet habe. Ich durfte nichts schreiben, machte aber meine Schreibarbeit weiter. Ich habe gemerkt, dass ich durch das tägliche Skizzieren und das Schreiben auf die Tischplatte, z. T. mit Silberpapier von einer Schokoladentafel, was ich wieder wegwischen konnte, wo ich aber Schriftspuren hinterlassen konnte, etwas in den Grundzügen entwerfen konnte, was dann sehr schnell als *Vernehmungsprotokolle* niederzuschreiben war. Ich habe auch in den Vernehmungen, in den Verhören, vor allem in den Monaten des Schweigens, des Nicht-Reagierens, am Buch gearbeitet. Das war für sie natürlich eine große Provokation. In den Akten steht dann immer: Gefangener antwortet nicht auf Fragen, verhält sich provokativ. Sie haben herumgeschrien und verschiedene andere Sachen gemacht. So sind die *Vernehmungsprotokolle* entstanden. Sie haben eine ganz besondere Intensität. Selten entstehen Manuskripte so.

DL: Jürgen Fuchs lernte den Text der *Vernehmungsprotokolle* auswendig.

JF: Ich habe den Text auswendig gelernt, das aber so vollzogen, indem ich ihn in dieser merkwürdigen Weise aufgeschrieben habe. Nach einem dreiviertel Jahr U-Haft wurde ich durch Rechtsanwalt Vogel, den inoffiziellen Mitarbeiter der Staatssicherheit Vogel, informiert, dass es jetzt diesen Weg nach dem Westen gäbe. Ohne Prozess, und er würde nur einmal fragen. Bei einem Prozess müsste ich selbstverständlich davon ausgehen, dass ich für mehre Jahre ins Gefängnis gehe. Der gravierendste Punkt war aber, dass er sagte: „Wenn Sie gehen, sind zeitgleich mehrere - er sprach von bis zu 2o Mitgefangenen - frei, die den dringenden Wunsch haben, das Land zu verlassen. Wenn Sie nicht gehen, dann bleiben sie da." Ich muß sagen, dass ich mit dieser Erpressung drei Tage in der Zelle gelebt habe. Es war eine sehr schwere Entscheidung für mich, zur Inhaftierung oder Freilassung anderer Menschen beizutragen oder nicht beizutragen. Ich habe die Erpressungssituation, die gesetzten Umstände durch die Stasi- und SED-Täter, schon gesehen. Aber als Einzelner, noch dazu als Häftling, mit so einer Geschichte konfrontiert zu sein, ist schwer. Ich wollte eben nicht weg. Ich habe immer gesagt: sollen die selber gehen, ein Biermann-Spruch, und wollte einen Prozess erzwingen, und hatte in einer ähnlichen Art, wie an den „Vernehmungsprotokollen", an meiner Rede gefeilt, die ich da halten wollte. Ich dachte mindestens, meine Frau kann sie hören. Ich habe dann aber, als ich merkte, dass sie Ernst machen und zur Gewalt entschlossen sind, innerhalb so einer Erpressungskonstellation gedacht: okay, jetzt weg, und sofort veröffentlichen und thematisieren, worum es hier ging. Das habe ich bis heute eigentlich nicht bereut, ich möchte aber den Konflikt skizzieren.

Auf der anderen Seite war ich nicht zufällig im Gefängnis. Ich habe schon gewusst, was ich mache und was ich veröffentliche. Biermann wusste, was er in Köln singt, und Havemann wusste auch, was er veröffentlicht und sagt. Wir waren Oppositionelle und bereit, die Konfrontation einzugehen. Das habe ich immer auch so vertreten. Ich fühle mich insofern nicht als Opfer, sondern als einer, der zum Zusammenbruch einer Diktatur beigetragen hat. Auch dazu beigetragen hat, die Freiheit von Literatur und Kunst mitbewahrt zu haben. Gleichzeitig war ich solidarisch mit einem Freund, der ausgebürgert wurde, dessen Lieder und Gedichte ich sehr gern hatte und mit dem ich eng befreundet war. Solidarisch zu sein mit ihm, ohne Wenn und Aber. Das war eigentlich das, was geschehen ist. Das habe ich mit den anderen geteilt. Wir haben eben keinen Rückzieher gemacht, wie einige Autoren, die erst mit Biermann solidarisch waren. Wir wurden dann rausgeschmissen dafür.

DL: Jürgen Fuchs betonte immer wieder, dass die Stasi-Vernehmer in den Verhören psychologische Methoden angewendet hatten, die er als Folter bezeichnete.

JF: Das eine ist, dass sie vor allem gegen Gefangene in der Untersuchungshaft der Staatssicherheit, die nicht das machten, was von ihnen verlangt wurde, die sich nicht unterwarfen und sich und andere belasteten, sondern eigene Positionen vertraten und in ihren Augen provokativ und aufsässig auftraten, widerlichste Methoden anwandten. Gegen jene, die auch nur das in der Strafprozessordnung garantierte Recht für sich beanspruchten, die Aussage zu verweigern. Zum Beispiel, indem man es sich nicht nehmen ließ, sehr häufig über viele Stunden hinweg eine sogenannte Vernehmung zu machen. Man muss sich

Monate mit täglich zwischen sechs und acht, manchmal zehn Stunden Verhören vorstellen, und ein Gefangener wie ich verweigert über Monate die Aussage. Was ist in diesen Stunden geschehen? Wenn man jemanden immer wieder aus der Zelle holt und diese Stunden absitzen lässt, ihn anbrüllt, verschiedene Tricks vollführt, indem zum Beispiel der Vernehmer über Telefon zu erkennen gibt, die Eltern sind verhaftet, Freunde sind verhaftet, andere, die einem nahestehen, im Haftkrankenhaus oder jemanden in die Zelle setzt, der täglich angeleitet wird, wie er sich zu verhalten hat. Bei mir war es ein schon verurteilter Gefangener aus der Bundesrepublik, der wegen Flucht-hilfe einsaß. Ihn mehrmals täglich zu instruieren, was jeweils in der Zelle mit dem Mitgefangenen zu tun und zu lassen ist. Die Zelle elektronisch abzuhören, teilweise auch mit Videotechnik abzuhören, über den Zellen-IM Zellenkrieg auszulösen. Mit mehreren Vernehmern, in der Zahl zwischen vier und sechs, und Staatsanwälten, die hinzukamen, z. B. Dr. Gläßner, der auch vor Gericht steht im Havemann-Prozeß, und den ich als Zeuge konfrontiert habe damit, dass er sich an diesen Verhören beteiligt hat. Er hat das zugegeben. Einsetzen von Lautstärke, Ein-setzen von Versprechungen, Einsetzen von Drohungen, Einsetzen des sympathischen Vernehmers, der Verspre-chungen macht und die Beendigung der Haft verspricht, der andere, der brüllt und widerruft; das Einsetzen auch von negativen und schlechten Äußerungen über Be-zugspersonen, also die eigene Ehefrau, z. B. unterstellt, dass zeitgleich, wenn ich verhört wurde, mit Havemann Geschlechtsverkehr stattfindet in Grünheide, und das zu beschreiben versucht, also einen Menschen in eine Aus-nahmesituation zu bringen, in der er durchdreht, in der er suizidale Neigungen hat und Gedanken entwickelt, und er vor allem zusammenbrechen soll. Psychisch in seiner eigenen Person, in seiner eigenen Identität zusammenbrechen soll. Gleichzeitig konnte ich mehrfach an mir die Wirkung von Psychopharmaka beobachten. Ich bin ausgebildeter Psychologe und kenne die Wirkung von Medikamenten. Besonders bei sogenannten Sprechern, bei Begegnungen mit meiner Frau, in der Magdalenenstraße, wo diese stattfanden, merkte ich, dass ich reduziert war, ich merkte lange Zeit auch Spuren in meiner Muskulatur, Veränderungen in meinen spontanen Bewegungen. Ich hatte einen Kreislaufzusammenbruch, der unmittelbar im Zusammenhang stand mit einem starken Druck in den Vernehmungen, aber auch mit noch, sagen wir rätselhaften, schlagartigen Gesundheitsveränderungen, die einsetzten, dass plötzlich Schleimhäute entzündet waren und ich kaum mehr die Treppen steigen konnte. Also ganz stark reduziert war. Aus heutiger Sicht würde ich sagen, auch mit zunehmender medizinischer Kenntnis, das waren Anzeichen, mögliche Indizien für einen Strahlenkater, den ich innerhalb der U-Haft der Staatssicherheit hatte. Solche psychischen und physischen Einwirkungen haben dazu geführt, dass ich diese Zeit als eine sehr harte und für mich sehr beeinträchtigende Zeit erlebt habe.

DL: Als Jürgen Fuchs dies 1996 ins Mikrophon sagte, war er schon zwei Jahre krank. Er litt an einer seltenen Blutkrebsart, dem Plasmozytom. Im Sommer 1995 hatte sich sein Verdacht erhärtet, er könnte in der Haft radioaktiv bestrahlt worden sein. Schwächezustände nach einer Ganzkörperbestrahlung im Berliner Klinikum Steglitz hatten ihn an ein Krankheitsgefühl erinnert, das er im Stasi-Untersuchungshaftgefängnis Berlin-Hohenschönhausen erlebt hatte.

JF: Ich habe jetzt nur diese Indizien beschrieben. Ich habe eine Lösungsweise dafür angeboten, dass diese Indizien dafür sprechen, dass so etwas stattfinden konnte. Ich habe zum Beispiel zu einem bestimmten Zeitpunkt, nicht am Anfang, sondern im ersten Drittel der Haft, erlebt, dass ein sogenannter „Fototermin" stattgefunden hat, wo angeblich von mir Bilder angefertigt wurden. Kann sein, dass welche angefertigt wurden. Aber wenn man angeschnallt auf einem Stuhl sitzt und recht lautes Lampengeräusch von angestrahlten Lampen da ist, man dann über eine längere Zeit angeblich nur fotografiert wird und dann sehr starke gesundheitliche Probleme bekommt, und dann nach 1989 bei der Besetzung von Stasi-Einrichtungen, z. B. in Thüringen, innerhalb der Untersuchungshaftanstalt Röntgengeräte gefunden werden und die Kenntnis hinzukommt, wie leicht solche Geräte, auch Bestrahlungsgeräte anderer Art aus dem medizinischen Bereich, von der Stasi zu nutzen waren, um mindestens kurzfristige Gesundheitsschädigungen und Reduzierungen herbeizuführen, dann muß man, wenn man so gefragt wird, auch davon sprechen. Mit der nötigen Zurückhaltung natürlich, aber mit dem, dass sehr harte Indizien für gravierende Menschenrechtsverletzungen dieser Art vorliegen.

DL: Jürgen Fuchs hatte Anfang 1992 als einer der ersten seine Stasi-Akten einsehen können. Nur Teile davon waren erhalten geblieben.

JF: Es war eine ganz starke Richtung zu erkennen in den Akten, die ich gesehen habe, über den Untersuchungsvorgang in der U-Haft. Die Stasi hat den Untersuchungsvorgang zeitgleich angefertigt, die Akten sind nicht vollständig. Sie sind in wesentlichen Teilen gefleddert, und in sehr wesentlichen Teilen des sogenannten zentralen Operativvorgangs „Opponent", der bis zum Dezember 1989 ging, vernichtet oder teilvernichtet. Ich hoffe, dass noch irgendetwas auftaucht. Von angegebenen 25 Bänden, hochgerechnet sind das zehntausende von Blatt, sind gefledderte drei vorhanden. Da weiß man ungefähr, dass da noch anderes war, was nicht gefunden werden sollte. Wenn man aus der heutigen Sicht auf diese Zeit der Untersuchungshaft blickt, wird klar, dass man mit mir sehr robust umgehen wollte, wenn ich mich als Gefangener nicht beuge, nicht mit ihnen kooperiere, wie sie das nannten, auch z. B. andere belaste, oder eine Veröffentlichung meiner „Gedächtnisprotokolle" bei Rowohlt nicht zurückziehe, die Anfang 1977 erschienen sind, wenn ich keinen Brief an den Verlag schreibe oder wenn ich Havemann nicht massiv belaste.

Das spricht aus allen Indizien. Ich wurde als aufsässiger, provokativer Häftling bezeichnet, der noch in der Untersuchungshaftanstalt staatsfeindliche Hetze betreibt, und den Genossen Minister u. a. beleidigt. Es gibt Hinweise darauf, dass auch in Dienstbesprechungen meine Behandlung forciert wird, und dann entweder eine über lange Jahre gehende Verurteilung mit einem Prozeß oder eine Ausbürgerung festgelegt wird, aber so, dass eben Typen wie ich nun nicht noch im Westen massiv ihre Sauereien fortsetzen. Ich wähle mal diesen Jargon. Es gibt jetzt Dokumente von Mielke, Joachim Walther hat auf Tondokumente hingewiesen, auf interne Mitarbeiterbesprechungen mit Offizieren und Generälen der Staatssicherheit, in denen Mielke von sogenannten „revolutionären Verurteilungen" spricht, die ohne Prozess ablaufen sollen. Wenn es nach ihm ginge, würde er auch ein paar Leute erschießen, hat er gesagt. Ich denke, dass ich einer von den Gefangenen war, die er als nicht zurückzuholen in ihrem Sinne angesehen hat, aber auch nicht zu bremsen, und dieses Aus-dem-Lande-Wegschicken, aber mit einem Dämpfer, war vorgesehen. Das betraf auch andere Gefangene, die sich ähnlich verhalten haben.

DL: Auch in West-Berlin stand Jürgen Fuchs wie kein anderer im Visier des MfS: Er hielt die Kontakte zur Oppositionellen in der DDR und zu Emigranten der Solidarność und der Charta 77, er gab Informationen über Verhaftungen an westliche Medien weiter und thematisierte unermüdlich die Menschenrechtsverletzungen in der DDR und im östlichen Europa. 1982, als er schon fünf Jahre in West-Berlin lebte, so stellte er bei der Durchsicht der Stasi-Akten fest, war erneut ein Haftbefehl gegen ihn ausgestellt worden. Eine einzige Transitfahrt von West-Berlin ins Bundesgebiet hätte ausgereicht, um ihn erneut zu verhaften.

Wenn Jürgen Fuchs von Beschattungen in West-Berlin redete, hielten das jedoch viele für überzogen. Dass der DDR-Geheimdienst tatsächlich in West-Berlin ein- und ausgegangen war, wie Jürgen Fuchs immer behauptet hatte, dass er seine Familie, seine Arbeitsstelle, seine Freunde überwacht hatte, das mussten alle Zweifler nach 1989 mit Schaudern zur Kenntnis nehmen.

JF: Ich habe das als eine fortgesetzte Zeit von Gefahr und Verfolgung erlebt. Gemeinsam mit der Familie, das betraf auch das Privatleben, Kinder und Verwandte. Das spricht eindeutig aus diesen Akten. Auch in der Zeit danach, als ich den Bürgerkomitees zur Stasi-Aufklärung angehörte, hat diese Bedrohung nicht abgenommen. Ich habe bis 1992, 1993, teilweise als Mitarbeiter der Gauck-Behörde, teilweise als Mitglied der Bürgerkomitees, mehrere Manipulationsversuche an meinem Auto gesehen, bei denen ich hätte verunglücken können. Ich habe zusammen mit der Familie immer wieder Phasen erlebt: Telefonterror, Lieferung von Waren, die wir nicht eingekauft hatten, das Anrücken zum Abtransport von Autowracks, weil ich angeblich einen Totalunfall gehabt hätte. Die Autopresse Zech kam immer wieder, angerufen unter meinem Namen, um etwas abzuholen. Also Nervereien, Bedrohungen, die Ungezieferbekämpfung rückte mehrfach an. Man muss sich mal vorstellen, wenn ein Kind die Tür öffnet und draußen stehen Ungezieferbekämpfer mit allen möglichen Geräten und wollen hier Wanzen oder Läuse vertilgen. Da ist die Todesebene, diese Symbolik, angeschnitten. Das war schon auch eine harte Zeit. Diese Art von Zumutungen hielten an und wurden forciert, wenn man in der Bundesrepublik seine Meinung nicht geändert und Öffentlichkeit hergestellt hat. Eigentlich erst richtig los, haben wir immer gesagt, ging es im Westen.

Ich habe dahinter immer eins zu eins die Staatssicherheit gesehen. Wenn z. B. die Grünen einen Besuch in Ost-Berlin bei Erich Honecker machten, und es fanden Vorgespräche bei uns in der Wohnung mit Petra Kelly und Gerd Bastian statt, und draußen auf dem Tempelhofer Damm rücken Autos mit Antennen und Abhörtechnik an, konnte man wirklich nicht darauf kommen, dass das irgendwelche SEW-Funktionäre seien. Das mussten schon ausgerüstetete Leute sein, die abhören, der Abteilung III, würden wir heute sagen. Und wenn unterschiedliche Dinge ablaufen, dass das Kind ein neues Fahrrad bekommt und damit fährt, und plötzlich stürzt es, weil beide Baudenzüge der Felgenbremsen angeschnitten waren und dann durchgetrennt sind, und das Kind vom Kinderfahrrad plötzlich den Lenker in der Hand hat, weil der Lenkerkonus gelöst war, und man dann in den Akten sieht, dass die Stasi Schlüssel für alle Kellerräume hatte und immerzu versucht hat, diese Art von „Zersetzungsmaßnahmen" anzuwenden, dann wird einem richtig übel. Das habe ich erlebt, und das habe ich so zugeordnet, und so war es. Gleichzeitig wusste ich, dass wir politische Oppositionelle sind, und dass ich als Autor diese Themen habe. Wenn ich mit der Charta 77, auch mit den Emigranten der Charta 77 und der Solidarność, eng kooperiere, was ich gemacht habe, dann gibt es dafür einen Preis. Und das war der Preis. Das Schreckliche war das Einbeziehen von Kindern und Unbeteiligten.

DL: In der DDR sollten sich Verwandte und Freunde von Jürgen Fuchs distanzieren.

JF: Meine Schwester und die Mutter meiner Frau wurden zur Staatssicherheit bestellt, teilweise unter einer Legende, man sagte: Polizei oder Zoll, aber es war immer die Staatssicherheit. Meiner Schwiegermutter wurde gesagt: „Sie können nie nach dem Westen fahren, obwohl Sie Rentnerin sind, weil von Ihrem Schwiegersohn staatsfeindliche Handlungen begangen wurden. Wenn Sie nicht mit uns kooperieren, dann passiert Ihnen noch etwas." Sie wurde so in die Enge gedrängt, dass sie offenbar Suizid begangen hat. Meine Schwiegermutter wurde zuhause gefunden, Gas ist ausgeströmt, sie ist an einer Gasvergiftung gestorben, und es muss davon ausgegangen werden, dass sie nach einem Verhör, nach einer Vorladung durch die Stasi, die noch als Einladung vorliegt, diesen Suizid gemacht hat. Gleichzeitig ist unklar, ob es wirklich ein Suizid war, weil am Arm Schnittspuren, möglicherweise Kampfspuren waren, so dass man nicht weiß, ob sie nicht in irgendeine Art von Auseinandersetzung in der Wohnung verwickelt war. Wenn solche Dinge geschehen, dann ist natürlich die letzte Todes- und Gewaltebene erreicht, und die haben wir tangiert. Man muss sich nicht verrenken, wenn man sich vorstellt, welcher Druck so erzeugt wird. Das geht auf das Konto dieser Diktatur und hat unmittelbar mit dem Jahr 1976 zu tun. Das betrifft auch Freunde wie Wolf Biermann und Reiner Kunze, Sarah Kirsch und Hans Joachim Schädlich im Westen, die teilweise in ganz ähnlicher Weise heimgesucht wurden, mit „Zersetzungsmaßnahmen" innerhalb der Familien- und Beziehungsstrukturen. Bei Reiner Kunze zum Beispiel, dass er in Passau Bäume pflanzt und alle verwelken, weil sie zehn Zentimeter unter der Erde durchgeschnitten wurden und die Setzlinge wieder reingesteckt. Solche, ich nenne es mal „Spiele", um diesen zynischen Begriff zu verwenden, „operative Kombinationen" nannte es die Staatssicherheit, das sind schon Dinge, die muss man sich erstmal leisten. Sie sind geschehen und gehören zu diesem Jahr 1976 dazu. Aber wir wollen nicht bloß von Repressionen sprechen. Wir haben die Arbeit fortgesetzt, es wurden Bücher geschrieben, Biermann hat weiter Lieder geschrieben und große Tourneen gemacht, und er ist einer der ganz wenigen Weltkünstler, die mit eigenen literarischen Mitteln und einer Gitarre allein auf der Bühne tausende Menschen in große Säle bringen. Wo ist denn das schon geschehen? Und dann bricht diese Bagage auch noch zusammen und eine Diktatur kommt ins Schleudern. Das sind schon ganz gute Nebenerscheinungen, neben den anderen Dingen.

DL: Woher hatte Jürgen Fuchs die Kraft, sich zu wehren?

JF: Ich habe einen Beruf gewählt, den ich nicht zufällig gewählt habe. Ich bin Schriftsteller und dachte, das gehört dazu, und zum zweiten, dass eine sehr enge Solidarität in der Familie mit meiner Frau Lilo bestand, aber auch mit den literarischen und politischen Freunden, und dass es einen Sinn machte. Dass man auch sah: in Ungarn, in Polen, in der Tschechoslowakei, auch in der Sowjetunion, sind ganz ähnliche Menschen wie wir. Die Kraft habe ich genommen, weil ich im Gefängnis über knapp ein Jahr diese Art von Härte erlebt habe, weil ich Kasernenhof kannte, weil ich vorbereitet war auf die Auseinandersetzung und sie auch wollte. Und weil ich dachte, dass nicht Einschüchterung, Rückzug ins Private, im Sinne von Klein-Beigeben oder Leisewerden die Antwort auf ihre Menschenrechtsverletzungen sein kann. Viele, die die DDR auch verlassen mussten oder mit ausgereist sind und in ganz ähnlicher Weise betroffen waren, hatten schon die Schlussfolgerung gezogen, sich zurückhaltend zu benehmen. Ich nicht. Ich hatte auch einen Beruf, der das nicht erlaubte.

Ich hatte Themen, die ich hätte wechseln müssen, und ich dachte überhaupt nicht daran. Im Gefängnis, ich sag das noch mal, war die Zuspitzung ja da, dann auch in diesen „Zersetzungsmaßnahmen". Diese Zuspitzung kann man eigentlich bloß leben in diesem Entweder-Oder. Entweder man stellt sich dem oder nicht. Insofern ist die Radikalisierung auch in dieser Weise eingetreten. Dass das alles auch Seiten hat, wo man manchmal glaubt, verrückt zu werden, oder das nicht mehr auszuhalten, ist vollständig klar. Das Gefängnis war auch angefüllt mit sehr dunklen und schwarzen Stunden."

DL: Zugleich aber erinnerte sich Jürgen Fuchs an die große Welle von Solidarität, die es damals gab.

JF: Bei allen Menschenrechtsverletzungen, die man schildert und den Repressionen, die dazugehören, war das Jahr 1976, auch die Solidarität mit Biermann, aber auch das Aufbrechen von vielen anderen Biographien, mit Aktivitäten und Veröffentlichungen, eine sehr gute Zeit. Dass nämlich aus Freundschaft und Nähe zu einem Künstler Menschen etwas riskiert haben und ihr eigenes Leben geändert haben. Sie wurden deutlicher, klarer. In Deutschland zeigte sich noch einmal, dass Zivilcourage möglich ist. Darin liegt für mich sehr viel, was manchmal an Möglichkeiten vermisst wird, sich gut zu fühlen, sich beizustehen, aber auch zu feiern, etwas toll zu finden, auch Menschen, ich sag's mal so: libidinös zu besetzen. Das geht auf diese Zeit zurück. Insofern ist das, was Bürgerrechtler oder Leute, die im Gefängnis waren, oder die Stasi-Attacken erlebten, und auch denen, die sich in Deutschland vor 1945 gegen Massen- und Schwerstverbrechen einsetzten, eine Seite, die eine extreme Ermutigung darstellt. Ich erinnere nur an die Rolle von Ralph Giordano auch in der heutigen Zeit. Ein Holocaust-Überlebender, der das, was war, zum Ausdruck bringt, und auch, welche Gefühle er hatte, wenn er Dinge erlebte, die er jetzt erinnert, jetzt beurteilt. Dass dies gebraucht wird wie Brot, würde ich sagen, wie Luft zum Atmen, ist schon wieder eine Phrase, aber so etwas in der Art. Insofern ist für mich das Jahr 1976 zwar ein sehr hartes Jahr – Ausbürgerung, Inhaftierung – gleichzeitig ein Jahr von enormer Bedeutung, weil, etwas zugespitzt gesagt, Künstler wie Solschenizyn, aber auch Reiner Kunze und vor allem Wolf Biermann, auch Personen wie Robert Havemann, und zum gewissen Teil auch Leute wie ich, schon in gewissem Maße beigetragen haben, eine militärisch, machtmäßig und geheimdienstlich strotzende Staatlichkeit anzunocken. Dieses Groteske erfüllt mich mit Freude und Heiterkeit, fast auch mit Schadenfreude gegenüber diesen hochgerüsteten Männertypen, ob nun SS oder MfS, die immer glauben, sie könnten alles regeln, gestalten und erzwingen. Sie können es überhaupt nicht. Die Zugabe ist, dass es eben sehr viel Leid mit sich bringt und teilweise Menschen auch das Leben kostet, weil so viel Einsatz nötig ist. Ich möchte den tschechischen Philosophen Jan Patočka zitieren, der das selbst erlebt hat und nach einem Verhör der Geheimpolizei an einem Herzinfarkt gestorben ist. Er sagte: „Es gibt Dinge, für die lohnt es sich zu leiden". Für diese Menschenrechte hat es sich gelohnt, zu leiden, und daraus kommt Hoffnung und Gutes. Und das werden wir noch sehr dringend brauchen.

---

1 Die Tonfassung dieses Gespräches ist auf dem Hörbuch „Landschaften der Lüge". Gespräche mit Jürgen Fuchs. Mit einem Vorwort von Roland Jahn. Herausgegeben von Doris Liebermann im Verlag Hörbuch Hamburg 2013 erschienen. Für den Abdruck wurde die Fassung leicht bearbeitet.

Gabriele Stötzer

Rückkehr aus Prag

Das Wichtigste ist, die Angst loszuwerden. Anders kann man nicht frei denken und bewusst die Worte setzen. Dahin, wo man meint, dass sie stehen müssten, um miteinander einen Sinn zu ergeben, den vorher keiner sah. Ein Stück Realität aus dem Nirgendwo holen. Einen Platz zum Gehen, Pflanzen, Leben, den man zum ersten Mal nach seiner Schöpfung bemerkt wie ein neugeborenes Kind.

Wenn man die Angst nicht verliert, setzt sie sich wie eine dunkle Aura um den Körper, der wie mit Krücken ausstaffiert die Umgebung abklopft und abtastet. Wie weit ist der Raum wirklich? Der Lebensraum, der Denkraum? Der da aufhört, wo die negative Beaufsichtigung anfängt. Der immerwährende misstrauische auslöschende Blick. Der sich selber erstellt durch ständige Wiederholung von Recht und Wahrheit, die sich türmt und feste Materie wird. Angstmaterie. Wo einem das Wort im Mund stecken bleibt. Wo man gerade eines oder zwei hervorziehen kann aus dem, was anderswo Wortschwall, Fließen, Ergießen ist, Freundlichkeit und Kommunikation. Im Raum der Angst ist man froh, überhaupt etwas zu sagen. Darum kamen mir die Gedichte von Reiner Kunze nicht frei hingesetzt vor, eher wie die wenigen Überlebenden nach einem täglichen und nächtlichen Überfall, Brand, Unwetter, jedenfalls einer Katastrophe. Und diese dann aufrichten, zusammenstellen. Ich fand sie nicht gewählt, sondern übrig geblieben.

Nachdem mich die Anfrage erreicht hatte, über Reiner Kunze in der Dissidentenszene der DDR zu schreiben, erinnerte ich mich an einen Vorfall in meinen Stasiakten. Genauer: in der Vernehmung am 14.1.1977 in Erfurt, in der Verhaftungsserie um eine Unterschriftensammlung gegen die Ausbürgerung von Wolf Biermann im November 1976. Diese Vernehmung fand nach einer Hausdurchsuchung statt, in der die Stasi nachts bei mir und meinem Mann die Unterschriftensammlung, die ich am anderen Tag nach Berlin bringen wollte, fand und konfiszierte. Weiter hatten sie alle Korrespondenzen, Notizen und Bücher mitgenommen, und ich musste über Freunde, Familie, Hobbys und Anschauungen Auskunft geben.

Ich erkenne die Abwehrstellung, die ich eingenommen hatte, den Fluchtjargon, den ich zelebrierte, den Gang um das heiße Eisen, denn ich bin angeklagt, weiß nicht, wie weit sie gehen. Ahne noch nicht, dass wer einmal hier landet, verurteilt wird. Ein Jahr Strafvollzug für eine Unterschrift an erster Stelle, was für sie bedeutete, dass ich „der Kopf einer staatsfeindlichen Gruppierung" war. Ein Freund, der die zwanzig Unterschriften in Erfurt sammelte, wird „der Bauch einer staatsfeindlichen Gruppierung". Das brachte ihm 1,6 Jahre Haft ein. Stasipsychologie. Aber vorher ging es noch in den Vernehmungen um den Geist, der hinter so einer Aktion steckt und der sich nicht brechen lassen will.

Unter anderem musste ich der Stasi erklären, wie ich Reiner Kunze kennenlernte. Es begann als brave Studentin, die ihren dörflichen Horizont erweitern wollte, denn an der Pädagogischen Hochschule Erfurt, wo ich Deutsch und Kunsterziehung studierte, galt 1973-1976 die Devise: Studenten sollten inhaltlich nicht viel mehr kennen als den Stoff, den sie später zu vermitteln hatten. Aber ich wollte mehr, hatte ich doch darum begonnen zu studieren, das war meine Chance, meine Zukunft. Daher die Neugier, das Forschen nach Namen und Zusammenhängen. Es wird eine Wortkette, die über Jürgen Fuchs, der in meiner Zeit in Jena studierte, zu Kalau, Braun, Kunert, Kunze führt. Deren Literatur war überlegt, so funktioniert das Denken. Wortwaffen, die beschrieben, worüber niemand redete. Es bestätigte mich in unserem damaligen Streit an der Hochschule um Rede- und Denkfreiheit, was dazu

führte, dass eine Reihe von Studenten in Erfurt und Jena exmatrikuliert wurden und nun zur Bewährung in der Produktion
saßen. In meiner neuen Arbeitsstelle, der Pflasterforschung bei
Jenapharm Erfurt, versuchte ich meinen Chef, Herrn G., mit
einem Gedicht Reiner Kunzes zu anderen Einsichten über die
DDR zu bringen, die ihm seine Partei und sein Posten verboten. Herr G. war ein Hauptzeuge in der Anklage gegen mich.
Das freche Diskutieren, das er sich mit mir erlaubte, schien
mir als inhaltliche Vorübung zu den praktischen Vorgehens-
weisen, die sich um die Pflasterforschung ergaben. Freidenken
für neue Ideen und Einsichten.

Vielleicht war es das auch, bis ich eben in den Fängen der
Stasi war und Herr G. dadurch Auskunft geben musste im
Detail. Möglicherweise hat er es auf die Literatur geschoben,
damit wir beide nicht hauptverantwortlich für die Worte wären, die in seinem Forschungslabor gefallen waren und die die
anderen Angestellten in ihren Vernehmungen zu Protokoll
gaben. Aber es rettete uns nicht. Ihn nicht, denn er wurde in
der Zeit als IM rekrutiert, und mich nicht, ich wurde verhaftet
und verurteilt.

Sehe ich in das Vernehmungsprotokoll, muss ich schon länger über Kunze geredet haben. Aber das enthielt wahrscheinlich
bis dahin nichts strafrechtlich Relevantes, das ergibt sich erst bei
der Frage des Vernehmers: „Welche weiteren Zitate von Kunze
verbreiteten Sie in Ihrem Arbeitskollektiv?"

An dem „verbreiteten" sieht man, wie mir eine Absicht
unterstellt wird, die ich da noch ignorierte, fast überging, indem ich erklärend antwortete. Später wusste ich, dass sie jedes
solcher nicht kommentierten Worte für schuld-annehmend
erklärten und ich sie daher sofort beim Konfrontieren zurück-
wies, bis ich schließlich jede Aussage verweigerte.

Hier log ich. Ich erklärte, das Gedicht *Rückkehr aus Prag* im
Radio der BRD gehört zu haben, um nicht erklären zu müssen,
wo ich das Buch aus dem Westen (*sensible wege. Achtundvierzig*

Beginn: 8.00/14.15 Uhr
Ende: 12.30/14.45 Uhr
3 Expl. ..░.. Ausf./Soe

Vernehmungsprotokoll
   der Beschuldigten

               KACHOLD, Gabriele
               geb. am: 14.4.1953 in Emleben
               wohnhaft: Erfurt, Triftstr. 41
               zuletzt: med.-techn. Assistentin

        Frage: Was ist Ihnen über den DDR-
Bürger Jürgen FUCHS bekannt?

        Antwort: FUCHS war für uns an der Hoc`
schule ein gängiger Begriff. Es ist ja so, daß, wenn man
Deutsch studiert, man sich auch auf dem DDR-Markt orientier`
und für das Angebot interessiert.
FUCHS galt für mich und viele andere an der PH Erfurt als
der kommende Mann in der Lyrik.
Im Herbst 1974 hatte der FDJ-Studentenclub der PH Erfurt, i`
war nicht Miglied desselben, einen Lyrikabend mit FUCHS und
noch einem anderen Schriftsteller, dessen Namen ich nicht m`
weiß, organisiert. FUCHS hat an diesem Abend einige Gedicht`
von sich vorgetragen. Ob es anschließend zu einer Diskussio`
üb-er dieselben kam, kann ich heute nicht mehr sagen.
Ich habe eigentlich erst während des Studiums begonnen, mic`
tiefgründiger für Lyrik zu interessieren und meine Beziehung
zur Lyrik zu festigen. Da ich noch sehr wenige Lyriker kannt`
wollte ich mir Namen von ihnen von Jürgen FUCHS geben lassen`
Er gab mir erst mal seine eigene Adresse. Und ich habe mir v`
genommen, ihn gelegentlich mal in Jena aufzusuchen.
Ende 1974/Anfang 1975, als ich gerade wieder mal in Jena war`
um mir dort ein paar Bücher zu kaufen, habe ich FUCHS aufge-
sucht.

                          Gabriele Kachold

Bemerken möchte ich noch, daß ich häufig nach Jena zum Bücher-
kauf gefahren bin. In Jena ist ein sehr gutes Antiquariat.
Die Adresse von FUCHS ist mir nicht mehr erinnerlich, ich weiß
nur noch, daß ich ihn in einem Zimmer in einer Altbauwohnung
aufsuchte. FUCHS war nicht allein. Es waren ein paar Leute da,
ich weiß nicht mehr genau, wie viele - ca. 3 bis 4 Personen.
Ich kannte niemanden von ihnen. FUCHS hat mich auch nicht
wiedererkannt. Als ich ihn um die Namen von Lyrikern der DDR
bat, hat er mir ein paar genannt, von denen mir noch folgende
in Erinnerung sind: KALAU, v. BRAUN, KUNERT, KUNZE.
Mein Aufenthalt bei FUCHS dauerte ca. 1/2 Stunde. Das wir über
andere Probleme noch gesprochen hätten, kann ich nicht mehr
sagen. Sicher haben wir uns noch mal über seine Lesung in Erfurt unterhalten - was ich da gut fand. Nach dieser Unterhal-
tung mit FUCHS, habe ich mir dann Werke dieser Künstler gekauft. Sie stehen heute noch in meinem Schrank.
Gesprächsweise habe ich dann, dh. kurze Zeit später, erfahren,
daß FUCHS von der Uni in Jena geext worden ist und nach Berlin
verzogen ist. Ich nehme an, daß FUCHS infolge seiner Werke und
seines Auftretens exmatrikuliert wurde.
Fachlich schätze ich ihn nicht schlecht ein. Aber das muß nicht
stimmen, da ich sehr wenig über ihn weiß.
Seit dieser Zeit hatte ich zu FUCHS keinerlei Verbindung mehr.

        Frage: Zu welchen weiteren DDR-Schrift
stellern unterhalten Sie Verbindungen?

        Antwort: Zum gegenwärtigen Zeitpunkt un-
terhalte ich zu gar keinen Schriftstellern weder der DDR noch
aus dem Ausland irgendwelche Kontakte.
In Zusammenhang mit unserer Exmatrikulation hatten Wilfried
LINKE und ich damals Kontakt zu Volker BRAUN aufgenommen.

        Frage: Warum nahmen Sie Kontakt zu
Volker BRAUN auf?

        Gabriele Kachold

Gedichte und ein Zyklus, Reinbek 1969) herhätte, das damals in der Szene herumgereicht wurde, aber nicht bei mir gefunden wurde. Also Radio. Aber ich muss es noch interpretieren und mache am Anfang eine fast beschwichtigende Aussage, dass da etwas beschrieben wird, was „nicht in Ordnung" ist.

Im Weiteren spreche ich es aber aus: „Es gibt Personen in der sozialistischen Gesellschaftsordnung, welche eine andere politische Überzeugung haben, diese jedoch aus Angst vor Schwierigkeiten nicht äußern können". Und dann noch das Lob: „Ich fand, dass Kunze diese Tatsachen mit wenigen Worten hervorragend ausdrückte". Damit hatte ich mich selbst beschuldigt, indem ich etwas als Tatsache angab, was die Stasi leugnete, dass es existierte und was sie doch immer wieder erzeugen wollte: Angst. Ihre Devise war: verunsichern, vereinsamen, isolieren. Aber die Bücher von Kunze gingen von Hand zu Hand. Sie beschreiben etwas Bedrückendes, das die Isolierung benennt und damit übersteigt. Immerhin geht aus dieser Diskussion von MTA-Angestellter und Chef hervor, dass dieser sich das Gedicht, das sie ihm gesagt hat, gemerkt hat. Über Tage und Wochen hinweg. Und die Stasi merkte es sich auch.

Ich kann mich erinnern, dass wir die Bücher Kunzes, die aus wer weiß welchen Quellen in die DDR gelangt waren, herumreichten, lasen, abtippten und diskutierten. Das waren die Studenten, solange sie noch studierten und dann die Aussteiger, die Langhaarigen, die wenig Englisch konnten und die Beatmusik zwar als körperlichen Protest benutzten, aber ihre Protestsprache in der deutschsprachigen Lyrik fanden. Gesprochen wurde mit den Zungen der Schriftsteller. In Erfurt war das in den siebziger Jahren bei den Treffen Langhaariger vor dem Café Angereck, im Predigerseminar im Augustinerkloster oder im Rahmen der kirchlichen Jugendarbeit in der Offenen Arbeit. In Jena gab es sogar eine kleine Organisation um einen Koffer herum, an einer bekannten, für viele zugänglichen Stelle, in dem wichtige Bücher lagen, die man sich entleihen und wieder zurücklegen konnte.

Mir waren Kunzes Gedichte intellektuell wichtig, ich lernte sie auswendig. Erst als Studentin, später als ich exmatrikuliert war, waren sie mir ein Ersatz für eigene Worte und Visionen, solange ich das System der DDR noch für verbesserungsfähig und diskutierfähig hielt. Von Reiner Kunze wusste ich, dass er mitten im Thüringer Wald lebte und schrieb. Natur, Einsamkeit und Heimatgefühl. So musste Schreiben sein. Viele besuchten ihn, die wie ich auf dem Weg waren, lernten von ihm. Ein Steher. Einer der im Osten und im Westen veröffentlicht wurde und eine Brücke war auch zu dem anderen Deutschland hin, das unsere Sprache sprach und Hoffnung bot. Das imponierte mir.

Als ich dann im Strafvollzug war, änderte sich mein Verhältnis zu Kunzes Literatur. Nicht, dass ich seine Gedichte für weniger wahr hielt oder weniger wichtig oder prägnant. Nur, hier war der nicht mehr einsichtige Teil einer Gesellschaft. Knast war Niemandsland. Darüber gab es keine Gedichte und da halfen auch keine Wort-Wahrheiten. Hier ging es ums Überleben. Als ob ich nochmal in die Schule ging, lernte ich ein anderes ABC. Das Knastalphabet. Das klopft man mit seinem Fingergelenk an die Gefängnismauer. A ist ein Klopf, b sind zwei Klopfer, c sind drei, d sind vier und so weiter. Je weiter man im ABC fortschreitet, umso länger werden die Klopfer und umso strapazierter werden die Fingerkuppen, die nach einigen Tagen bluten.

Was man unter diesen Umständen in letzter wirklicher Einsamkeit vermitteln kann oder hören muss, ist ein lebendiger Kontakt zu anderen Eingeschlossenen. Die fragen: Name, Paragraf und Strafe. Dinge, die einem real machen, dass man in einem anderen Schicksal angekommen ist. Und mit denen man sich vorwarnt, die Höhe der Strafen lernt, um später seine eigenen ertragen zu können.

Was war Lesen vorher gewesen? Eine Erweiterung zu dem, was wir nicht erleben konnten und das wir mit einer magischen

Kraft von Hoffnung umgaben. Ich kann mich erinnern, dass ich in der Einsamkeit der U-Haft froh war, jede Woche ein Buch aus einer Bibliothek zu bekommen, in der nur sozialistische Schriftsteller waren, auch russische. So habe ich *Die Quadratur des Kreises* von Katajew dort gelesen, das ich draußen nicht bekommen hatte.

Dann im Strafvollzug in Hoheneck, dem härtesten Frauengefängnis in der DDR, wo die politischen wie die schwer kriminellen Gefangenen in Dreibettgeschossen in überfüllten Zellen schliefen und im Dreischichtsystem arbeiten mussten, habe ich keine Gefangene mehr lesen sehen. Die Briefe wurden kontrolliert. Man durfte nur an Familienmitglieder ersten Grades schreiben. Freundespost war verboten, schon gar nicht systemkritische. Es kam kein freier Gedanke von innen nach außen und umgekehrt. Hier war die politische Sprachlosigkeit konkret.

Es dauert lange, um nach einer solchen Zeit wieder zur Sprache zu kommen, manchmal gelingt es, seine eigene zu treffen. Entwürdigung und Selbstzweifel, vielleicht auch der Tatbestand, dass im Jahr nach der Ausbürgerung-Biermanns fast alle meine Freunde und Mitgefangenen in den Westen gingen, haben in mir eine Scheu entwickelt, mich auf den Weg zu machen, meine früheren Vorbilder aufzusuchen. Ein Bild entsteht, eine Verbeugung voll Bewunderung. Ich wünsche Reiner Kunze alles Gute zum 80. Geburtstag.

MfS/BV/Verw. ..Erfurt........................ Erfurt ...., den ....22.11.1.

Diensteinheit ....XX/3.........................

Mitarbeiter ......Stahl........................ Reg.-Nr. ....IX 743/76

$$IX \quad 869/76$$

Beschluß

über das Anlegen

einer Operativ-Vorlaufakte

       1. Deckname (wenn als notwendig erachtet) ....

       2. Tatbestand ....

eines Operativ-Vorganges

       1. Deckname ....

       2. Tatbestand ....

eines Ermittlungsverfahrens

(nur bei Ermittlungsverfahren ohne Haft/gegen Unbekannt/bei Übernahme von anderen Organen)

       1. Tatbestand .... § 220 Abs. 1 Ziffer 1 StGB

eines Vorganges über Feindobjekt/Sondervorgang

       1. Bezeichnung des Objektes/Personenkreises ....

       ....

Gründe für das Anlegen:

Die Kachold Gabriele stellte zusammen mit Wagner Thomas Ab-
schriften der "Erklärung Berliner Künstler" her und sammelt
Unterschriften gegen die Aberkennung der Staatsbürgerschaft
der DDR von Biermann.

Sie erfüllte damit den Straftatbestand des § 220 Abs 1,
Ziffer 1 StGB.

S t a h l
Oberleutnant
Mitarbeiter *

H a a s e
Oberstleutnant
Leiter der Diensteinheit *

B o l t e r
Oberstleutnant
Unterschrift *

Bestätigt am: .... vom ....

* Anmerkung: Zusätzlich Name und Dienstgrad mit Maschine bzw. Druckschrift angeben.

Form 1 b   846 374 50.0

Utz Rachowski

Kunze-Preis-Rede

Gebeten, anlässlich der erstmaligen Verleihung des Reiner-Kunze-Preises einige Worte zu finden, mit denen ich mein Verhältnis zum Namensgeber dieses Preises beschreiben könnte, beschränke ich mich auf einige wenige Erinnerungen an gemeinsame Unternehmungen mit Reiner Kunze, weitab möglichst von dem, was man gemeinhin „Literatur" nennt und schon nicht mehr auch nur in „Versuchter Nähe", wie Hans-Joachim Schädlich es bezeichnen könnte, zum sogenannten „Literaturbetrieb". Kürzer gesagt, will ich etwas erzählen, allerdings in indirekter Weise, vom Menschen Reiner Kunze und meinem Verhältnis zu ihm, und nur an den Rändern tauchen wir vielleicht gemeinsam auf auch als Schriftsteller und haben durch unser Verhalten gegenüber dem Leben, im Leben dann auch ein „Verhältnis" als Schreibende zueinander, nach dem hier gefragt wurde.

VIER BILDER ZU REINER KUNZE

Erstes Bild: Die Reise einer alten Dame

Im späten Herbst 1979 begab sich eine Rentnerin aus Reichenbach im Vogtland auf Verwandtenbesuch nach Hessen, sie benutzte den sogenannten „Interzonen-Zug" von Warschau nach Frankfurt am Main, der am Nachmittag jeden Tages wie selbstverständlich auch in Reichenbach im Vogtland hielt. Weitab vom heutigen Maien-Sonntag und zurück in eine andere Zeit, „Im traurigen Monat November war's / Die Tage wurden trüber, / Der Wind riß von den Bäumen das Laub, / Da reist *sie* nach Deutschland hinüber...", bin ich versucht zu sagen. – Aber das

wusste ich nicht, kannte nur Heines Eingang zum „Wintermärchen", und das Einfärben der Blätter an den Bäumen hatte ich in
diesem Herbst 1979 nicht mehr sehen können und miterleben,
denn ich saß seit meiner Verhaftung an einem frühen sonnigen Oktobertag in einer Einzelzelle mit Glasziegel-Fenstern des
Stasi-Untersuchungsgefängnisses Karl-Marx-Stadt und wartete
auf das täglich mehrstündige Verhör.

Die mit der Mutter meiner Schwägerin befreundete Rentnerin aber kam an diesem Tag im November gut über die innerdeutsche Grenze bei Eisenach, nur wenig kontrolliert von den
mit Bauchläden und Fahndungsbuch durch den Zug patrouil-
lierenden Uniformierten, die auch nicht versäumt hatten, wie
immer, ihre Schäferhunde über die gesamte Länge des Zuges
unter den Waggons entlangzuschicken. – Und doch war es
geschehen, dass dem Gesicht der Rentnerin und besonders den
Wangen während der Kontrolle ihres Ausweis-Dokuments
eine leichte Röte angeflogen war, über deren Ursache sie sich
in vollem Bewusstsein befand, nicht etwa Scham, zu schämen
hatten sich in diesen Zeiten, die es nicht taten, sondern nacktes
Erschrecken, keineswegs aber Angst, war in diesem Moment
über ihren Mut gekommen. Vielleicht dämpfte, so hoffe ich
noch immer, ihren jetzt leicht beschleunigten Herzschlag zumindest optisch ein wenig, und daher für die Uniformierten
unsichtbar, gerade der in ihrem Mantel eingenähte Brief, den
sie mutig aus den Händen meiner Verwandtschaft an sich und
schließlich mit auf ihre Reise genommen hatte. Über *diese* Grenze. Auf dem Umschlag war ausgewiesen als Adressat: Herr
Reiner Kunze – über S. Fischer Verlag – Frankfurt am Main.
In Hessen bei ihrer Verwandtschaft angekommen, klebte die
Rentnerin auf den, nun aus dem Futter ihres Mantels heraus-
getrennten Brief, eine Marke, ohne sich vielleicht um deren
Motiv weiter zu kümmern, und schickte ihn auf seinen, den
ihm bestimmten Weg. Der Brief erreichte seinen Adressaten,
und der Dichter Reiner Kunze erfuhr, dass ich im Gefängnis

saß unter dem Vorwurf der „staatsfeindlichen Hetze", wegen meiner Gedichte.

Viele Male fuhr Reiner Kunze damals dann mit dem Nachtzug den langen Weg von Passau nach Bonn, um mit beginnendem Tag dort beizutragen innerhalb einer Kommission, deren Vorsitzender zu dieser Zeit gerade Helmut Kohl war, die politische Häftlinge der DDR auf eine Liste für Verhandlungen setzte, um deren „Freikauf" zu erreichen. – „Sie sind der Dreiundsiebzigste, den wir raushaben!", schrieb mir Reiner Kunze später in seinem ersten Brief, als ich nach einem Jahr und zwei Monaten in den Gefängnissen von Karl-Marx-Stadt und Cottbus endlich nach Westberlin gelangt war.

Zweites Bild: Die Holzbank am Rande der Stadt

Anderthalb Jahrzehnte später, 1994, rief mich das Bayerische Fernsehen an, die Dokumentarfilm-Regisseurin Siegrid Esslinger, und fragte an, ob ich nicht als Interview-Partner an einem Film über Reiner Kunze mitwirken wolle und könne, den die ARD die Absicht hätte zu drehen.

Ich kannte Reiner Kunze und seine Gattin seit Weihnachten 1974 persönlich, also seit zwanzig Jahren, seit ich ihm damals in einem Dezember während eines kurzen Urlaubs einige Materialien zu meinem „Rausschmiß", meiner Relegation von der Oberschule, von Reichenbach nach Greiz brachte, die er später für sein großes Buch *Die wunderbaren Jahre* verwenden sollte. Ein für mich unvergessliches Wunder stellte sich jedoch damals bereits während unserer Zusammenarbeit ein, als mir während des Gesprächs seine Gattin, Elisabeth Kunze, wahrhaftig einen *Jasmin*-Tee servierte. – So sagte ich jetzt natürlich dem Fernsehen sofort zu und fuhr einige Tage später von Reichenbach im Vogtland die wenigen, die *neun* Kilometer, nach Greiz in Thüringen, so, wie ich es immer getan hatte.

Das Interview gab ich im Hof des großen gelben Postgebäudes in der unmittelbaren Nähe des Greizer Bahnhofes, und ich sah in meinem hellblauen Sommerhemd schon fast wie ein von Reiner Kunze selbst erträumter Briefträger aus. Einige am Film ebenfalls beteiligte Menschen aus Greiz gingen dort umher mit aufgeschlagenen Briefmarken-Alben, eine Frau, natürlich Verehrerin Kunzes, zeigte mir ihr Album, die Doppelseite vor allem mit Schmetterlingsmarken, und verwies auf Texte des Dichters wie etwa die „21 variationen über das thema ‚die post'", die ich, *natürlich*, so gut wie auswendig kannte.

Ich gab vor der Kamera einige gewollt „kernige" Sätze, möglichst schlagende, von mir, wobei mir derjenige meiner Gedanken heute noch am treffendsten in der Erinnerung wieder erscheint, Reiner Kunze hätte, im Gegenteil ganz zu den Absichten des Staates ihm gegenüber, sagte ich, eingelöst in einmaliger Weise, was die DDR als Programm von ihren Schriftstellern stetig und lauthals einforderte. Reiner Kunze, sagte ich, hat wie kein anderer, beinahe im umgekehrten Sinne, auf gegensätzlichen Wegen und höchst unfreiwillig im Sinne der Doktrin, dies erfüllt: ein wirklicher Volksdichter zu sein. –

Ich war damit zufrieden, die Regisseurin Siegrid Esslinger schien es auch, und ich fuhr wieder nach Reichenbach, die neun Kilometer nach Hause.

Als der Film „Der Schriftsteller Reiner Kunze" dann im Herbst des Jahres in der fertigen Endfassung über den Bildschirm ging, sah ich während eines nachgezeichneten Rundganges Reiner Kunzes auf den Wegen seiner Kindheit und frühen Jugend in der Stadt Oelsnitz im Erzgebirge, den Dichter sitzen auf einer Bank am Rande dieser Stadt. Gefragt, ob er noch mitkommen wolle auf den Berg gegenüber, zur Burg Hoheneck, die nichts anderes war als ein berüchtigtes Gefängnis für Frauen, wo auch Räuberinnen und Mörderinnen zusammen mit politisch inhaftierten Gefangenen zu DDR-Zeiten einsaßen, sagte er „nein", „eher nicht", es „reiche ihm all dies hier schon", und meinte wohl die gesamte Bürde, die auf seinem Leben lag, das begonnen hatte in dieser Stadt.

Ich, der beigetragen hatte zu diesem Film mit kernig-schlagenden Worten, einigermaßen sicher meiner selbst und der Wirkung meiner Worte, war verwundert und staunte für einen kurzen Moment: Reiner Kunze nahm sich, auf einer Bank am Rande seiner Geburtsstadt verweilend, die Freiheit zum Eingeständnis einer Müdigkeit, der ureigen seinen.

Drittes Bild: Der leere Platz

Ein nachgetragenes Gedicht, auf Grund dessen (und wegen vier weiterer Gedichten) ich im Herbst 1979 inhaftiert und zu 27 Monaten Gefängnis verurteilt wurde. Man sollte zu diesem natürlich unbedingt auch Reiner Kunzes Gedicht EINLADUNG ZU EINER TASSE JASMINTEE kennen, von dem es ausgeht und dem es geschuldet ist – als mögliche Antwort eines Menschen, der diese Einladung in jungen Jahren *angenommen* hat:

THÜRINGISCHE LEGENDE

für Reiner Kunze

Einen hat man
vertrieben.
Dem zog der Jasmin nach.

Er ließ aber noch stehen
ein Glas Tee aus Schweigen
das keiner mehr Zeit fand
auszutrinken
bevor es bitter war.

(geschrieben im Mai 1977, wenige Tage nach der Ausbürgerung der Familie Kunze aus der DDR und aus Greiz...)

Viertes Bild: Die freien Plätze

(dieses Bild widme ich dem gemeinsamen Freund von Reiner Kunze und mir, Jürgen Fuchs, der an einem solch sonnigen Maisonntag wie heute vor acht Jahren gestorben ist)

Um ein *freier* Autor zu sein, bin ich jetzt schon im fünften Jahr angestellt mit einem Werkvertrag bei einer Behörde, die sich nennt „Sächsischer Landesbeauftragter für die Unterlagen des Staatssicherheitsdienstes der ehemaligen DDR". In deren Auftrag bin ich vom Spätsommer bis in den Winter hinein unterwegs als Bürgerberater für Opfer des Regimes der ehemaligen DDR, deren ideologischer Basis, der Einheits-Partei, der SED, und deren „Schild und Schwert", des Staatssicherheitsdienstes, der „Stasi". Es kommen also zu meinen Sprechstunden in die Rathäuser und Landratsämter der Städte Sachsens ehemals beruflich Verfolgte und politisch Gemaßregelte oder solche, die durch einen rechtsstaatswidrigen Verwaltungsakt zu Zeiten der DDR geschädigt wurden, man denke hierbei an politisch motivierte Enteignungen, und es sprechen vor in Vielzahl ehemalige politische Häftlinge, Menschen, die ihrer Überzeugungen wegen ins Gefängnis kamen. Man schätzt deren Zahl in vierzig Jahren DDR auf eine Viertel Million Menschen, von denen etwa einhunderttausend noch am Leben sind. – In Kamenz zum Beispiel kam ein großer wuchtiger Mann zu mir ins Landratsamt, ich tippte sofort auf einen Bauern, dicke braune Cord-Hosen und ein Holzfällerhemd, breite Hosenträger darüber, er blieb gleich noch in der Tür stehen und fragte: „Sind Sie noch von früher wie alle hier, oder kann man offen sprechen?". Schöner Klartext, denke ich... Und im Rathaus in Niesky stellte sich ein Ehepaar zur Sprechstunde bei mir ein, bei dem sich herausstellte, dass der Mann erst in der Nacht vor diesem Termin, seiner Frau erzählt hatte, dass er, bevor sie sich kennenlernten, noch als junger Mann, einst politisch inhaftiert war. Auffallend bei vielen, den meisten Vorsprechenden, anfangs deren ungebrochener, ja unverwüstlicher Glaube, dass ihnen Recht geschehen werde in der heutigen Zeit, jetzt, an diesem Tag, da sie zu mir gekommen sind. Dass es an dem für die Mehrzahl nicht so ist, dass auch ich ihnen nur ein paar wenige Wege weisen kann, oft gerade nur diese, wie sich bei weiterem Gespräch herausstellt, die sie aus eigenen Kräften schon gegangen sind und oft erfolglos, weist, um es zusammengefasst zu sagen, hin auf die Ohnmacht, ja die Unmöglichkeit, für ein sogenanntes rechtsstaatliches System, die juristischen und schon gar nicht die menschlichen Folgen einer Diktatur aufzuarbeiten, mitunter nicht einmal zu mildern.

So sprechen die in diesen Tagen anlässlich der beabsichtigten Einführung einer Ehrenpension für ehemalige politische Häftlinge der DDR bekannt gewordenen Zahlen eine fatale Sprache: Die Regelung betrifft lediglich sozial bedürftige Menschen unter ihnen, und die Opferrente wird nur bei etwa 16 Tausend von ihnen wirklich ankommen. Das wird etwa 48 Millionen Euro kosten, während allein im Jahr 2006 (laut Angaben des Arbeitsministeriums) für die Systemträger der untergegangenen Diktatur rund vier Milliarden Euro, davon allein 1,6 Milliarden für ehemalige Angehörige der Stasi, des Zoll, der „Volksarmee" und der „Volkspolizei" an Versorgungs- und Rentenleistungen erbracht wurden.

Dies ist, so denke ich, die direkte Folge einer nach 1990 sehr bewusst verfolgten „Burgfrieden-Politik", die, um etwaigen sozialen Spannungen in den „Gründerjahren" der neuen Bundesrepublik zu vermeiden, vor allem um die ehemaligen Eliten des alten Systems besorgt schien und in der Folge-Zeit wie nebenbei alle ihre vorher *gegebenen* und *möglichen* Zeichen gegenüber den Millionen von Menschen, die von diesem System versklavt, gedemütigt und verfolgt wurden, eben nicht in Wirklichkeit zu übersetzen. Und dabei, gewollt oder nicht, eine seit dem 19. Jahrhundert klar erkennbare Traditionslinie deutscher Politik fortsetzte, dass eben das Eintreten des einzelnen Bürgers mit seinem Leben und seiner Gesundheit, mit seinem Verzicht auf Karriere und auch dem Festhalten an seinem Glauben, in Deutschland wiederum *bestraft* wird, anstatt, wie so sehr erhofft, sozial anerkannt, und das zur unbeschreiblichen Enttäuschung weiter Bevölkerungsteile, die sich von nun an betrogen fühlen von einer Gesellschaft und einem Staat, der sich über Jahrzehnte hinweg, als Gegenbild der real existierenden Diktatur, als Bewahrer der so dringlich vermissten Grundrechte, in ihren Köpfen verankert hatte.

Der verinnerlichte Glaube und das folgerichtige Eintreten für diese Rechte, der staatsbürgerliche Mut des Einzelnen, und das über Jahrhunderte darauf aufbauende Vertrauen auf den erwiesenen und gelebten Erfolg eines zivilen Ungehorsams und des Menschenrechts auf gewaltfreien Widerstand sind nach 17 Jahren dieser Politik eines neuen wiedervereinten Deutschland tiefer verschüttet als je zu Zeiten einer DDR, eines sogenannten „Dritten Reiches", einer Weimarer Republik und eines deutschen Kaiserreiches. – Ich fürchte sehr, die mutigen Rentner von morgen, gebeten, rettende Briefe zu überbringen, werden ausbleiben.

Ich habe in den letzten Jahren in meinen Bürgerberatungen mit etwa 5000 betroffenen Bürgern allein nur in Sachsen gesprochen. Dabei fiel mir eine Personengruppe auf, Menschen, die, so scheint es mir, eine besondere Haltung bewahren konnten, einen natürlichen Gestus innehatten und aufrecht erhielten, wenn sie bei mir vorsprachen. Sie wußten offensichtlich schon, dass sie nichts zu erwarten hatten, hoffend auf nichts, schon gar nicht, wenn es „von oben kommt". Sie nämlich hatten und haben allesamt ein anderes „Oben". Es waren dies gläubige Menschen, die gleich zu Beginn unseres Gespräches darauf beharrten, dass sie keineswegs hofften, irgendwie irdisch „belohnt" zu werden für zerstörtes Leben, mühsamste Um- und Irrwege und für das für sie ausgefallene Glück. Sie kamen meistens am späten

Nachmittag zu mir, hatten die Arbeitskleidung noch übergezogen und brachten die Spuren ihrer Arbeit an den Händen mit. Manche hatten erst kurz noch ihre Tiere versorgt und entschuldigten sich bei mir für ihr spätes Kommen. Sie sagten mir, dass sie gar nicht erst versucht hatten, damals in alten Zeiten, Teil des Systems zu werden, Abitur zu machen, eine Karriere anzustreben. Fragten meistens auch kaum für sich selbst nach, eher nach Möglichkeiten einer Rehabilitierung für ihre Kinder, für Bekannte, wollten *nur mal sehen*, wie ihre Position, ihr Wert, ihr moralisches Gewicht *zu Buche schlüge* in so einer Sprechstunde für SED-Opfer, in der ihnen der Staat in Gestalt meiner Person gegenüber sitzt, in den alten angst-kontaminierten Gebäuden der Landratsämter und Rathäuser Sachsens. Aufgrund der juristischen Lage, den bestehenden Gesetzen, jedem einzelnen von diesen Menschen musste ich Auskunft und damit sein Recht geben: Sie haben vom irdischen „Oben" fast nichts zu erwarten. – Manchmal, an Tagen, an denen bei mir noch Kraft übrig ist, gebe ich ihnen ein Trostwort mit auf ihre Wege, von denen meine Dienstvorschriften nichts wissen.

Sehr geehrte Damen und Herren, liebe Elisabeth Kunze, lieber Reiner Kunze und die anwesenden Freunde, lassen Sie uns an diesem Mai-Sonntag ein wenig ausruhen, ein wenig auch die Müdigkeit miteinander teilen, wenn Sie von ihr aus gleichem Grunde betroffen sein sollten.

Ein wenig am Rande seiner jeweiligen Geburtsstadt zu sitzen auf einer Bank aus gutem erzgebirgischen Holz, das den Menschen lange Zeit im Leben trägt, an einem Sonntag im Mai und mit guten Gründen, ist sehr klug, denke ich.

Reiner Kunze nun auch zitierend, doch auf ihn selbst zurück reflektiert, ergibt sich für mich, verwandelt, *seine* Frage an ein Auditorium, das einst in ihm Georg Büchner ehrte: Habe ich an Reiner Kunze vorbei gesprochen? Ich danke Ihnen.

(März – Mai 2007)

Hendrik Grimmling

Käfig der Freiheit

Herausfordernde, trainiert unfreundliche Blicke der Beamten in Uniform. Das Stempelhäuschen, die Passkontrolle im Tränenpalast, das war ihr großer Auftritt. Ein von Demütigung und Macht verseuchter Ort. Alles provozierte. Alle Zeit gehörte denen, und sie kosteten die Schikane aus, diese noch unendlich zu dehnen. Unsere Wut machte uns ohnmächtig und nackt. Wir waren völlig entnervt, übernächtigt, uns brummte der Schädel. Plötzlich rannte unsere Tochter Marie davon und verschwand im Westen. Ein Soldat wollte zuerst noch hinterher, auch ich in schneller Angstreaktion, aber zwei andere Soldaten versperrten mir breitbeinig mit der MPi im Anschlag den Weg. Der Wisch, die Identitätsbescheinigung, harrte noch auf den Ungültigkeitsstempel hinter der Kontrollluke. Dort hatte man alle Zeit der Welt, wieder und wieder zu prüfen. Mutter- und andere Merkmale, die Augenfarbe, den Kopf wieder drehen, zur einen und zur anderen Seite, noch mal die Augenfarbe. Es dauerte ungeheuer lange. Noch waren wir nicht über den Grenzstreifen, aber unser Kind war schon weg.

Ich dachte, bleib ruhig. Ich hätte schreien können: Ihr Arschlöcher, meine Tochter ist weg! Dann endlich mit den schweren Koffern hinterherrennen, um die Ecke. In den Westen. Die Kleine stand am S-Bahn-Steig und guckte runter auf die Schienen. Da rannten Mäuse.

Wie gesagt, meine Entscheidung, den Ausreiseantrag zu stellen, hatte mich selbst überrascht. Ich hatte wenig Kontakte im Westen. Die Freundin meiner Lebensgefährtin war schon Jahre zuvor mit einem „Renft"-Musiker gegangen. Wir hatten damals, nach ihrer Ausreise, deren Wohnung in der Hainstraße im Zentrum Leipzigs bezogen. Dadurch lebten wir irgendwie in den Spuren des Weggehens, fortwährend involviert in andere Schicksale. Aber ich hatte nie Pläne gemacht, diesen Schritt zu tun. Erst der „Herbstsalon" legte etwas frei, was lange zudeckt gewesen war, und meine Stimmung schlug um.

Es war nicht nur diese tiefe Melancholie, die mich nach jeder Ausstellung, nach jeder Offenbarung, trifft. Die Stimmung nach dem „Herbstsalon" war für mich in ihrer negativen Energie so intensiv, dass ich nicht länger nach Gründen und Ursachen suchen musste. Die Harmonien bröckelten auf seltsame Weise, ohne besondere Streitigkeiten entwickelte sich eine überraschende Distanz. Die Nähe, in die wir uns während des „Herbstsalons" hineingelebt hatten, zerfiel nach dem Abbau der Ausstellung in ungewohnte Entfernungen. Ich glaube, das war eine der wichtigsten Ursachen dafür, den Gedanken zuzulassen, den Ort und dann das Land zu verlassen.

Ich behielt es vorläufig für mich. Ich hatte überhaupt keine Ahnung, wie ein Ausreiseantrag bürokratisch zu handhaben war. Wie man ihn schreibt, zu welchen Ämtern man geht. Es gab immer die Legenden von jenen, die das schon geleistet hatten, aber über Details, über den technischen Ablauf, wurde nicht geredet. Ich hatte Angst, davon etwas zu wissen, davor, das Wissen weitergeben zu können. Mir war das alles fremd und ungeläufig. Meine Tochter Marie war gerade erst eineinhalb Jahre alt. Das Vorhaben innerhalb der Familie zu besprechen, war ein Riesenproblem. Die Unsicherheit, was dann wird, wenn man mit nichts wieder anfängt. Wir hatten niemandem im Westen, von dem wir Unterstützung erwarten konnten. Das war alles ein schwarzes Loch. Dennoch waren meine Frau und ich uns sehr schnell einig.

Noch während des „Herbstsalons" hatte ich durch einen seltsamen Zufall erfahren, dass sehr nahe Freunde schon seit Jahren einen Ausreiseantrag laufen hatten. Ich war völlig überrascht, davon hatte ich keine Ahnung gehabt. Die Misstrauenskultur, die die Stasi erzeugte, ging also selbst durch so enge Kreise. Diese Freunde konnten mir nun in etwa zeigen, wie man einen Antrag formulierte, wie man sich durch die Berufung auf die Helsinki-Akte, die die DDR unterschrieben hatte, absicherte.

Ich verhielt mich in dieser Zeit nicht mehr so aufwallend, so zum Widerspruch bereit wie früher. Das Warten beschwor eine Haltung herauf, die ich so noch nicht an mir kannte: eine eigenartige Vorsichtigkeit und ein seltsamer Genuss daran, in dieser Zurücknahme, in Passivität auszuharren. Vielleicht haben die Ahnungen von der Zukunft, von einer anderen Welt, dieses Warten versüßt und erträglich gemacht. Ich kann mich aber nicht erinnern, ob ich so etwas wie Vorfreude auf den Westen empfand. Ich spürte keine Frohlockungen auf das Morgen, auf die Zukunft. Im Grunde machte sich in mir während dieses ganzen Wartens eine besänftigende Lethargie breit. Die sich anbahnende Trennung von den Freunden, meiner ersten Familie, meiner großen Tochter Norma, der Mutter, den Schwestern, und von den abstrakteren Dingen, der Stadt und dem Grubengeruch, hüllte mich in seltsame Melancholie. Es gab kein Zurück.

Später wurde mir mehr oder weniger nachgesagt, ich hätte an einen Karrieresprung im Westen geglaubt. Das war Blödsinn. Ich weiß nicht, womit ich gerechnet habe. Ich hatte überhaupt keine Projektionen und keine Konzeptionen, und in diesem Nichts, in dieser Leere, war auch kein Plan und kein Vorhaben. Die emotionale Verwandlung, die mit mir passierte, galt nicht so sehr dem Westen oder dem Wegmüssen und Wegwollen aus dem Osten. Ich versuchte, durch eine Veränderung mit einer bestimmten Leiderfahrung in mir eine Ressource anzureichern, von der ich schon immer gelebt hatte und die ich nun wieder erneuern musste, um weiterleben zu können. Dieses nach unten Gucken, ins Tiefe, ins Unerklärliche, vielleicht ins Ungewisse, Verunsichernde, war eigentlich mein innerer seelischer Hintergrund, vor dem ich solche Entscheidungen wie den Ausreiseantrag traf.

Im Februar 1986 war ganz plötzlich der Ausreisebescheid da. Das heißt, der sogenannte Laufzettel war abzuholen, und in dreimal vierundzwanzig Stunden mussten alle Ämter, Versicherung, Bank, Steuer, Mietvertrag „abgelaufen" werden. In dieser hässlich kurzen Frist mussten nun auch die Verabschiedungen passieren. Nach Eisenhüttenstadt zu den Verwandten fahren, bei den wichtigen Freunden anklopfen. Der gesamte Hausrat war schon über die Monate mit Hilfe der Omas in Zeitungspapier eingepackt und in Kisten verstaut. Den Transport, auch meine Bilder, konnte man in einer Dependance von Deutrans in der Leipziger Hainstraße kurzfristig bestellen, aber möglich wurde er erst einen Monat nach unserer Ausreise. Wir mussten ihn mit 6000 DM vom Westen aus bezahlen. Das Verladen der Wohnungseinrichtung betreuten die Schwiegereltern. Mein Freund, der Bildhauer Volker Baumgart, dem ich diese Aufgabe anvertrauen und zumuten konnte, schickte mir Fotos nach West-Berlin, wie er meine Bilder auf dem Westlaster verstaut hatte.

Die Abschiedsgespräche waren steif und unbeholfen. Die Trennung war von einer Seite angesagt, und man konnte nicht erwarten, dass es Einsichten gab. Ich habe es selbst vorher durchgemacht, dass sich Leute bei mir verabschiedeten, und auch ich stand damals blöd in der Sonne. Sollte man sagen: Du machst das richtig? Aber wenn man es guthieß, warum tat man nicht dasselbe? Der Bleibende war immer in einer dummen Situation.

Unser Ziel war West-Berlin. Es war nicht die Bequemlichkeit des kurzen oder bezahlbaren Weges. Für mich war klar, dass ich das Land und die Sprache nicht wechseln wollte. Als jugendlicher Krakeeler hatte ich immer gesagt: Ich gehe nach Australien, ich gehe zu den Känguruhs. Aber dann, als alles real war, waren diese Romantizismen nicht mehr im Kopf. Es war eines ganz klar, ich will dorthin, wo dieser Irrsinn einer Mauer, eines geteilten Landes am deutlichsten ist. Ich wollte diesen geographisch verrücktesten Ort West-Berlin erleben, wie ein nasser Vogel, der in einen offenen Käfig zwischen die Mauern stürzt. Das war West-Berlin für mich immer gewesen: ein Käfig ohne Deckel, oben offen, so dass ihn die Flugzeuge verließen wie Vögel. Dieser Irrsinn mitten in einem Käfig, von der DDR umschlossen, hat mich immer schon als Metapher beschäftigt. Und tatsächlich hatte ich vor dem Brandenburger Tor kein körperliches Gefühl für das Dahinter. In Ost-Berlin war nicht vorstellbar, dass wenige Straßen weiter eine völlig andere Welt liegen sollte. Es war eher vorstellbar, nach Moskau, Prag oder Budapest zu fliegen, aber es war absurd zu denken, ich gehe nach nebenan, um die Ecke in die Freiheit. Ich wollte diesen Wahnsinn erleben. Ich empfand West-Berlin immer als die verrückteste Stadt, gerade als die Mauer noch stand, da hatte ich das stärkste Gefühl von Losgelöstheit. Ein seltsamer Antagonismus, im Eingezäuntsein, auf einer Insel der Seligen zu landen. Ein Widersinn, den man heute jungen Leuten kaum begreiflich machen kann. Aber die Ankunft in West-Berlin zeigte mir, dass die Gefühle tatsächlich so verwirrend, so aufwühlend waren, dass es so sein musste: es war der aufregendste Ort in der Welt, in meinem Leben. Auch in meiner Erinnerung ist dieses Erlebnis, in West-Berlin anzukommen, eine der schönsten Glücksempfindungen geblieben: Man ging um die Ecke und war in einem Käfig der Freiheit.

H. Johannes Wallmann

Der blaue Vogel soll fliegen

„Denn die Kunst ist eine Tochter der Freiheit."
Friedrich Schiller formulierte diesen Gedanken vor ca. 220 Jahren, und die Mütter und Väter des Grundgesetzes knüpften mit Artikel 5 Abs. 3 daran offenbar bewusst an, als sie formulierten: „Kunst und Wissenschaft, Forschung und Lehre sind frei."

Wird gegen Künstler – wie heute in China z.b. gegen Ai Wei-Wei, wie in Russland z.B. gegen Pussy Riots, wie im Iran z.B. gegen Jafar Panahi oder wie damals in der DDR z.B. gegen Reiner Kunze – vorgegangen, so wird umso deutlicher, dass die Freiheit der Kunst (die nicht mit Vogelfreiheit verwechselt werden darf) einer der wesentlichen Indikatoren und Gestaltungsfaktoren anti-totalitärer moderner Gesellschaften ist. Die Vorherrschaft ideologischer Machtansprüche sowie der Mangel an Demokratie manifestiert sich besonders daran, dass Künstler, die auf der Freiheit und Verantwortung von Kunst bestehen, marginalisiert, ausgegrenzt oder als Staatsfeinde verfolgt werden. In dem Maße, wie sich eine moderne demokratische Gesellschaft der Inspiration durch den freiheitlich-widerständig-kreativen Geist der Künste verschließt, verfällt sie in Demokratie-Defizite, Geistlosigkeiten, alte Gewohnheiten. Insofern besteht auch in Deutschland einiger Handlungsbedarf (zumal durch enorme Einflusssphären ehemaliger DDR-Kulturfunktionsträger seit der Wiedervereinigung, durch die ehemalige DDR-Dissidenten-Künstler massiv ausgegrenzt werden). Der oben genannte – im Grundgesetz verankerte – Gedanke ist also enorm wichtig.

Es bleibt indes die Frage, wovon und wofür Kunst und Wissenschaft in einer modernen demokratischen Gesellschaft frei sein sollten. Zugespitzt wird diese Frage durch die Problematik der Moderne, die sich durch das tiefe Eingreifen moderner Technologien in kleinste Teilchen (z.B. in Gene, Atome, Ozon) und damit in große langfristige Lebenszusammenhänge kennzeichnet. Dies bildet eine geradezu wahnwitzige Herausforderung an die Entwicklung der menschlichen Intelligenz. Nach dem Verhaltensforscher Konrad Lorenz lautet diese Herausforderung zusammengefasst: Wird die Menschheit „zu dumm zum Überleben" sein? Zumal Kunst und Wissenschaft als Intelligenzenergien gedacht werden können, geht es mit der Freiheit und Verantwortung von Kunst und Wissenschaft daher um die Kraft und Zukunftstragfähigkeit der menschlichen Intelligenz und der menschlichen Gesellschaft als Ganzes. Mit seiner gleichermaßen hochpoetischen wie hochpolitischen Nachdichtung von Jan Skácels *Der blaue Vogel* (*blau*, die Farbe der großen Zusammenhänge, der Weite, der Tiefe, der Freiheit!) rückt Reiner Kunze die entsprechenden Fragen einmal mehr in den Fokus.

DER BLAUE VOGEL

Über den wassern, ach, über den wassern
erhob sich ein vogel ins blau.
Keiner weiß, wie, keiner weiß, wann
der vogel sich über die wasser erhob,
über den drahtverhau.

Seit dem Ende der DDR wurde so getan, als sei der Realsozialismus eine moderate Angelegenheit gewesen. Doch: ca. 70 Millionen Tote durch Mao zu Friedenszeiten, 29-46 Millionen Tote in den sowjetischen Gulags, 1-2 Millionen bestialisch Erschlagene in Kambodscha, ungezählte Tote im Horror nordkoreanischer KZs (s.a. Film *Camp 14*), ungezählte mittels Zersetzung gebrochene Biografien durch das MfS der DDR. „Auschwitz der Seelen" nannte es Jürgen Fuchs. Entsprechend gab es in der DDR keine Freiheit für Kunst und Wissenschaft. Nur in dem Maße, wie sie sich von der SED-Diktatur willfährig in Dienst nehmen ließen, wurden ihnen gewisse Handlungsspielräume zugestanden. Was bedeutete das für die mentale Entwicklung einer Gesellschaft? Heute lässt sich meines

Erachtens konstatieren, dass es nicht zuletzt dissidente Künstler waren, die das totalitäre Spiel nicht mitspielten und damit zur Beseitigung der SED-Diktatur beitrugen. So sehr sich die wendehalsigen ehemaligen SED-Kollaborateure dagegen wehren, wird die DDR-Kultur früher oder später unter diesem Gesichtspunkt reflektiert werden müssen und dabei den großen Wert der Kunst von Künstlern wie Reiner Kunze ans Licht bringen. Jan Skácel dichtete:

> Alle aber sahen
> seinen schnabel,
> sahn des vogels festen schnabel.
> Alle aber sahen seine krallen,
> sahn des vogels scharfe krallen.

Reiner Kunze machte in verschiedenster Form immer wieder darauf aufmerksam, wie wesentlich Freiheit und Individuum sind, um den Stand der Gezeiten zu erkennen und entsprechend zu handeln. So lernte ich ihn 1971 erstmals kennen. Beim Jahrestreffen von Vertrauensstudenten der Evangelischen DDR-Studentengemeinden in Bad Saarow, wohin er zu einer Lesung eingeladen war, las mit ihm vor uns jungen Leuten ein Dichter, der sich nicht nur der Probleme dieses traurigen Landes in ihrer ganzen Tragweite und Tiefe bewusst war, sondern sie in eine knappe Sprache und mit einer unglaublich schön und zutreffend ausgeschliffenen assoziativen Metaphorik zu fassen vermochte. Ich war begeistert. Zurück in Weimar begann ich per Hand mit mehreren Blaupause-Durchschlägen Reiner Kunzes Gedichte abzuschreiben und sie an Freunde zu verteilen. Das war nicht ungefährlich, doch fanden mit solchem Samisdat-Verfahren seine Gedichte unter Studenten einige Verbreitung. Zugleich begann ich meine *Drei Lieder nach Texten von Reiner Kunze* zu planen und mit ihm in einen kleinen Briefwechsel zu treten. Einer der drei damals von mir vertonten Texte lautet:

EINLADUNG ZU EINER TASSE JASMINTEE

Treten Sie ein, legen Sie Ihre
traurigkeit ab, hier
dürfen Sie schweigen

Angesichts der lauten SED-Parolen schweigen zu dürfen, nicht mitschreien zu müssen, war damals ein entwaffnender freiheitlicher Ansatz. Es war etwas völlig anderes, als schweigen zu müssen. Mit der Vertonung dieses Kunze-Gedichtes wendete ich sozusagen für mich das Blatt, denn an der Weimarer Musikhochschule, wo ich in den Hauptfächern Fagott und Komposition studierte, hatte man mich als „spätbürgerlich-dekadent" eingestuft, weshalb meine Musik an dieser Hochschule mehr oder minder zum Schweigenmüssen verurteilt war. Nachdem sich mein Hauptfachlehrer – der „Zwölftöner" Günter Lampe, der mich über Arnold Schönberg an die großen Fragen der Musik der Moderne heranführte – vergeblich bemüht hatte, mir das Kompositionsstudium als 1. Hauptfach zu ermöglichen, hieß es angesichts meiner offensichtlichen fachlichen Qualifikation dann jedoch von Johann Cilenšek (bis 1972 Rektor der Weimarer Hochschule) an das zuständige Direktorat: „Wallmann einladen und auffordern, Unterlagen beizubringen für den offiziellen Antrag zur Aufnahme in die Meisterklasse" (so zeigt es meine Studentenakte von 1972). Ich reichte u.a. meine *Drei Lieder nach Texten von Reiner Kunze* ein, mit denen beim DDR-Kulturministerium der offizielle Antrag für mein Kompositionsmeisterstudium gestellt – und abgelehnt wurde. Meine Reiner-Kunze-Lieder dürften (neben meinem Engagement in der Evangelischen Studentengemeinde) einer der wesentlichen Gründe dafür gewesen sein. Erstmals hatte nun auch ich selbst einen höheren Preis dafür zu bezahlen, Kunst als Tochter der Freiheit praktizieren zu wollen. So ging es für mich (gerade mal 21-jährig) zunächst ins Orchester; zuerst nach Meiningen, dann in die Staatskapelle Weimar.

Alle aber sahen
seine augen,
sahn des vogels klare augen.
Alle aber sahen
seine federn,
sahn des vogels blaue federn.

Mit einemmal erblickten sie
die blauen augen der mutter.

1975 gründete ich in Weimar unmittelbar die *gruppe neue musik weimar*, das erste Spezialensemble für zeitgenössische Musik Thüringens, mit dem ich u.a. Werke von „spätbürgerlich-dekadenten" Komponisten wie Stockhausen, Schönberg, Webern, Messiaen (die allerdings außerhalb der SED-Schusslinien standen) zur Aufführung brachte. Noch bevor mein Engagement in der Weimarer Staatskapelle begann, hatte mich die Weimarer Musikhochschule jedoch auch noch um mein Diplom betrogen, das ich 1974 mit „1" verteidigt hatte. Mir dämmerte langsam, dass der Preis, der für Kunst als Tochter der Freiheit zu zahlen ist, sehr hoch sein kann (wobei mir damals noch nicht der schillersche Freiheitsbegriff bewusst war). Umso mehr bewunderte ich jene Künstler, die ihn zu zahlen bereit waren – und Reiner Kunze stand von diesen für mich in der ersten Reihe.

Überraschenderweise fand ich mein nie ausgehändigtes – doch bereits ausgestelltes – Diplom 2008 in meiner Weimarer Studentenakte. Diplombetrug war eine übliche Methode der SED-Diktatur, um widerständige Studenten zum Schweigen zu bringen, zumindest aber in ihrem beruflichen Fortkommen zu behindern. Sie fand auch z.B. bei Wolf Biermann oder Jürgen Fuchs Anwendung. Heute könnte der Fund einer solchen Diplomurkunde eigentlich eine Trophäe sein – ein Beweis gelebter Freiheit der Kunst. Doch die Weimarer Hochschule sieht es offenbar als Schandfleck und drückt sich darum, sich zu ihrem einst begangenen Betrug zu bekennen und damit ihre eigene Verstricktheit in die SED-Diktatur aufzuarbeiten. Kunst als Tochter der Freiheit ist ihr offenbar ganz und gar unwichtig, womit sie ein wesentliches Essential moderner Kultur in Abrede stellt und damit letztlich sich auch selbst keinen Gefallen tut.

Doch zurück in das Jahr 1976. Im September erschienen in Westdeutschland Kunzes *Die wunderbaren Jahre* – ein Buch, das Alltagssituationen von Jugendlichen in der DDR ungeschönt festhält. Das war starker Tobak für die SED, deren „Lösung" oft genug in der Verfälschung bzw. dem Verschweigen von Fakten sowie der konspirativen Zersetzung von jenen Personen bestand, die es sich erlaubten, Fakten zu benennen und damit den Absolutheitsanspruch der SED aushebelten. Ich las *Die wunderbaren Jahre* in einem Zug. Unter FLUGBLATT NR. 5 zitiert Kunze einen Gedanken von Le Corbusier, den ich bis dahin so nicht kannte und mir einprägte: „Man macht keine Revolution, indem man aufbegehrt; man macht eine Revolution, indem man die Lösung bringt." Zukunftstragfähige Lösungen setzen zukunftstragfähige gedankliche Reflexionen voraus – das war es, was mich wirklich interessierte!

> Mit einem mal gewahrten sie
> schiffe, schiffe, schnelle schiffe,
> die zur freiheit, fern der riffe,
> still das blaue wasser teilen.

Überhaupt war 1976 für meine künstlerische Entwicklung ein wichtiges Jahr, in dem viele Würfel fielen. Ich hatte nicht nur den Berliner Komponisten Friedrich Goldmann kennengelernt, sondern auch den Gothaer Maler/Entwerfer/Kunstphilosophen Kurt W. Streubel – ein Genie. Er, der sich keinerlei Vereinnahmung und Abhängigkeit preisgab, gehört für mich ebenso wie Reiner Kunze in die erste Reihe jener, die in der DDR für Freiheit der Kunst einstanden. Streubel umriss sein Werk mit den drei Worten „abstrakt-konstruktivkonkret", bot der realsozialistischen Kunstdoktrin Paroli und mir den Anschluss an die Ideenwelten des Weimarer Bauhauses – an Wassily Kandinski und Paul Klee. Damit initiierte er in mir jenen enormen Denkstoff, der mich zur Entwicklung von *Integrale Moderne* führte, was im Sommer 1977 begann und erst 28 Jahre später seinen vorläufigen Abschluss fand: *Integrale Moderne – Vision und Philosophie der Zukunft*, Pfau-Verlag 2006. Neben der unter Dissidenten und Protestanten allgemein verbreiteten „Hierbleib-Ideologie" war es dies, was mich jahrelang fesselte, in der DDR zu bleiben.

> Mit einem mal gewahrten sie
> segel, segel, weiße segel,
> die wie brot im mund, wie vögel
> sich verlieren, die wie vögel
> still im blauen uns enteilen.

Am ersten Oktoberwochenende 1976 – ca. sechs Wochen vor der Ausbürgerung Wolf Biermanns – waren meine Frau Susanne und ich von Sibylle Havemann, Jürgen und Lilo Fuchs sowie Robert und Katja Havemann nach Grünheide eingeladen. Wolf Biermann kam auch und abends wurde ich aufgefordert, per Tonband etwas von meiner Musik vorzustellen. Robert Havemann äußerte sich euphorisch über das, was er von mir gehört hatte – u.a. meine Reiner-Kunze-Lieder. Wolf Biermann behandelte mich wie immer mit freundlichem Respekt. Im Verlauf des Gespräches kam die Rede auch auf Reiner Kunze. Da er die DDR verlassen wollte, wurde er in dieser Runde sehr kritisch gesehen; ich teilte diese Einschätzung nicht und stellte mich voll hinter ihn, wodurch ein gewisser Dissens aufkam. Ich wusste aus eigener Erfahrung nur zu genau, welch schwere Folgen der DDR-Unrechtsstaat für eine Familie haben kann und dass es Belastungsgrenzen gibt. Denn meine Mutter war Anfang 1954 gestorben, nachdem mein Vater – damals Leipziger Stadtjugendpfarrer – 1953 in großen Zeitungsartikeln diffamiert worden war, ein „amerikanischer Agent" zu sein, womit ihm quasi die Todesstrafe drohte.

> Mit einem male sahen sie
> tücher, tücher, blau gestickt,
> mit blumen blau, zu haus gepflückt
> im feld, mit blumen, die so schmerzen,
> die so schmerzen, so sehr schmerzen,
> aber alle wunden heilen.

Was die politische Spannung 1976 in der DDR anging, so hatte sie im Herbst derart stark zugenommen, dass sie für uns alle mit Händen zu greifen war. Reiner Kunze hatte nun erneut einen hohen Preis zu zahlen, dass er Freiheit der Kunst praktizierte. Am 3. November wurde er mit scharfen ideologischen Hasstiraden aus dem DDR-Schriftstellerverband ausgeschlossen und bewies dabei einmal mehr das ihm eigene Stehvermögen. In seinem Buch *Deckname ‚Lyrik'* zitiert er die Stasi, die zu seinem Ausschluss aus dem Schriftstellerverband festhielt: „Kunze unterstrich [...], dass sich nach seiner Auffassung im Vereisungsprozess der DDR faschistoide Machtstrukturen dergestalt ausgeprägt hätten, dass der Sicherheitsdienst alle Vorgänge im Leben beherrscht und die meisten Bürger über diesen Vereisungsprozess gar nicht mehr nachdenken. Dieses Nachdenken wolle er mit seinem Buch anregen." Diese Sicht der Dinge traf die Situation. Auch ich selbst empfand die DDR je länger je mehr als faschistoid.

> Riefen alle nach dem vogel,
> in die höhe nach dem vogel,
> mit gewaschnen hemden
> winkten sie dem vogel.

Mit der Ausbürgerung Wolf Biermanns wurde für uns der Herbst 1976 dann ein wirklich heißer Herbst. Lilo Fuchs beschrieb in einem Gespräch mit Udo Scheer die Situation dieser Tage so: „Niemand wusste ja, was noch losgehen würde. Jeder war wie elektrisiert. Erst haben wir befürchtet, sie würden Havemann inhaftieren. Das haben sie sich nicht getraut. Für ihn holten sie die nicht so bekannten jungen Männer." Wie die Stasi-KD Gera am 28. Dezember 1976 festhielt, schrieb Reiner Kunze an Karl Corino: „Meine größte Sorge sind jetzt diejenigen, die keine Öffentlichkeit haben." Wohl angesichts der allgemeinen Vereisungssituation schickte Reiner Kunze mir zum Jahreswechsel 1976/77 eine Neujahrskarte, auf der stand: „Mit einem Bündel Grußreisig, zum Abdecken der Seele, falls es zu sehr frieren sollte." Unser Geist, unsere Seelen – das Freieste, was ein Mensch sich wünschen kann – zitterten. Es war eiskalt, sodass Kunzes „Bündel Grußreisig" tatsächlich hilfreich war.

> Wohin gehst du, blauer vogel,
> klares wasser trinken?
> Sag, wo pickst du goldnes korn,
> sag, wo schläfst du unterm dorn,
> sag doch, sag doch, wo?

Im Sommer 1976 hatte ich eine Suite für Solovioline mit dem Titel *Briefe zur Nacht* komponiert und als Satzüberschriften Fragmente aus Reiner-Kunze-Gedichten gewählt: „meine suchende feder" / „wie ein vogel davonfliegen" / „plädoyer der fieberträume" / „aber die hoffnung nicht verschweigen"; („Briefe" sind bei Reiner Kunze ein großes Thema). In dieser Violinsuite taucht zum ersten Mal in meinem Werk das Wort Vogel auf. Da Vögel für mich Sinnbild und Boten der Freiheit sind, spielen sie fortan in meinem Werk eine wichtige Rolle. Titel wie *gleich den Vögeln* (Musik im Raum für 4 Klarinetten oder Sopransaxophone, 1986) oder *Der blaue Vogel* seien dafür als Beispiele genannt. Mit *Briefe zur Nacht* hatte ich im Sommer 1976 bereits jene Problematik künstlerisch zu bearbeiten begonnen, die uns in den vereisten 1976er November-/Dezembertagen real eingeholt hatte.

Sang der blaue vogel:

Wo die mutter euch gebar,
dorthin geh ich wasser trinken.
Dort, wo eure kindheit war,
pick ich goldnes korn,
schlaf ich unterm dorn,
dort zu haus, bei uns.

Was die Situation Ende 1976 in der DDR betraf, so war klar,
dass Biermanns Ausbürgerung als eine politische Richtungs-
entscheidung gesehen werden musste und dass mit ihr für die
nächste Zeit alle Chancen auf einen „Berliner Frühling" dahin
waren. Mich kompositorisch zu entwickeln und mit Streubel
im Rücken philosophische Grundlagen für die Kultur der Zukunft zu entwickeln, schien mir jedoch nach wie vor möglich.
Zumal ich hinsichtlich Agitprop-Kunst keinerlei Ambitionen
verspürte, erblickte ich darin meine erste Aufgabe, der ich mich
in den folgenden Jahren und Jahrzehnten unter Aufbietung
all meiner Kräfte widmete.

Riefen alle da von neuem,
riefen hoch hinauf von neuem,
winkten alle mit den hemden
lange da von neuem.

Während die Stasi gegen uns in Kirchheim (wo wir 1974 mit
Freunden auf einem stillgelegten Bauernhof eine der wenigen
„DDR-Kommunen" gegründet hatten) die Ermittlungsakte OV
„Kreis" eröffnet hatte, konnte am 13. April 1977 Reiner Kunze
die DDR endlich in Richtung Westen verlassen. Es gab nach
den vielen Extrembelastungen, denen er über all die Jahre
ausgesetzt war, dazu keine wirkliche Alternative. Was Jürgen
Fuchs und Robert Havemann sowie die Jenaer Verhafteten
betraf (von denen uns wie Sybille Havemann und Wolf
Biermann einige mehrfach in Kirchheim besucht hatten), so

hofften wir zutiefst, dass Biermann gemeinsam mit Kunze nun etwas Wesentliches für deren Freilassung bewirken könnte. Unter Datum vom 19. April 1977 notierte Susanne über Ostern zu einem Radiointerview: „Abends: Interview mit Reiner Kunze. Er hat sehr gut gesprochen: haben Sie Geduld. Gehen Sie nicht mit dem Kopf durch die Wand. Lernen Sie, äußern Sie sich mit solch hoher Qualität, dass Ihre Aussagen von der Öffentlichkeit getragen werden, dass Sie von der Öffentlichkeit geschützt werden. Ich wünsche dem Land, dass alles gut geht, dass alles gut wird, den vielen guten Menschen zuliebe, die darin leben." Was Reiner Kunze uns – nun vom Westen aus – zu verstehen gab, traf die Situation. Auch für mich war das der Weg, auf dem es sich vermutlich eine Zeit lang gehen lassen würde und den ich bereits bewusst zu beschreiten begonnen hatte.

> Fliege, blauer vogel, fort,
> fliehe, fliehe diesen ort.
> Unterm blau des himmels ziehe
> hin am blau, die kugel fliehe,
> flieh das blei.

Durch die Aufführungen meiner Musik, die ich mit meinem Weimarer Ensemble durchzusetzen vermochte, wurde meine kompositorische Begabung offenbar unüberhörbar. Daher versuchte man seitens der DDR-Komponistenverbandes (der ein Instrument der SED-Diktatur war) immer stärker, mich zu vereinnahmen. Im Februar 1978 kamen zu den DDR-Musiktagen in Berlin meine *Yukihara-Gesänge* (nach einem altjapanischen Gedicht) sowie meine *Briefe zur Nacht* (mit den Satzüberschriften von Reiner Kunze) zur Aufführung, letztere durch den Konzertmeister der Staatskapelle Berlin. Für die *Briefe* erhielt ich einen Kompositionspreis der DDR-Musiktage 1978. Niemand hatte allerdings bemerkt, dass die Überschriften der Sätze dieser Violinsuite aus Texten von

Reiner Kunze stammten, und ich selbst schwieg dazu wie ein Grab. Ich freute mich diebisch, dass dieses Stück nun an prominenter Stelle aufgeführt werden würde und Reiner Kunzes Gedankenwelt damit quasi wieder anwesend war. Ich verließ mich auf die Kraft der Musik selbst. Oder waren gerade diese ersten prominenten Aufführungen meiner Musik der Versuch, mich zu vereinnahmen und in die Abhängigkeiten des Drahtverhaus der SED-Diktatur zu bringen?

> Sang der blaue vogel:
> Ich fürchte nicht die schnelle kugel,
> nicht das blei.
> Eure mütter sandten mich.
> Ob euch nichts im schlafe schreckt,
> ob euch brot und segen weckt,
> hießen sie mich fragen.

Obwohl ich mich nicht darum beworben hatte, erhielt ich 1980 auch den Hanns-Eisler-Preis von Radio DDR. Nach dem Preisverleihungskonzert mit der Uraufführung meiner *Stadien* durch das Rundfunk-Sinfonieorchester Leipzig unter Wolf-Dieter Hauschild fand ganz oben im damaligen „Hotel Stadt Berlin" am Alexanderplatz ein Empfang statt. Als wir – Susanne und ich – etwas verspätet dort eintrafen, fanden wir eine eigenartig skurrile Atmosphäre vor. Alle Teller des Buffets waren abgegessen, überall standen Herren in schwarzen Anzügen und mit dunklen Brillen eigenartig tuschelnd beisammen. Mir lief es kalt den Rücken herunter. An diesem Abend begriff ich, dass Erfolg einen Künstler verschlingen kann, wenn er es nicht versteht, dagegenzuhalten. Und so ging ich nicht auf Prof. Schönfelder ein, der die Laudatio gehalten hatte und mich nun vor einigen Personen des Kulturministeriums bedrängte, die Idee einer ideologiefreien Kunst, die ich im Juli 1980 beim Geraer Ferienkurs für Neue Musik vertreten hatte, zurückzunehmen. Einige Tage nach der Preisverleihung erhielt ich von

meinem ehemaligen Weimarer Lehrer Günter Lampe einen
Glückwunschbrief, in dem er mir schrieb: „Hüte Dich, bitte, vor
eventuellen Beifall von der falschen Seite, so schmeichelhaft er
auch für den vergänglichen Augenblick sein möge." Er hatte
verstanden, worum es ging; das tat mir wirklich gut.

Riefen alle da von neuem,
riefen hoch hinauf von neuem;
winkten mit den hemden
lange da von neuem.

Grüße, vogel, grüß zu haus,
richte viele grüße aus.
Wir schlafen ein mit näglein besteckt,
wachen auf, vom brot geweckt,
vom brot, von brot und segen.

Der Gedanke „ideologiefreie Kunst" war für mich unaufgeb-
bar. Er stand für Freiheit der Kunst. Ich reagierte mit ihm nicht
nur auf die realsozialistische Instrumentalisierung der Künste,
sondern entwarf auf seiner Basis ein neues Konzept avancierter
Kunst und Musik (Integral-Art, auf dessen Grundlage ich ab 1991
große avancierte Klangprojekte realisierte, die von Zigtausenden
besucht wurden). Bereits zu Beginn des Jahres 1981 legte ich dazu
in einem Vortrag als Goldmanns Meisterschüler bei einer Sitzung
der Ostberliner Akademie der Künste einen umfassenden philosophischen Ansatz vor. Dieser bezog sich (ich knüpfte an James
Joyce an) im Kern auf das ästhetische Wechselspiel zwischen der
synthesischen Wahrnehmung des Ganzen und der analytischen
Wahrnehmung der Teile, zwischen den Relationen des Intelligi-
blen (Wahrheit) und den Relationen des Sensiblen (Schönheit).
Es ging mir darum, essentielle philosophische Fragen von Kunst
(sowie der europäischen Kultur überhaupt) neu zu stellen und in
ihrer Tiefe neu zu durchdenken; ein Schritt in Richtung *Integrale
Moderne*. In *Das weiße Gedicht* (S. Fischer 1989) sagt Reiner Kunze es

so: „Ideologen jeder Couleur pflegen dem Wort ‚ästhetisch' ein pejoratives ‚nur' voranzusetzen, sobald ein Kunsturteil ästhetische Kriterien über ideologische stellt. Der Begriff ‚nur-ästhetisch' ist eine Denunziation des Ästhetischen, denn es sind die ästhetischen Qualitäten, die ein Kunstwerk zum Kunstwerk machen, und die ästhetischen Kriterien sind die ihm einzig gemäßen; nur mit ihnen lässt es sich in seinem Wesen erfassen." Dem ist nichts hinzuzufügen, denn mit dem Ästhetischen geht es um nichts weniger als um die Wahrnehmung des Zusammenwirkens zwischen den Teilen und ihrem Ganzen (resp. Kaputten) und damit auch um die Wahrnehmung unserer Freiheit und Verantwortung selbst – wo auch immer wir tätig sind. Ich habe diesen Gedanken daher in Satz 10 von *Der blaue Vogel* vertont.

> Sang der blaue vogel:
>
> Warum kommt ihr nicht nach haus,
> bleibt so lange aus?
>
> Frühling ist's, der schnee zerrinnt,
> auf dem weg zum meere sind
> alle flüsse ... Aber ihr?
>
> Ließen sie die köpfe sinken,
> ließen sie die arme sinken,
> hielten ein, mit ihren hemden
> hoch hinauf zu winken.

Nachdem ich 1986 *Integrale Moderne* in Grundsätzen entwickelt hatte (wobei mir damals noch der Begriff der Postmoderne querstand), stellte ich gemeinsam mit meiner Frau und für unsere beiden Kinder am 31. März 1986 einen kulturpolitisch begründeten DDR-Ausreiseantrag. Es war für uns zu diesem Zeitpunkt klar, dass Reformen in der DDR nicht zu erwarten waren und höchstens durch Ausreiseanträge bewirkt werden konnten. So begann unser ganz persönlicher Sturm auf die Mauer und – wie für viele andere (vor allen den Zigtausenden, die wegen ihrer Ausreiseanträge im Gefängnis saßen) – eine sehr schwere Zeit. Es sei daran erinnert, dass (nach der Ausreisewelle von Künstlern 1976/77) es die Ausreisebürgerrechtler und die Fluchtwellen waren, die die DDR-Lethargie überwanden, den Willen zur Freiheit massenhaft artikulierten, so die Mauer unterspülten und der deutschen Wiedervereinigung den Weg bereiteten. Doch wurde von den Wendehälsen solcher Mut nach dem Mauerfall zum Nichts marginalisiert. Viele sind daran nach der Wiedervereinigung noch einmal – und nun gründlich – zerbrochen. Wie es uns selbst seit dem Mauerfall erging, umreißt mein Buch *Die Wende ging schief* (Kulturverlag Kadmos 2009), das die – sowohl nach dem Nationalsozialismus als auch nach dem Realsozialismus – in Deutschland ausgebliebene Selbstverständnisdebatte anmahnt.

Eine solche Selbstverständnisdebatte könnte Last in Licht verwandeln. Reiner Kunze weist dazu auf Ilse Aichinger, die schrieb: „Wir sind gar nicht gemeint. Gemeint ist, was an uns Licht gibt."

Mit diesen Worten beginnt und endet mein Reiner-Kunze-Zyklus. Doch anstatt Licht zu geben, wurde nach der Wiedervereinigung in vielen Bereichen das Dunkel verlängert. Wohl auch um ihre eigenen Vergangenheiten zu übertünchen, waren ehemalige DDR-Kulturfunktionsträger einflussreichen „Wessis" außerordentlich zu Diensten. Sie sorgten zugleich dafür, dass eine Aufarbeitung der SED-Diktatur im Bereich der Kultur weitgehend ausblieb oder aber von Schönfärberei sowie von – nach alten Mustern – neu installierten Abhängigkeiten dominiert wurde. Die Freiheit und Verantwortung von Kunst und Künstlern verwechselten diese Leute mit ihrer eigenen Machtfülle sowie der – in ihren Augen – Austauschbarkeit individuellen künstlerischen Ausdrucks. Zugleich verleugneten sie jene Künstler, die – anders als sie selbst – in der DDR bewusst die Kunst als Tochter der Freiheit gesehen hatten. Dass sie diese Werte der Entwicklung unserer Kultur vorenthielten, ist eine Kulturkatastrophe. Eine Musikwissenschaftlerin schrieb mir kürzlich entsprechend: „Und was soll denn dieser schillersche Freiheitsbegriff? Gerade in dieser ‚neuen' Zeit erleben wir alle – Du auch, Johannes –, dass es den für Kunst nicht gibt, sondern nur verschiedenste Formen von Abhängigkeiten." Darf eine moderne demokratische Gesellschaft (zumal die deutsche, die zwei totalitäre Staaten hinter sich hat) es zulassen, dass die im Grundgesetz Artikel 5, Abs. 3 garantierte Freiheit der Kunst nur eine Farce ist? Was passiert dann mit dieser Demokratie, verwandelt sie sich erneut in einen Drahtverhau?

Kleiner vogel, flieg nicht fort,
komm herunter aus dem blau,
flieg herab, uns zu bedauern,
doch zu haus verschweig das trauern,
das du siehst im drahtverhau.

Hörte es der blaue vogel.

Wie ein stein fiel er zur erde,
wie ein schöner blauer stein,
wie ein blauer edelstein.
Wie ein stein fällt er zur erde,
wie ein blasser blauer stern,
lange, lange fällt er nieder,
federn schweben vom gefieder,
mit dem kopf, dem kleinen kopf,
schlägt er auf.

Mit dem schnabel auch,
dem festen schnabel,
schlägt er auf.

Mit den krallen auch,
den scharfen krallen,
schlägt er auf.

Im ersten Quartal 2013 veranstaltete DRadio Berlin eine 7x90-minütige Sendereihe mit Hans Pischner, einem der hochrangigen Kulturfunktionäre und trickreichsten Vollstrecker der SED-Diktatur. Pischners Aufgabe bestand in seinen unterschiedlichen Funktionen vor allem darin, die SED-Diktatur kulturell zu bemänteln. Der von ihm forcierte allgemeine „Interpreten- und Virtuosenhimmel" in der DDR verfehlte seine Wirkung nicht und stellte widerständige Kreativkünstler (Schriftsteller, bildende Künstler, Komponisten) umso mehr ins Aus. Dass Leute wie Pischner wieder salonfähig und DRadio Berlin sogar 630 Sendeminuten wert sind, liegt in der Logik der völlig ungenügenden Aufarbeitung der SED-Diktatur. Sind sich die Verantwortlichen im Klaren, was es für die Zukunft unserer Kultur für Folgen hat, wenn quasi die Gefängniswärter geehrt werden, anstatt sich auf jene zu besinnen, die für die Kunst als Tochter der Freiheit einstanden? (James Joyce sprach von Kunst als den „Gefängnistoren der Seele" – raus oder rein ist hier die Frage, erst recht angesichts der ungeheuren Macht der Unterhaltungsindustrie.)

Mit den augen auch,
den klaren augen,
schlägt er auf.
Nur die federn,
nur des vogels blaue federn
schwebten lange.

Schwebten nieder aus dem blau,
blaue federn, blauer tau,
schweben in das gras und strahlen,

blauen auf dem stein, dem kahlen,
blauen aus dem sand, dem fahlen,
fädchen aus der wälder naht,
schweben hin am stacheldraht,
hin an türmen, am MG,
blaue federn, blauer schnee.

Es ist bemerkenswert, wie Reiner Kunze seit dem Mauerfall seine Unabhängigkeit immer wieder unter Beweis stellte und vehement dafür eintrat, den Realsozialismus klar zu sichten und aufzuarbeiten, anstatt die DDR-Kultur mit Leuten wie Hermann Kant oder Hans Pischner verklären zu lassen. Kunzes mutige dokumentarische Bücher wie *Die wunderbaren Jahre, Deckname Lyrik, Am Sonnenhang* sprechen dazu eine klare Sprache. Dass er auch den Austritt aus der Berliner Akademie der Künste nicht scheute, zeigt sein Format: „Sehr geehrter Herr Präsident, ich bitte Sie, meinen Austritt aus der Akademie zur Kenntnis nehmen zu wollen. Ich möchte jedoch betonen, dass mir dieser Schritt schon heute für den Tag leid tut, an dem die Akademie der Künste vornehmlich wieder vom Geist der Künste inspiriert sein wird." In Satz 8 meines Reiner-Kunze-Zyklus *Der blaue Vogel* ist dieser Text vertont.

Vom Geist der Künste inspiriert sein, der sich als Tochter der Freiheit versteht. Vom Geist der Künste inspiriert sein, der Schönheit und Wahrheit miteinander vereint. Vom Geist der Künste inspiriert sein, „weil es die Schönheit ist, durch welche man zu der Freiheit wandert" (Friedrich Schiller).

> Lasen alle auf die federn,
> nahmen sich die blauen federn,
> banden in die hemden
> sauber sich die federn.
>
> Augen, ach, der mutter augen,
> schiffe, schiffe, schnelle schiffe,
> segel, segel, weiße segel,
> wasser, wasser, still geteilte,
>
> blumen, blau gestickte blumen,
> und die herzen, die zerrissnen,
> blutenden, die blutenden.

Kunst als Tochter der Freiheit bildet eine Herausforderung an unseren Staat, unsere Kultur, unsere Gesellschaft. In dem Maße, wie sie angenommen wird, werden wesentliche Impulse zur modernen Weiterentwicklung von Kultur und Demokratie entstehen – auch zur Unterstützung all jener mutigen Künstler, die in anderen Ländern totalitären Machtansprüchen trotzen. Nur weil solche Unterstützung damals im Fall von Reiner Kunze von Westdeutschland aus gewährt wurde, konnte er dem Zugriff der SED-Schergen entrinnen und sein künstlerisches Werk fortsetzen. Das sollten wir angesichts der Not von Künstlern – z.B. in China, Russland, Iran – nie vergessen. Denn in der Kunst solcher Künstler liegt kulturelles Know-how für das Überleben der Menschheit.

> Lasen alles in die bündel,
> alle federn in die bündel,
> und vergruben sie mit worten
> traurig wie die bündel.
>
> Dir war's nicht gegeben, vogel,
> herzufliegen aus dem blau,
> her in diesen drahtverhau,
> kamst, barmherziger, ums leben,
> wirst du jemals uns vergeben?
>
> Schwieg der blaue vogel.

Indem *Der blaue Vogel* in den Drahtverhau abstürzt, richten Jan Skácel und Reiner Kunze eine eindrückliche Warnung an all jene, die die Problemlage allzu leicht nehmen. Denn genau darin, ihn nicht abstürzen zu lassen, ihn nicht zum Schweigen zu bringen, ihn nicht zu begraben, sondern seinen freien Flug zu gewährleisten, läge der große Gewinn für die kulturelle und demokratische Entwicklung Deutschlands, Europas sowie der Menschheit als Ganzes. Warum sollten wir – zumal Künstler wie Reiner Kunze dem im Sinne Friedrich Schillers sowie des Grundgesetzes kraftvoll voran gingen – nicht ganz darauf setzen?

Dieser Text ist teils meinem Buch DIE WENDE GING SCHIEF (Kulturverlag Kadmos 2009) entlehnt. Das Gedicht DER BLAUE VOGEL von Jan Skácel in der Nachdichtung von Reiner Kunze ist Titel und Teil meines Reiner-Kunze-Zyklus DER BLAUE VOGEL – Musik im Raum für Bariton und Kammerensemble (2007) und wurde mit freundlicher Genehmigung von Reiner Kunze vertont. Der 15-sätzige Zyklus gelangte in Kooperation mit Deutschlandfunk 2009 im Kammermusiksaal der Berliner Philharmonie zur Uraufführung.

Thomas Blomenkamp

Musik mit Reiner Kunze

Über meinem Schreibtisch hängt ein Foto: es zeigt Reiner Kunze und mich in einem Biergarten auf dem Rathausplatz von Passau und ist datiert auf den 28. Juli 1994, den Tag unserer ersten und einzigen Begegnung.

Der Anlass dieser Zusammenkunft war eine „gemeinsame" Aufführung meiner „Musik mit sieben Kindergedichten von Reiner Kunze für Bariton und Saxophonquartett ", die einige Stunden zuvor im Rahmen der 42. Festspiele Europäische Wochen im Stadttheater Passau über die Bühne gegangen war mit dem Bariton Volker Mertens, dem Berliner Saxophon Quartett und Reiner Kunze als Rezitator. Der Dichter sprach und unvergessen ist mir sein Vortrag der sieben Gedichte: konzentriert bis in die Haarspitzen, leicht gebeugt und die Schultern nach vorn gewölbt, als wolle er einen Schalltrichter für die Worte formen, schält er sie geradezu aus dem Munde wie einer, dem Wörter kostbar sind, wie einer, der beim Gedichte-Erfinden jedes Wort einzeln auf die Goldwaage legt, es tausendmal dreht und wendet, bevor es Klang werden darf. Kein Verseschmied, ein skrupulöser Poet ist hier am Werk.

In meiner Bibliothek gibt es ein Buch: Reiner Kunze, *Am Sonnenhang, Tagebuch eines Jahres,* darin gezeichnet vier filigrane Blüten und der Satz: „Mit einem ganz großen Dank für das Erlebnis am 28. Juli 1994, Reiner Kunze", ein Geschenk beim Abschied. Ich habe es nie verliehen.

Das Vorspiel zu dieser Begegnung: mein Freund Matthias Buth, Lyriker von Rang, machte 1991 auf Kunzes neues Buch *Wohin der Schlaf sich schlafen legt. Gedichte für Kinder* aufmerksam. Ich wurde neugierig. Kindergedichte? Von Reiner Kunze?

Wie viele meiner Generation hatte ich in den 80ern *Die wunderbaren Jahre* gelesen, den Gedichtband *zimmerlautstärke,* später dann die Dokumentation *Deckname Lyrik,* die – unkommentiert – Stichproben aus Kunzes Stasi-Akten enthielt und uns Westlern den paranoiden Verfolgungswahn des SED-Staates detailliert in seiner perfiden Systematik zeigte.

Nur zu ahnen war, welche Qualen ein hochempfindsamer Lyriker nach den über Jahre erlittenen realen Schikanen beim Lesen der knapp dreitausendfünfhundert Seiten, verfasst in einer Auge und Ohr beleidigenden Bürokratensprache, ertragen musste.

Nun also Gedichte für Kinder, die mich anrührten und begeisterten und die ich mitnahm nach London, wo ich die zweite Hälfte des Jahres 1992 verbrachte.

Die Auswahl fiel nicht leicht, sieben waren es am Ende, mit instrumentalen Vor- und Zwischenspielen insgesamt zehn Stücke.

Geschrieben wurde vormittags in einem Souterrainzimmer an der Dartmouth Park Road in London NW 5 nahe Hampstead Heath; nachmittags und abends schwirrte das „aktuelle" Gedicht bei Streifzügen durch den Kopf, abends begleitete es mich in Konzerte, Theater, Pubs.

Die Stimme singt melodisch schlicht, volksliedhaft, ab und zu wird ihr Akrobatisches wie große Sprünge oder Falsett abverlangt, die Saxophone dagegen lassen die „Bahnhofsspatzen" zwitschern, den Wind heulen und den Nebel wabern, die „in Lärmkraut verwandelten Kinder" kreischen: es bereitete großes Vergnügen, das zu komponieren.

Hin und wieder trafen Briefe oder Karten ein, die das Entscheidende mit wenigen Worten sagten:

„Lieber Herr Blomenkamp,
Ihnen mangelt es nicht an Heiterkeit und Witz, und dem Melodischen sind Sie nicht völlig abhold – warum also nicht?

Ich danke Ihnen und bin neugierig. Erkenntnis über Ihre Musik hinaus: „Der Regen wirft / Seine Messer / Mit dem Wind...

Kein Wort / Hält zu mir..." Das ist schön. Grüßen Sie bitte Matthias Buth von mir.

Und seien Sie gegrüßt! Ich freue mich.

Ihr Reiner Kunze"

(am 6. Juni 1992, ich hatte um seine Erlaubnis zur Vertonung angefragt und ihm Musik, dabei auch meine Lieder mit Gedichten von Matthias Buth geschickt.)

Oder später:

„Lieber Herr Blomenkamp,

danke! – wie jede Ihrer Noten, so ist auch der Titel ganz Ihre Sache.

Was Uraufführungen betrifft, bin ich völlig unerfahren... Ich weiß nicht einmal, dass Sie beim Verlag die nichtexklusiven Rechte zur Vertonung einholen müssen.

Aber ich wünsche Ihnen Einfälle und zähen Fleiß in Ihrem London, damit wir am Ende eine Freude haben!

Schön, dass Sie das „Gebet" vertonen. Die Lärmtexte haben Sie sich zum Kontrast zur Genüge reserviert.

Ich schicke Ihnen im Geist eine große Flasche Notentinte,

herzlich

Ihr Reiner Kunze"

(am 20. November 1992, ich hatte einen Titelvorschlag gemacht, die Musiker und den Ort für die Uraufführung vorgeschlagen.)

Nach Reinschrift und Proben in Berlin gibt es im September 1993 die Uraufführung in Düsseldorf, weitere Aufführungen in der Berliner Philharmonie und anderswo, bis es zur Begegnung mit dem Dichter in Passau kommt.

Im Tagebuch ist vermerkt: „Vorher sehr aufgeregt, nachher sehr erleichtert".

Unser Beitrag erheitert das Publikum, das Lied „Vom Hai und vom Wal, die Musik machen wollten" wird wiederholt, die Presse schreibt vom „ Höhepunkt des Abends, einer durchaus geglückten Hochzeit von Musik und Lyrik". (Achtzehn Jahre später erhielt ich auch den Mitschnitt, den der Bayerische Rundfunk gemacht hatte.)

Und wir lassen unsere Begegnung, gemeinsam mit unseren Frauen und Freund und Vermittler Matthias Buth, an einem wunderbaren Sommerabend auf dem Rathausplatz zu Passau ausklingen, festgehalten auf dem Foto am Arbeitsplatz.

Was wünscht man einem, der die Frage „Ihr persönlicher Wunsch zum 60. Geburtstag?" mit „Dass ihn möglichst niemand bemerkt." beantwortete?

Von Herzen ohne „Lärmkraut": Alles Gute!

Karsten Dümmel

„die schuld knien hören"

Auf dem Rücksitz klappert mein Koffer. Jeans, Hemden und Socken liegen begraben unter Schuhen und Schals. Nichts ist geräumt. Bücher und Thermoskanne hüpfen im Takt von Straße und Motor. Es scheppert ordentlich. Zu Hause hatte ich Zahnbürste, Rasierzeug und Wasser eilig in Einkaufstüten gestopft und bin einfach losgefahren. Jetzt liegt alles durcheinander. Der Mantel - neben mir auf dem Beifahrersitz, obenauf der Brief mit Adresse und Anfahrt.

Als der Rundfunksprecher im Radio von der *Mater dolorosa der DDR* spricht, von Reiner Kunze und Wolf Biermann, von den Aufrechten und den Kritischen, rufe ich Roland übers Handy an. Keine zehn Minuten sind vergangen, seit die Sendung begonnen hat. Roland Geipel, der Freund und der Seelsorger, schweigt beredt. Er will selbst hören. Wir vereinbaren, später erneut zu telefonieren.

Es ist ein lauer Frühlingstag, die Sonne strahlt blau und drückt etwas Kälte nach unten. Ich bin unterwegs nach Berlin. In den Ostteil der Stadt, um genau zu sein, auch wenn das für die meisten keine Rolle mehr spielt. Acht Grad über Null. Akteneinsicht – das zweite Mal. Vor zehn Tagen fand ich das Schreiben im Postkasten. Die Einladung mit dem Bundesadler in der Kopfzeile, der Absender getrennt in Dienstgebäude, Hausanschrift und Postfach, rechts der Name des Sachbearbeiters, darunter das Datum und links die fettgedruckte Betreffzeile: Verwendung personenbezogener Unterlagen ...

Alles ist präzise formuliert, im Ton sachlich neutral. Ich könne jetzt kommen, heißt es, die Unterlagen seien gesichtet, chronologisch geordnet und vorbereitet, vorbereitet für mich. Mit freundlichen Grüßen – und so weiter.

Ich denke an Roland und ich denke an Kunze. Reiner Kunze. Zehn Mal habe ich ihn getroffen. In 37 Jahren vielleicht zehn Mal. Das ist nicht viel. Eher wenig. Was bleibt schon davon? Viermal sprachen wir einander bevor die Mauer zerbarst, sechsmal im vereinten Deutschland. Einige Briefe und Postkarten wechselten die Seiten. Hier und da ein Buch als Dankeschön für die eigene Sendung.

Zwei Daten fallen mir ein. Der 15. und der 19. November 1976. Dazwischen brach ein Stück der DDR: die Biermann-Ausbürgerung. Düster graue Novembertage - da war ich sechzehneinhalb Jahre. Superintendent Otto Adolf Scriba hatte am 15. November in der Goethestraße 1 in Gera eine halbprivate, halböffentliche Lesung mit Kunze einrichten können. *Die wunderbaren Jahre* waren im anderen Teil des Landes erschienen und Pfarrer Urbig von der Johanneskirche verteilte im Keller der Jungen Gemeinde im Halbdunkel zwischen Kerzen, Frank-Zappa- und Jimi-Hendrix-Poster Wachsmatritzenkopien aus dem Buch. Die Texte gab ich später meinem älteren Bruder, der sie nach Prora in die Kaserne mitnahm. Auch das steht fest vor den Augen in meiner Erinnerung.

Wer mich damals am 15. gegen 19 Uhr in die halbverfallene Jugendstilvilla mitgenommen hat, weiß ich nicht mehr. Vielleicht Andreas Bley, vielleicht Martin Morgner? Ich weiß nur, ich war über alle Maßen beeindruckt. Da hatte jemand Teile meiner eigenen Geschichte festgehalten. In Zeilen, kurz und knapp, wie ich sie im kleinen Land noch nicht gehört hatte. Wochen vorher war meine Delegierung zur EOS vom Kreisschulrat zurückgezogen worden, weil ich den Wehrdienst von drei Jahren abgelehnt und beim Musterungsgespräch die Bausoldaten als Alternative ins Gespräch gebracht hatte. Zuvor, im April 1976 war ich gemeinsam mit sieben Schulfreunden das erste Mal von der Stasi „zugeführt" worden und dieser Kunze schien Kenntnis davon zu haben. Ich sprach ihn darauf an und bat ihn, mein schmales Reclam-Bändchen *Brief mit blauem Siegel* zu signieren. Vier Tage später reiste ich ihm nach. Er las in der Katholischen Kirche in Greiz, keine fünfunddreißig Kilometer von Gera entfernt. Dass ich damals in Greiz gemeinsam mit Günter Ullmann Kunzes Worten lauschte, war mir nicht bekannt. Vor knapp zwanzig Jahren erfuhr ich es – erfuhr es aus den Akten.

Noch 150 Kilometer zeigt mir das Navigationssystem, „dann haben Sie Ihr Ziel erreicht". Eineinhalb Stunden: ich werde zu zeitig eintreffen. Viel zu zeitig. Aber ich kann warten. Irgendwo in Mitte im Café oder andernorts. Wir werden sehen.

„Mit dem Tod von Christa W. ging eine Epoche zu Ende", sagt der Sprecher im Radio, während ich nach der Thermoskanne mit Jasmintee fingere. Zwischen den Passagen spielt Hélène Grimaud die Sonata No. 2 von Chopin. Mehr als drei Minuten schwebt ihr Piano sehnsüchtig verloren über der Autobahn. Blaue Schilder, weiße Schrift. Endlos gezogene Streifen begleiten uns, gesäumt vom Grün der Fichten und Tannen rechts und links der Fahrbahn. Dann fällt mir ein, dass die Pianistin Tonarten als Farben sehen könne. Irgendwer schrieb darüber im Feuilleton der ZEIT oder anderswo. Blau ist d-moll und G-Dur sieht sie grün.

Kunzes Texte hätten weiße Töne. Ein intimes und sanftes Weiß.

Ich fahre über die Bundesautobahn von Heilbronn in Richtung Nordosten. Nürnberg und Hof liegen hinter mir. Fast siebenhundert Kilometer sind es von Tübingen bis Berlin. Früher fuhr ich die Strecke öfters. Ich sehe die Landschaft an mir vorbeiziehen, das alte Chemiedreieck Leuna, Buna, Bitterfeld, dann Delitzsch, Wolfen, Dessau, den leicht blau verhangenen Himmel, und ich denke, dass ich mehr als zehn Jahre nicht hier in der Gegend gewesen bin.

Als ich die DDR verließ, nach acht abgelehnten Studienanträgen und nach 56 vergeblichen Ausreiseanträgen war Kunze im Gemeindezentrum Gera-Lusan ein fester Gast. Sonntags in den Predigten von Roland Geipel, Dienstag und Donnerstag im Arbeitskreis Literatur und in der Friedenswerkstatt, die ich damals leitete. Seine Zitate begleiteten uns wöchentlich. In der Kirche und in den Akten.

In Tübingen, fast eineinhalb Jahre vor jenem 9. November, trafen wir uns wieder. Er las im Hölderlin-Turm. Gute Freunde, die russischen Dissidenten Lew und Lydia Druskin waren mit mir gekommen. Ich hatte für Kunze geworben und ihnen Gedichte vorgelesen. In Hölderlins Exil mit Blick auf den Neckar sprachen wir über Poesie und über die Kunst des Übersetzens. Ein halbes Jahr später lud ich Kunze ein, in mein erstes DDR-Literatur-Seminar sollte er kommen, das ich damals, nicht wissend was kommen würde, im Sommersemester '89 gemeinsam mit Jürgen Hauff gab. Liebvoll schrieb er zurück, dass wir einander an anderer Stelle im Tübinger Kupferbau sehen und sprechen könnten, weil er dort im April eine Poetikvorlesung halten werde. *Das weiße Gedicht* war in Vorbereitung und er rezitierte daraus. Seitdem schrieb ich ihm hin wieder, schickte die ersten Erzählungen in AGONIE, NDL oder OSTRAGEHEGE und bekam liebevoll knapp stets seine Antwort.

Im Radio jammert Neil Young. Ich kenne den Song von meines Bruders Plattenssammlung. „Helpless", heißt der Titel, ein stilles, verschwiegenes Lied. Grau-schwarzes Faltcover: After the Goldrush. Ein junger Hippie und eine zahnlose Alte auf dem Foto.

Dann sprechen erneut die Experten im Radio: „Sie konnte abweisend und unnahbar sein", antwortet ein Journalist im Radio auf die Frage des Moderators „Wie Christa W. denn nun wirklich gewesen sei?". „Abweisend, zu westlichen Journalisten", betont er immer und immer wieder und erzählt von sich und wie ihm Unrecht getan worden sei von ihr mit den stets abgelehnten Anfragen fürs Interview. Gekränkte Eitelkeit, denke ich mir, nein schlimmer noch: gekränkte männliche

Eitelkeit, während ich den beiden im Radio zuhöre. Sie philosophieren über die Nationalpreisträgerin und diskutieren darüber, wie nah sie dem Nobelpreis für Literatur tatsächlich gekommen sein könnte. Dann reicht er die Frage weiter zu Biermann, schließlich zu Kunze.

Bei der Hans-Sahl-Preisverleihung saß ich für Stunden neben ihm. In Berlin, nahe der Friedrichstraße an einem schönen Spätsommertag. Der Abend ließ Erinnerungen vor Augen treten. Die Goethestraße, Roland Geipel, Utz Rachowski, Lew Druskin und schließlich der Hölderlin-Turm.

Von Westafrika schickte ich meinen ersten Roman. Wie immer kam die Antwort rasch und es tat gut, seine Stimme aus den Zeilen zu hören.

Noch fünfzehn Kilometer bis zur Behörde. Das Ortsschild Berlin ist auf der Avus passiert und ich frage mich, ob ich in den Jahren in Afrika zu lange versucht habe, die Vergangenheit zu vergessen, ob es nicht längst an der Zeit ist, zurück zu blicken, auch wenn ich zu viel von der Wirklichkeit gesehen habe. Das Gefühl stark und nicht ohnmächtig zu sein kommt in mir auf und auch das verdanke ich Kunze.

VERS ZUR JAHRTAUSENDWENDE

Wir haben immer eine wahl,
und sei's uns denen nicht zu beugen,
die sie uns nahmen

Karl Corino

Die wunderbaren Jahre
Gründe, Hintergründe, Abgründe

Auf der Leipziger Fühjahrsmesse 1976 vertraute mir Reiner
Kunze das Manuskript der „Wunderbaren Jahre" an. Gleich-
zeitig hatte er es seinem auf der Messe vertretenen Verlag S.
Fischer übergeben und die Versicherung erhalten, er werde
binnen Wochenfrist Bescheid über Annahme und Veröffent-
lichung erhalten. Da ich in meinen PKWs, war es nun ein
Dienstwagen des Hessischen Rundfunks oder ein privates
Fahrzeug, keine Verstecke für Manuskripte besaß, musste
ich sie im normalen Reisegepäck transportieren und saß am
Grenzübergang Eisenach natürlich auf Kohlen, als die üblichen
Kontrollen stattfanden: Öffnen des Kofferraums und der Mo-
torhaube, Herausnahme der Sitzbank im Fonds, Spiegelung
des Wagenunterbodens, Auslotung des Benzintanks usw.
Nein, ich schmuggelte keinen eingeschweißten DDR-Bürger,
ich hatte nur Konterbande bei mir, aber die hatte es in sich. Es
ging gut, ich brachte den brisanten Klemmbinder mit nach
Hause, nach Bad Vilbel, und las die Texte gleich am ersten
Abend meiner Frau und meiner Schwiegermutter vor. Es dauerte den ganzen Abend, und bald war klar: hier tickte eine
literarische Zeitbombe.

Die von S. Fischer zugesagten acht Tage für die Prüfung des
Manusripts waren vergangen, aber aus Greiz kam kein Signal,
es habe in Frankfurt ein Placet gegeben. S. Fischer hatte sich
damals einen neuen Cheflektor aus den USA verschrieben: einen gebürtigen Österreicher, wenn ich mich recht erinnere, der
drüben als Bibliothekar gearbeitet hatte und mit den prekären
deutsch-deutschen Verhältnissen wohl noch nicht sonderlich
vertraut war und der schon gar keine Ahnung haben konnte,
welche Maßnahmen das MfS womöglich vorbereitete. War es

eventuell schon im Besitz des Manuskripts? Denn es lag nahe, dass Kunzes Greizer Wohnung in der Franz-Feustel-Straße 10 gelegentlich durchsucht wurde und sein Schreibdomizil im Giebel eines Leininger Bauernhauses unter Beobachtung stand. Der Autor ließ zwar jede erdenkliche Vorsicht walten, verbrannte die Vorstufen seiner Prosa aufs Sorgfältigste und versteckte das Fertige jeweils unter den Steinen einer Presse o.a. Aber konnte man vor der Findigkeit von Mielkes Truppe sicher sein?

Tatsächlich zeigte sich nach Öffnung der Stasi-Akten: das MfS war seit 25. Juni 1975 über Kunzes Projekt informiert. Er beschäftige sich „mit dem, was in jungen Menschen vorgeht, hier, heute - oft nur Nuancen, die aber ein Leben in ein bestimmtes Gleis lenken oder es in die Schlinge bringen können". Er schreibe einen schmalen Band kurzer Prosa, und vielleicht werde es ihm gelingen, ihn Ende 1976 abzuschließen. So rechneten die Sbirren vielleicht mit einem längeren Vorlauf und ahnten nicht, das Buch könne schon im Frühjahr 1976 druckfertig sein.

Nun, wir agierten alle in einer black box, aber es war klar: wir im Westen mussten mindestens auf die Faktoren einwirken, die wir beeinflussen konnten. So rief ich an einem Montagnachmittag, eine Woche nach Messe-Ende den Cheflektor des Fischer Verlags an und bat ihn um einen dringenden, einen sofortigen Termin. Der freundliche Herr entsprach meinem Begehren und empfing mich kurze Zeit später in Frankfurt -Sachsenhausen. Er bestätigte zunächst. Reiner Kunze habe noch keine Zusage. Daraufhin versuchte ich ihm klar zu machen, es komme gerade in diesem Fall darauf an, das Versprechen einer raschen Prüfung pünktlich einzuhalten. Und da Kunze mit den „Wunderbaren Jahren" Kopf und Kragen riskiere, habe der Fischer Verlag „kein Recht auf Feigheit". (An diese Formulierung erinnere ich mich ziemlich genau!) Ich weiß nicht, ob bei der gegebenen ärgerlichen Verzögerung geschäftliche Überlegungen (kostengünstige Druckaufträge in der DDR, gefährdete Lizenzen bekannter DDR-Autoren) eine Rolle spielten oder ob es nur ein kleiner deutsch-österreichischer Schlendrian war. Jedenfalls machte ich dem guten, etwas verdutzten Mann die papierene Hölle heiß und bat ihn inständig, Kunze schnellstmöglich ein positives Signal zukommen zu lassen. Er versprach, sein Bestes zu tun und wir schieden. Am nächsten oder übernächsten Tag bekam ich Nachricht (Telegramm?) aus Greiz, man sei sich einig (das Original schlummert wohl noch auf meinem Dachboden).

Nun galt es, sich auf die Publikation der „Wunderbaren Jahre" im Herbst vorzubereiten. Unter den versammelten Texten gab es einen, der geradezu nach künstlerischer Umsetzung schrie, weil er – vergleichbar Celans „Todesfuge" und „Engführung" – seinerseits musikalische Strukturen sprachlich nachahmte: das „Orgelkonzert". Kunze, ein großer Musik-Liebhaber und in seiner Jugend Geigenspieler, hatte sich schon zuvor in den „Bringern Beethovens" mit der politischen Instrumentalisierung von Kompositionen zum Zweck der Unterdrückung auseinandergesetzt. Nun zeigte er, wie die Musik auf der Königin der Instrumente in den Provinzstädten der DDR zum Kristallisationspunkt jugendlichen Widerstandes wurde. Das Zusammenspiel von vier Textsäulen, das an die vierstimmige Fuge erinnerte, lud förmlich ein, sie mit vier verschieden timbrierten Sprechstimmen zu besetzen, mit Sopran, Alt, Tenor und Bass und sie zusätzlich mit einem bekannten Orgelstück Johann Sebastian Bachs, der Toccata und Fuge in d-moll zu unterlegen. Die Regisseurin Sylvia Molzer ließ die Musik phasenweise verzerren, um die politischen Störgeräusche anzudeuten. Als Reiner Kunze später die Ausstrahlung hörte, schien ihm das Ergebnis wohl nicht durchgehend geglückt. Immerhin hat kein anderer Sender dieses radiophone Experiment gewagt.

Eine andere Überlegung war, den ganzen Text der „Wunderbaren Jahre" vom Autor auf Band sprechen zu lassen und die Bänder bei Erscheinen des Buchs allen bundesdeutschen Rundfunk-Anstalten zur Verfügung zu stellen. Die ARD hatte damals in der Ost-Berliner Schadowstraße 6 ein Studio, in dem sich dies realisieren ließ, auch wenn damit zu rechnen war, die Stasi kontrolliere heimlich Eingang und Ausgang und habe womöglich Wanzen installiert, schnitte heimlich mit.

Als Kunze die Aufnahme gemacht hatte, rief ich in der Schadowstraße an und fragte, wie lang sie sei. Lautstark und wenig konspirativ verständigten sich Sekretariat und Technik, so dass es jeder im Raum hören konnte:

„Drei Stunden und zehn Minuten".

Ich hatte kaum aufgelegt, als das Telefon klingelte und sich ein DDR-Autor meldete, der der „Peterle auf allen Suppen" war, sprich: der so oft wie wohl kein anderer die Bundesrepublik bereiste und in allen wichtigen Redaktionen aus- und einging. Auch mich hatte er seit der Einrichtung meines Magazins „TRANSIT. Kultur in der DDR" fleißig kontaktiert, ein eloquenter, wenngleich problematischer Gesprächspartner. Nun also seine geschmeidige Stimme im Hörer. „Ich bin gerade zufällig in der Schadowstraße und würde Sie gern demnächst mal besuchen!" 'Komm Du nur', dachte ich bei mir, stellte es ihm frei und legte auf. War der Herr womöglich öfters rein zufällig im ARD-Studio, wenn es um heikle Themen ging, stellte die Lauscher in den Wind und reiste dann wieder als commis voyageur östlicher Kulturpolitik in den Westen?

Tatsächlich erschien er bald darauf im Funkhaus am Frankfurter Dombusch und bot ein Interview über seine Klassiker-Bearbeitung an, die an einer Provinzbühne Premiere hatte. Ich ließ ihn vor dem Mikrophon meine Reserve spüren, brachte ihn aber höflich, angesäuert wie er war, zu seinem Taxi beim Pförtner. Schon mit einem Bein im Taxi musste er offenbar noch seine Frage los werden: „Sie wollen wirklich drei Stunden und zehn Minuten Kunze senden?" „Das müssen Sie schon mir überlassen", antwortete ich und er fuhr davon.

Im Frühling und Sommer 1976 verschärfte die Stasi die Gangart gegen Reiner Kunze inclusive seinen Freundes-/ Bekanntenkreis. Das Konzept wurde erstmals deutlich, als die Geraer Bürgerrechtler seine Stasi-Akte fanden und im Dezember 1990 Auszüge daraus unter dem Titel *Deckname 'Lyrik'* erschienen. Dem MfS war im Frühjahr 1976 verdächtig, dass der Autor versuchte, seine Gesundheit zu stabilisieren, „um sich auf eine uns noch unbekannte Auseinandersetzung vorzubereiten" (Aktennotiz Gera vom 19. April 1976). Es verschaffte sich deshalb Einsicht in Kunzes Krankenakte und vertrauliche medizinische Unterlagen im Kreiskrankenhaus Schleiz (25. Mai 1976). Gegen zwei „Kontaktpersonen" Kunzes, Jürgen P. Wallmann und mich sowie gegen den Herausgeber der *europäischen ideen*, Andreas W. Mytze, erschien ein anonymer Schmähartikel im „Stern", der direkt aus der Desinformationsabteilung des MfS gekommen sein muss. Er warf den Dreien schwunghafte Geschäftemacherei auf Kosten von DDR-Autoren vor und der wahre Kern war, dass Mytze in seiner Zeitschrift gratis Rundfunk-Interviews nachdruckte, um sie zitierbar zu machen. Jochen und Usch Stein aus Leipzig, in deren Wohnung (meinem Messequartier) ich laut Stasi auch Interviews mit Reiner Kunze aufgezeichnet hatte (Aktennotiz Gera vom 20. August 1976), sollten in den Sommerferien 1976 mittels eines lächerlichen Waffendelikts von Seiten des Sohnes zur inoffiziellen Mitarbeit gepresst werden. Vergeblich.

Seit Anfang September war das MfS unterrichtet über das Erscheinen der „Wunderbaren Jahre". Der Verlag S. Fischer hatte eine große Pressekonferenz gegeben (auf der auch umfangreiche Proben aus den Tonbändern des Hessischen Rundfunks geboten wurden) und der in der DDR weithin gehörte Deutschlandfunk hatte am 1. September darüber berichtet. Zitiert wurde in der Sendung auch ein Brief Reiner Kunzes an die Verlegerin Monika Schöller:

„Nach Erscheinen dieses Buches rechnen wir, meine Frau

und ich, mit jeder möglichen Maßnahme, die eine Regierung gegen einen Schriftsteller treffen kann. Wir hoffen, dass uns das Schlimmste erspart bleibt, aber auch darauf bin ich vorbereitet. Seien Sie jedenfalls versichert, dass ich meinen Teil gründlich bedacht habe."

Das hatte etwas von Luther auf dem Reichstag zu Worms „Hier stehe ich, ich kann nicht anders". Und Kunze besaß zwar einen Wartburg, aber es wartete keine Wartburg im Hintergrund, auf der er versteckt und beschützt vor seinen Feinden hätte überdauern können. Den einzigen fragilen Schutz bot die westliche Öffentlichkeit. Es ist wohl kein Zweifel, ein junger unbekannter Autor wäre nach einem solchen Buch von der DDR in Haft genommen worden, wie es wenig später Jürgen Fuchs widerfuhr.

Freilich wäre es naiv zu glauben, die DDR hätte *Die wunderbaren Jahre* widerspruchslos hingenommen. Wenn man Kunze schon nicht einschließen konnte, so doch wenigstens ausschließen - aus dem Schriftstellerverband nämlich. Und sie versuchte, publizistisch dagegenzuhalten. Es reiste der schon genannte commis voyageur an und bot einer der Frankfurter Zeitungen ein Interview an, behielt sich die Schlussredaktion der Abschrift vor und war prompt so unzufrieden damit, dass er ein fertiges Manuskript aus der Tasche zog und es als Ersatz anbot. Als die Zeitung dies ablehnte, bot er es einer süddeutschen ARD-Anstalt an. Er fühlte sich durch Kunzes Texte, wenn ich mich recht erinnere, an Dostojewskis *Besessene,* an Gerhart Hauptmanns *Narren in Christo,* an die Endzeitgeschichten Becketts erinnert - was den Sender nicht hinderte, dies als solidarische Kritik zu qualifizieren.

Und damit nicht genug: der Schriftstellerverbandsvorsitzende Hermann Kant ließ sich nach einer Lesung in West-Berlin zur causa Kunze befragen, mokierte sich über Suizidabsichten der Tochter Marcela Kunze (die man nach ihrer Flucht aus Greiz offiziell gesucht und schließlich mit einem jungen Mann im Heu gefunden habe), über die Tatsache, dass Kunze nicht an der Sitzung teilgenommen habe, bei der er aus dem Verband ausgeschlossen wurde, und schließlich empörte er sich über den Text „Schießbefehl", in dem einer Mutter nur noch die Asche ihres an der Grenze erschossenen Sohnes überlassen wird. Dies sei ein Versuch, die DDR in die Nähe von Praktiken der Nazis zu rücken.

Georg Friedrich Kühn, ein regelmäßiger Mitarbeiter meines Magazins „Transit", schnitt diese Äußerungen mit, ich ließ sie abschreiben und schickte die Blätter an den Betroffenen. Er antwortete prompt und in der nächsten Sendung konnten sich die Hörer anhand von Schnitt und Gegenschnitt ihre eigene Meinung bilden. Es wurde klar: Kunze konnte die Situation und die Verzweiflung seiner Tochter besser einschätzen als Kant; er hatte an der Ausschluss-Sitzung des Verbands nicht teilgenommen, weil ihm nach den Vorgesprächen klar war, die Sache sei unabänderlich und bei der angeblich so infamen Urnen-Geschichte legte er seine Quelle offen, nannte den Namen der (inzwischen verstorbenen) Mutter und berief sich auf Zeugen. Die Gegendarstellung war schlagend und so überzeugend, dass Günther Rühle sie in der FAZ nachdruckte. Man sieht, es gab in bestimmten Fällen eine Art von informellem Medienverbund über politische Grenzen hinweg, etwa zwischen dem angeblich „linken" hr und der „rechten" FAZ.

Es wäre indes ein Irrtum zu glauben, mit Kunzes Übersiedlung in den Westen (1977) oder mit dem Untergang der DDR 1989/90 hätten die Attacken der alten Kader ein Ende gefunden - im Gegenteil, sie empfanden sich als die Angegriffenen und bemühten nun ihrerseits eifrig die Justiz des von ihnen lange verachteten Rechtsstaats.

Hermann Kant z. B. veröffentlichte 1990 ein autobiographisches Buch „Abspann", das sich streckenweise wie ein Märchenbuch las, etwa im Hinblick auf seine Kontakte mit Geheimdiensten. So will er z. B. die Offiziere dreier um ihn konkurrierender Geheimdienste gleichzeitig in ein Lokal bestellt und sich so unrettbar dekonspiriert, sprich: eine Anwerbung verhindert haben. Auch rühmte er sich, nie an der Ausbürgerung unliebsamer DDR-Künstler beteiligt gewesen zu sein.

Als ich das Werk für das Buch-Journal des Börsenvereins rezensierte, wies ich auf eine Aktennotiz des MfS vom 13. 10. 1976 hin, die in *Deckname 'Lyrik'* abgedruckt war (S. 72). Dort hieß es: Nach Angaben des Schriftstellerverbandssekretärs Henninger sei beim geplanten Ausschluss Kunzes aus dem Verband (3. November 1976) mit keinerlei Schwierigkeiten zu rechnen, da Hermann Kant und Erwin Strittmatter der Ansicht seien, es sei Zeit, Kunze auszuweisen.

Als Kant meine Besprechung las, hatte er nichts Eiligeres zu tun, als nach Hamburg zu eilen und mich, Reiner Kunze, dessen Verlag S. Fischer und den Börsenverein des Buchhandels auf Unterlassung des incriminierten Zitats zu verklagen. Der Gang des Prozesses lässt sich mit den notwendigen Vergröberungen in etwa so zusammenfassen: die Hamburger Richter waren der Ansicht, die Aktennotizen des MfS seien keine Urkunden im Sinne des BGB und verdienten keine Glaubwürdigkeit, wenn die angeblichen Gewährsleute der Stasi den Papieren widersprachen. Das taten Kant und sein Zeuge Henninger, natürlich unter Leugnung diesbezüglicher Kontakte mit dem Ministerium für Staatssicherheit. Und schon hatten die vier Beklagten den Prozess verloren. Unter Androhung einer Buße von 500 000 DM wurde diesen untersagt, die Stasi-Notiz vom 13. Oktober 1976 noch einmal zu zitieren. Wir Maulkorbträger brachten es auf die Formel: Herr Kant ist ein Ehrenmann und die Akten lügen.

Noch während wir prüften, ob wir Widerspruch einlegen gegen das Urteil, brachte der „Spiegel" einen langen Artikel über Kants vieljährige IM-Tätigkeit: seine umfangreiche Akte war gefunden worden. Daraufhin lud mich die „Süddeutsche

Zeitung" ein, für ihr Feuilleton Einblick in diese Akte zu nehmen und die Berichterstattung des „Spiegels" zu überprüfen. Das tat ich, der „Spiegel" hatte recht, aber das Ergebnis gefiel der SZ nicht, sie verweigerte den Druck meines Artikels. Erfreulicherweise sprang die „Frankfurter Rundschau" in die Bresche und brachte den Text auf einer ganzen Seite.

Dies wiederum nahm Michael Naumann, seinerzeit Verlagschef bei Rowohlt, zum Anlass, mir den Vorschlag zu machen: „Legen Sie Ihre Musil-Biographie mal ein Weilchen zur Seite und machen Sie uns eine ausführliche Dokumentation über Kants Akte." Die schien mir in der Tat sinnvoller als eine Wiederaufnahme des Gerichtsverfahrens, denn selbst ein gewonnener Prozess gerät bald in Vergessenheit, die Prozessakten sind schwer zitierbar. Dagegen ein Buch ...

Als es im Herbst 1995 nach zweijähriger Arbeit und sorgfältiger Kommentierung erschien, beendete es zwar nicht Kants Leugnung seiner IM-Tätigkeit, aber er wagte es nicht mehr, vor den Kadi zu gehen.

Den drei Hamburger Richtern schickte ich je ein Exemplar des Buches, sozusagen als Fortbildungsmaßnahme. Prompt bekam ich sie zurück mit der Begründung, Richter dürften zur Wahrung ihrer Unabhängigkeit keine Geschenke annehmen. Ich war so verdutzt, dass ich nicht auf die Idee kam, den Herren zu schreiben: kein Geschenk, nur eine Dauerleihgabe!

Lutz Rathenow

Begegnungsblitze

Diese ganz ruhige, beharrliche Kühnheit in den Worten – und die Worte auf Blättern, die andere abgeschrieben hatten, weil es die Gedichte nicht als Buch zu kaufen gab. Niemals wieder las ich so viele per Hand oder per simpler Schreibmaschine vervielfältigte Texte wie in den siebziger Jahren jene von Reiner Kunze oder Wolf Biermann. Erst wer ein Gedicht abschrieb und auswendig lernte, inhalierte es wirklich, eignete es sich an.

Ja, er saß allein am Tisch im Schriftstellerverband. Zum allerersten Mal fuhr ich mit dem fast schon exmatrikulierten und bald als verhafteten DDR-Schriftsteller in die West-Öffentlichkeit tretenden Jürgen Fuchs nach Weimar zu einer Einladung des Schriftstellerverbandes. Wir waren Gäste. Bis auf den Dichter Wulf Kirsten wollte offenbar keiner mit Kunze reden. „Wir setzen uns zu ihm", sagte Jürgen Fuchs fröhlich entschlossen, und ich durfte einem Menschen von großer Freundlichkeit, vorsichtiger Herzlichkeit begegnen. Einer, der nicht viel sagte in dieser Situation, uns aber sofort ernst nahm und Interesse am anderen ausstrahlte. (Kurz darauf lud man Jürgen Fuchs nicht mehr nach Weimar ein, dann bekam ich auch keine Einladungen mehr und musste/durfte den jämmerlichen Rausschmiss des Greizer Dichters aus dem Verband nicht mehr erleben.)

Dieser wunderbare Ernst eines Menschen und in seinen Versen geläutert durch eine große Gelassenheit, Dichter und Gedichte hatten so gar nichts Verdrucktes, Gebeugtes – aber ihnen fehlte auch jede Lärmbereitschaft, die Worte sollten einfach für sich sprechen.

Erhellende Metaphern, die den Verstand anregen. Das Gefühl zu fliegen, ohne von der Erde abgehoben zu sein.

Und dann sein Gedichtband in der DDR, den alle, aber auch alle zu lesen schienen. Der Dichter selbst trat durch die Texte fast zurück, sie lebten unabhängig von ihm und strahlten mehr als in den Texten anderer Lyriker eine Ahnung von dem aus, wie Verdichtung und Dichtung einander brauchen. Das Gedicht als unmittelbarster Ausdruck sprachlicher Intensität, eine Zeile kann ganze Zeitungsberge aufwiegen, sie schützte vor den Anmaßungen der Welt. Nein, ich werde keine seiner Zeilen zitieren in diesem Text – sie sollten für sich gelesen werden: nicht zwischen Deutungsprosa dazwischen geklemmt. Reiner Kunze ist bis heute ein großer Dichter geblieben, der in seinen Kindergedichten (Verse über das Menschenkind in einem jeden) oder auch in spannungsvollen Zeilen über die USA immer bewiesen hat, dass er keine DDR als Resonanz- und Erlebnisraum brauchte, um immer wieder ein Dichter zu sein. Manche wollten und wollen das so nicht wahrnehmen, weil sie sonst eigene Vermutungen revidieren und damit die eigene Vermutungsfähigkeit in Frage stellen müssten.

Und dann das Jahr der „Wunderbaren Jahre", plötzlich war er ein Bestseller-Autor (im Westen) und ein richtig verbotener Autor im Osten, bis man ihn schließlich aus der DDR hinausekelte. Andere kamen für das Weiterreichen des Buches ins Gefängnis – ein Buch, das gerade in der „Offenen Jugendarbeit" und anderen Kreisen der Evangelischen Kirche eine große Wirkung entfachte: Die kurzen Texte (in der Tradition vieler deutscher Miniaturen von Lessing und Hebbel bis Günter Eich) handeln alle auch von Angst und Angstüberwindung. Sehr schön, sehr erhellend, wie er Erlebnisse seiner Tochter eingebaut hat – eine interessante junge Frau, die ich immer wieder einmal auf der Post in Jena (da arbeitete sie) oder in der kommuneähnlichen Gemeinschaftswohnung traf, in der sie lebte. Wer Kinder hat, erlebt die ihn umgebende Gesellschaft eben noch einmal anders. Er macht Erfahrungen, die er allein oder kinderlos zu zweien nicht machen würde.

Die wunderbaren jahre sagen einiges aus über eine DDR, in der vieles im Machtgefüge porös geworden und dennoch weiter bedrohlich gefährlich war. Der Dichter zeigte seine Unberechenbarkeit, indem er sich gestattete, die Lyrik einfach einmal zu verlassen, ohne sie zu vergessen. Und wie schon angedeutet: Unter Autorenkollegen hielt sich die Begeisterung über den Band – sicher aus verschiedenen Gründen – in Grenzen. Ich kenne aber Jugendliche aus nicht so literaturinteressierten Kreisen, für die mit diesem Kunze-Buch Literatur in der DDR interessant zu werden begann.

Ich setzte mich mehrfach auf Lyrikschreibentzug – und bin immer rückfällig geworden.

Der Reiz seiner Prosa – auch der späteren: ähnlich und doch anders als in den Gedichten: Intensität, das Erhoffte im Unerwarteten.

Ein Gedicht habe ich ihm gewidmet – vor gar nicht so langer Zeit:

> Der wirkliche Dichter
>
> > für Reiner Kunze
>
> Der wirkliche Dichter
> schreibt nicht.
> Nein, er schreibt nicht.
> Er fühlt ein Bild
> und weint vor Glück.
> Er würde vertreiben sein Gedicht,
> wenn er mit dem Text begänne.

Aber Reiner Kunze soll doch noch das letzte Wort in diesem kleinen Text bekommen: keine Prosa und schon gar kein Gedicht, auch keines seiner vorzüglich nach- und eigentlich neugedichteten aus dem Tschechischen, auch nichts aus seinen wenigen wunderschönen Büchern für Kinder – sondern ein Essay aus dem Jahr 1965. Entdeckt in der Zeitschrift *ndl*, die kurz vor dem 11. Plenum mit seinen Verboten den Autor doch einmal in die Zeitschrift des DDR-Schriftstellerverbandes hereinließ: *Maßstab und Meinung* hieß der Text, der als Genre voller Understatement „Fünf Anmerkungen" notierte. Zwei Seiten, die ich in der Bibliothek abschrieb und dann abtippte. Zwei Seiten, die einen hellwachen Autor vorführen, der den Leser in jedem Satz zur Neugier verführt. Ein Satz aus der Anmerkung vier:

> „Manchem, der glaubt, über Poesie den Stab brechen zu dürfen, sollte zumindest die Hand ein wenig zittern."

Franz Hodjak

Brief mit blauem Siegel
DDR- und rumäniendeutsche Dichtergärten

Schon als Student las ich neben anderer Literatur, eifrig auch die gute nichtkonforme Literatur der DDR (Jurek Becker, Christa Wolf, Heiner Müller, Bobrowski, Kunert, S. Kirsch, V. Braun, Kunze, Kirsten, Czechowski, A. Endler, E. Erb, R. Kirsch u.a. bis zu den damals Jüngesten).

Besonders gefiel mir Reiner Kunze. Und so war die nachstehende Rezension in der rumänischen Zeitschrift „Neue Literatur" im Juli 1974 auch eine Art Hommage an den mutigen Kollegen, über alle Grenzen hinweg.

Das besondere Interesse des Rezensenten an der jüngeren DDR-Lyrik beruht nicht allein auf seiner subjektiven Überzeugung, dass die Leistungen ihrer bedeutendsten Vertreter zum Besten gehören, was die deutsche Lyrik in den letzten Jahren hervorgebracht hat, sondern auch auf einigen Gemeinsamkeiten mit der jüngeren rumäniendeutschen Lyrik, denn mindestens zwei Faktoren, die immerhin wesensbestimmend wirken, sind den beiden Literaturen gemeinsam, nämlich: Die Sprache und das Gesellschaftssystem. Dialektisch betrachtet, lässt sich aber leicht erkennen, dass in diesen zwei Faktoren nicht nur das Gemeinsame, sondern auch ein Unterscheidendes liegt. Denn das gleiche Gesellschaftssystem beinhaltet auch verschiedene Realitäten, aus denen es selbst erwachsen ist und die es seinerseits gezeigt hat. Und ebenso sind in der gleichen Sprache in gewissem Maße auch verschiedene Traditionen gespeichert, die ihrerseits geschichtsbedingt sind. Wenn sich nun dem Rezensenten bei Betrachtung über DDR-Lyrik Parallelen zu unserer Lyrik geradezu aufdrängen (auf die dann letztlich doch nur angespielt wird), so kommt das nicht gerade von ungefähr, sondern eben von diesen Gemeinsamkeiten, die durch Sprache und Gesellschaftssystem gegeben sind und die viel mehr als bloß eine Möglichkeit komparatistischer Überlegung bieten. Die Ähnlichkeiten in der Verschiedenheit und die Verschiedenheiten in der Ähnlichkeit der DDR-Lyrik hier und heute.

Der entschiedene und entscheidende Einfluss Brechts auf die deutsche Lyrik wurde von der jüngeren Lyrikergeneration in der DDR dialektisch neu verarbeitet und zu einer ihr unverkennbar eigenen Ausdrucksweise weiterentwickelt. In dieser schöpferischen Assimilation und Weiterführung der durch Brecht eröffneten Möglichkeiten in der lyrischen Sagweise lassen sich grundsätzlich zwei Tendenzen aktivisierender Lyrik – selbstverständlich mit noch unzähligen Spielarten – erkennen, deren Hauptvertreter einerseits Kunert und andererseits Kunze sind.

Kunert verwertet den aphoristischen Zug, die Distanz zum Objekt, vor allem aber das Prinzip der Gegensätzlichkeit aus Brechts Lyrik für sich und verarbeitet diese im Gedicht zu unverkennbar prägnanter Wortakrobatik und Denkgymnastik, zu dialektischen Purzelbäumen („... und kein Tod / holt den Widerspruch, dessen Unsterblichkeit / der Tod beweist", ndl 6/73, S. 38), die er mit einer äußerst nüchternen, unterkühlten Metaphorik mixt.

Kunze hingegen übernimmt einerseits die schlichte Ausdrucksweise Brechts, die auch bei ihm durch ihre Treffsicherheit einfach verblüffend wirkt, und andererseits den melancholisch-bitteren Unterton vieler früher und einiger späterer großer Gedichte des Meisters und verschmilzt diese mit einer ebenfalls unverwechselbaren, aber sensibilisierten metaphorischen Sprechweise (die zuweilen an Huchel erinnert), die sich jedoch – und das sei besonders betont, man weiß schon warum – in keinerlei spekulative Metaphysik einlässt.

Hat der eine also aus den Dur-Akkorden, so hat der andere aus den Moll-Akkorden Brechts gelernt, und was bei Kunert aggressiv, mit Verfremdungseffekten vermittelt wird, wird bei

Kunze verhalten, aber unmittelbarer vorgetragen. Was aber beiden, und auch vielen anderen jungen DDR-Lyrikern, ob sie sich nun in die eine oder andere Tendenz oder in Interferenzzonen hineinschreiben, gemeinsam ist, das ist das besonders ausgeprägte Bewusstsein ihrer Verantwortung vor der Zeit, aber auch vor der Zeit danach. Alle beschäftigt – wie Brecht es schon treffend benannt hat – das Einfache, das schwer zu machen ist. (Dabei wird dies oder jenes befürwortet, das eine oder andere beanstandet, so oder so gesagt – doch wird Stellung genommen, Evasion gibt es nicht.)

Zu den in den letzten Jahren vom Reclam Verlag herausgebrachten Auswahlbänden von Vertretern der jüngeren DDR-Lyrik, die sich zu wahren geistigen Erlebnissen für den Leser gestalteten, kann man neben denen von Günter Kunert und Volker Braun nun auch den von Reiner Kunze zählen. Die bewährte Universal-Bibliothek-Reihe bietet in diesem Band erstmals anhand einer Auswahl von 81 Gedichten eine reichere Übersicht über die lyrische Produktion dieses eigenwilligen Dichters.

Einen wesentlichen Teil des Bandes machen die Landschaftsgedichte aus, denen auch im gesamten Schaffen des Dichters eine erstrangige Bedeutung zukommt. Die Landschaften in Kunzes Gedichten sind nicht allgemeine Naturentwürfe, sondern konkret lokalisierte Landschaftsbilder, auch dann, wenn sie als Zeichen für geistige oder seelische Vorgänge oder Zustände stehen. Die Landschaftselemente werden nicht aus ihren konkreten geographischen, geschichtlichen, zivilisatorischen Zusammenhängen herausgelöst und zu Allerortslandschaften zurecht stilisiert, sondern, im Gegenteil, Kunze ist bemüht, die eigene Physiognomie einer erlebten Landschaft in den Besonderheiten ihrer Details festzuhalten:

> Noch nie war der fuß des felsens golden,
> zwischen dessen zehen die bierfässer ruhen
> im gasthof Tisá
> (aus: TRINKGELD)

Die Margareteninsel,
entbunden des keuschheitsgelübdes, spreizt
die schenkel ihrer brücke, der himmel
ein männerauge

Zwischen ferse und schulter
ein einziger bogen, erinnert ans lieben
die brücke der brücken
mit deinem namen
(aus: DIE BRÜCKEN VON BUDAPEST, Für Elisabeth)

Kronstadt, angeschmiedet
an den fuß der Karpaten ..."
(aus: KLEINE REISESONATE)

Bei Mêlnik lädt die Moldau
ihr stück himmel in die Elbe ab ...
(aus: NACH EINEM REGEN IN MÊLNIK)

Die zeit
fällt aus den fichten als
reine zeit

Die losung des wildes ist
die einzige
(aus: KOTTENHEIDE)

Es geht Kunze nicht um spekulative Reflexion über gewisse Probleme schlechthin, sondern um ihre exakte Beleuchtung aus konkreten historischen Gegebenheiten und Bedingtheiten heraus, ein Problem wird nicht abstrakt, zu einem Ewigkeitswert stilisiert abgehandelt, sondern in seinen spezifischen Formen, die es jeweils durch die bestimmten Gesellschafts- und Zeitumstände annimmt, untersucht.

Und dadurch, dass allgemeine Allerortslandschaften links liegengelassen werden, werden erfolgreich auch „allgemeine" und „ewige" Probleme oder Allerweltsweisheiten vermieden.

Und durch die Konkretheit und das Spezifische einer Landschaft werden suggestiv auch ihre konkreten und spezifischen Probleme artikuliert, die Einmaligkeit der Aussage liegt in der Einmaligkeit der Landschaft:

> Häuserhänge wie
> von naiven gemalt, längs
> der dächer führn straßen schornsteine stehn
> wie kilometersteine
>
> Am schloßturm
> fahnen, ausgehängt nach
> ost und west, zwei
> taube ohren
>
> Der kirchturm, eine schusterale
> für die schuhe gottes
>
> Wälder, wälder, auszuschweigen
> das wort
> (aus: ERINNERUNG AN GREIZ)

Die Landschaftsgedichte Kunzes sind aber keine Naturlyrik im herkömmlichen Sinn, die Landschaft wird zur dynamischen Umwelt des Menschen verlebendigt und lässt sowohl die geistigen und moralischen als auch physischen Determinationsfaktoren durchblicken, von denen die Existenz des Menschen in dem betreffenden geschichtlichen und geographischen Raum bedingt und bestimmt wird. Und darin sehen wir den vielleicht bedeutendsten zeitgemäßen Zug von Kunzes Lyrik, dass der Dichter eben nicht nur auf die Beschaffenheit menschlicher Existenz, sondern auch auf deren Bedingtheiten eingeht. Und so sind die typischen Landschaften letztlich lyrische Vorwände für das Aufgreifen typischer Problematik.

Der Einfluss Brechts macht sich vielleicht am deutlichsten bemerkbar in den Liebesgedichten. Die Liebe wird bei Kunze nicht zum Anlass spielerisch-zweideutigen Augenzwinkerns, wie etwa bei Kunert, sie wird aber auch nicht verklärt, in abstrakten „ewigen" Modellen versinnbildlicht, sondern schlicht, in den gewöhnlichen Erscheinungsformen des Alltags gestaltet:

> Von neuem lese ich von vorn
> die häuserzeile suche
>
> dich das blaue komma das
> sinn gibt
> (AUF DICH IM BLAUEN MANTEL, Für Elisabeth)

Gerade die Schlichtheit in Sprache und Bild und die geradezu verblüffende Selbstverständlichkeit in Ton und Geste machen die Tiefe dieses Gedichts aus. Ohne zuerst ein entsprechendes, Stimmung schaffendes Dekor zurechtzuzimmern, wird hier ungekünstelt eine Liebesbegegnung geradewegs von der Straße weg und ins Gedicht geholt. Die Echtheit des Erlebnisses wirkt überzeugend gerade durch den Schein des Alltäglichen, der der Liebesbegegnung gegeben wird.

Wie bei Brecht liegt auch bei Kunze die ungewöhnlich tiefe Wirkung, die Überzeugungskraft und Echtheit der Liebeserlebnisse darin, dass sie mitten in den Alltag gestellt und nicht aus dem Alltag in irreale Räume herausgehoben werden. Und ebenso wie bei Brecht wird auch bei Kunze die Liebe nicht mehr ver-, sondern entgöttert und endgültig vermenschlicht:

> An der Thaya, sagst du, überkomme dich
> undefinierbare sehnsucht
>
> Gehn wir in den fluss,
> die sehnsucht definieren
> (aus: PHILOSOPHIE, Für Elisabeth)

Der schlichte Ton der Liebeslyrik wird auch in Gedichten, die Märchenmotive oder Legenden aufnehmen, angeklungen und zuweilen mit dem der Volksdichtung synchronisiert. Ebenfalls, um die direkte Wirkung und Lebendigkeit zu steigern, wird aus der Volksdichtung oft auch die Anrede übernommen. Dadurch, dass im Gedicht ein fiktives (wenn reell auch wahres) Gegenüber angesprochen wird, gewinnen die Texte außerordentlich an Unmittelbarkeit:

> O ist
> die marke schön: der wolf und
> die sieben geißlein und
> seine pfote ist
> ganz weiß ... Wer
> hat den brief geschrieben?
>
> Vielleicht
> die sieben geißlein
> vielleicht
> der wolf
>
> ... der wolf ist tot!
>
> Im märchen, tochter, nur
> im märchen
> (aus: VARIATIONEN ÜBER DAS THEMA „DIE POST")

Bekannte Gestalten aus der Märchentierwelt werden zu Objekten lehrhafter Demonstrationen in parabelartigen Gedichten, die zwar einen betont moralisierenden Charakter haben, doch nicht in höherem Maße als Fabeln oder Parabeln allgemein moralisierend zu sein haben. Es gelingt Kunze ausgezeichnet, der Gefahr des Didaktizismus auszuweichen. Der Tod der Fabel in der modernen Lyrik wird paradoxerweise gerade in einer Fabel deklariert, was nun nicht für ihren Tod, sondern gegen ihre eigene Aussage für die Möglichkeit ihrer Existenz spricht:

> Es war einmal ein fuchs ...
> beginnt der hahn
> eine fabel zu dichten

Da merkt er
so geht's nicht
denn hört der fuchs die fabel
wird er ihn holen

Es war einmal ein bauer ...
beginnt der hahn
eine fabel zu dichten

Da merkt er
so geht's nicht
denn hört der bauer die fabel
wird er ihn schlachten

Es war einmal ...

Schau hin schau her
Nun gibt's keine fabeln mehr
(aus: DAS ENDE DER FABELN)

Als Verfasser von Fabelgedichten, deren Funktion auch bei
ihm dieselbe ist wie eh und je, steht Kunze eigentlich einzig
und eigenartig in der modernen deutschen Lyrik da. Doch ist
die Neigung Kunzes zum Fabelgedicht, eine beliebte Gattung
vor allem der Aufklärung, nicht so zufällig und unerklärlich,
entspricht sie doch einem gewissen Hang Kunzes zu einer
Art Aufklärertum:

Du darfst nicht, sagte die eule zum auerhahn,
du darfst nicht die sonne besingen
Die sonne ist nicht wichtig

Der auerhahn nahm
die sonne aus seinem gedicht

Du bist ein künstler,

sagte die eule zum auerhahn

Und es war schön finster
(DAS ENDE DER KUNST)

Die wahre Kunst, als Sonne verbildlicht, bietet eine Möglichkeit der Bewahrung vor Obskurantismus, und ihre Preisgabe bedeutet zugleich auch die Preisgabe der Welt überhaupt. Auf die fernere oder nähere Vergangenheit bezogen, gestaltet Kunze im Fabelgedicht GESPRÄCH MIT DER AMSEL die Absurdität, in die die Kunst durch Parolen getrieben wurde, wobei die Verlagerung dieser Problematik in die Tierwelt dem Dichter das Groteske der Lage nur noch mehr zu unterstreichen ermöglicht:

> Ich klopfe an bei der amsel
> Sie
> zuckt zusammen
> Du? fragt sie
>
> Ich sage: es ist still
>
> Die bäume loben die lieder der raupen, sagt sie
>
> Ich sage: ... der raupen?
> Raupen können nicht singen
>
> Das macht nichts, sagt sie,
> aber sie sind grün.

Für die Wahrung der Kunst als menschliches Sensibilisierungs- und Kommunikationsmittel und gegen jedwelche Missbrauchsversuche ihrer Funktion spricht das Gedicht

PUSCHKINS MICHAILOWSKOJE

> „Die front ging hier
> durch den garten"

Beklommen, doch
ohne schuldgefühl

Verzeiht

Wer immer
die angreifer wären hier jetzt zum gegner hätten sie
mich

Wer immer einfallen wird
in die offenen gärten der dichter

Die Frage des gegenseitigen Vertrauens, die bis in ihre
feinsten Implikationen und Komplikationen verästelt wie ein
rotes Gewebe durch Kunzes Lyrik leuchtet, gehört zweifellos
zu den bedeutendsten Problemen der Kunzschen Dichtung
wie auch der Menschlichkeit überhaupt:

Den rahmen säubern
von der möglichkeit des gitters, den wirbel
von der möglichkeit des galgens, den sims
von der möglichkeit des letzten schritts

Die scheiben putzen, nichts
trübe den blick

Atem
den frieden der fenster die
nachts nicht verschweigen müssen
ihr Licht.

Die Bewahrung des Vertrauens unbegründeter Vorbehal-
te gegenüber erfordert aber eine gründliche Abrechnung mit
allen Reminiszenzen bürgerlicher, vorurteilsbeladener Denk-
weise, die sich auch – dann allerdings schwerer erkennbar – in
einer ungemäßen Rezeption des Marxismus-Lenismus selbst
äußern können:

APPELL

1.

D., schüler der siebenten klasse, hatte
versehen mit brille und dichtem haupthaar
das bildnis Lenins

Öffentlich

So

in gefährliche nähe geraten
der feinde der arbeiterklasse, der imperialisten ihr
handlanger fast, musste er stehn
in der mitte des schulhofs

Strafe:
   tadel, eingetragen in den schülerbogen der
ihn begleiten werde
sein leben lang

2.

Du fragst warum
sein leben lang

Lenin kann ihm nicht mehr helfen, tochter.

Um das gerechte Misstrauen von dem ungerechtfertigten
richtig zu trennen, dazu gehört schon ein allergrößter Auf-
wand an Menschlichkeit, und dafür plädiert und setzt sich
Kunze mit all seinen schöpferischen Kräften ein.

Gerhardt Csejka

Ja, wenn sich der Prager Frühling ins Karpatenland Rumänien ausgeweitet hätte ...

Reiner Kunze vor vierzig Jahren

Fukuyama hatte sein berühmtes Buch über das Ende der Geschichte wohl noch nicht geschrieben, der Name Kojève aber tauchte in der Kantine des rumänischen Schriftsteller-verbandes, wo man sich an den Mittagstischen vor allem die wichtigsten Neuigkeiten aus Paris und den anderen Kultur-metropolen der Welt unterhielt, da und dort schon mal auf, hatte sich der Kommunismus mittlerweile doch dermaßen „endgültig" installiert, dass niemand mehr in der Lage war, Alternativvorstellungen zu entwickeln oder auch nur sein schlichtes Ende anzunehmen. Man lebte in diesem Teil der Welt längst in dumpfer Geschichtslosigkeit. Gleichwohl war der Übergang von den stalinistischen 1950er Jahren zu den Liberalisierungsträumen der 1960er – mit dem „Prager Früh-ling" 1968 als Höhepunkt – eine vielschichtige Mutation im Lebensgefühl, gesellschaftlich wie auch individuell, und somit vorrangig erkennbar an den Künsten (und Künstlern).

Der Dichter Kunze, der über seine Frau Kontakte ins tsche-choslowakische Künstlermilieu geknüpft hatte, wo die politi-sche Entwicklung dissidentischen Neigungen und Ansätzen förderlicher war als in der DDR, trat 1968 aus Protest gegen die Invasion der Warschauer-Pakt-Staaten in der Tschechoslowakei aus der SED aus und bekam es folglich mit der Stasi zu tun. In Bukarest aber nahmen die Dinge ihren merkwürdigsten Lauf: da spielte der junge ehrgeizige poststalinistische Parteichef Nicolae C. selbst den Dissidenten und versagte Moskau die Gefolgschaft, ja kritisierte lauthals den Einmarsch in Prag. Da keimten dann natürlich schnell auch ein paar Hoffnungen auf einen rumänischen Frühling, doch nach zwei Wochen war es damit vorbei, und was stattdessen anstand war der bekannte maßlose Personenkult, das ganze Volk musste sich hinter den „geliebten Führer" stellen, damit die Bruderländer nun nach Prag nicht vielleicht Bukarest stürmen.

Und dennoch: Kunst und Literatur folgten auch hier nicht samt und sonders dem vorgegebenen Trend, sondern fanden Wege, sich nicht zu verbiegen, ihre Eigenart zu entfalten, sich frei zu machen vom falschen politischen Druck.

Reiner Kunzes 1973 erschienener Auswahlband *Brief mit blauem Siegel* war auch in den Buchhandlungen Rumäniens zu kaufen, und in der Mai-Ausgabe 1974 der Bukarester deutschsprachigen Zeitschrift „Neue Literatur" findet sich eine eingehende Besprechung des Buches durch Franz Hodjak, der, ausgehend vom Einfluss Brechts auf die deutsche Lyrik, die unterschiedliche Art und Weise umreißt, wie sich der Brechtbezug bei Kunert und bei Kunze äußert, und da er übrigens feststellen muss, dass die jüngere rumäniendeutsche mit der jüngeren DDR-Lyrik in Sprache und Gesellschaftssystem mindestens zwei wesensbestimmende Gemeinsamkeiten haben, was die unübersehbaren Parallelen erklärt und ihn, den Rezensenten, den Schluss ziehen lässt, dass damit mehr als nur eine Möglichkeit komparatistischer Überlegungen gegeben ist. „Die Ähnlichkeiten in der Verschiedenheit und die Verschiedenheiten in der Ähnlichkeit der DDR- zur rumäniendeutschen Lyrik sind, unserer Meinung nach, das ergiebigste Bezugssystem überhaupt für die Beurteilung der DDR-Lyrik hier und heute." Ab Heft 3/1975 veröffentlicht die „Neue Literatur" nach und nach eine Reihe von Interviews, die ein anderer (dazumal noch rumäniendeutscher) Autor, Bernd Kolf, während einer DDR-Reise geführt und aufgezeichnet hat, stets garniert mit einer entsprechenden Textauswahl des jeweiligen Gesprächspartners.

Nun war die „Neue Literatur" eine Publikation mit geringer Auflage, die hauptsächlich innerhalb der in den deutschen Schulen Siebenbürgens und des Banats ihre Leser suchte und fand (in der Regel ohne großes Echo auszulösen), doch einige Exemplare gingen auch ins deutsche Ausland, und einmal kam ein begeisterter Leserbrief aus einer DDR-Schule, der in der Redaktion lange Zeit an der Wand aushing, weil man sich so sehr darüber freute. Und als Kolfs Interview mit Reiner Kunze zusammen mit *sechs neuen variationen über das thema „die post"* erschienen war (in Heft 4/1975), jubelte sogar *Free Europe* darüber, dass – sieh an! – in Rumänien geht, was in der DDR nicht möglich ist, und darüber freuten sich gewiss auch die rumänischen Zuhörer (abgesehen von denen bei der Securitate).

Und im übrigen hat es in der Entwicklung der rumäniendeutschen Lyrik jener Jahre durchaus auch eine Linie hin zu jener lebendigen sprachlichen Unmittelbarkeit gegeben, die Hodjak in seiner Kunze-Besprechung zu Recht so hervorhebt. Man sprach ja damals von der rumäniendeutschen Literatur gern auch wie von einer „fünften" deutschen Literatur (neben jener aus der BRD, der DDR, Österreich und der Schweiz), wozu die Gegebenheiten von heute kaum noch verleiten. Damals jedoch antwortete Bernd Kolf nach seiner Rückkehr auf die Frage, was die DDR-Schriftsteller über diese Literatur denn so wissen, sehr elegant und realistisch: „Sie wissen, dass sie, wenn sie mehr von uns wüssten, Interesse für uns haben könnten. Offen bleibt nur, ob sie wirklich mehr von uns wissen wollen."

Karl Dedecius

Nachdichten

Reiner Kunze kenne ich als Nach-Dichter aus dem Tschechischen. Nur wirkliche Dichter können sich dem Text der anderen Sprache anverwandeln und diesen so im Deutschen zu einem Sprachkunstwerk werden lassen.

Bedenken wir, wie viele Dichter es in der neueren deutschen Literatur gibt, deren Dichtung in der Mehrsprachigkeit wurzelt, zumindest an den Kreuzwegen von zwei oder mehreren Sprachen angesiedelt ist. Ihre Sprache ist das Ergebnis eines mehr oder weniger bewussten Übersetzungsprozesses. Ich denke an Kafkas Spracherfahrungen in Prag, ich denke an Rilkes Jugendgedichte, wie das folgende, das den Titel „Volksweise" hat:

> Mich rührt so sehr
> Böhmischen Volkes Weise,
> schleicht sie ins Herz sich leise,
> macht sie es schwer.
>
> (....)
>
> Magst du auch sein
> weit über Land gefahren,
> fällt es dir doch nach Jahren
> stets wieder ein.

Die ersten Spaziergänge der Kindheit, an die sich Rilke in seinen Gedichten erinnert, führen ihn nach Malvasinka, die ersten Mädchennamen, die er zitiert, sind böhmisch: Inka, Anka („Der Engel"). In dem Gedicht „Land und Volk" wird kein anderes Land und kein anderes Volk liebevoller beschworen als „Böhmen, reich an tausend Reizen", die erste dichterisch festgehaltene Sprachfaszination gilt dem tschechischen Dichter „Jar. Vrchlický". Rilke ist von ihm hingerissen: „Hat mich Vrchlickýs Buch berauscht?" Die Besuche tschechischer Kirchen und Klöster, auch die Burg Hradschin und die Dampferfahrten nach Zlichov auf der Moldau prägen Rilke unvergessliche Bilder ein; sicherlich ist der rhythmische Fluss so manchen Rilke-Gedichts den Moldauwellen nachempfunden, ebenso wie viele Lieder und Balladen der Inspiration der böhmischen Landschaft entspringen. Den ersten Gedichtband „Larenopfer" (1895) beschließt das Gedicht „Das Heimatlied". Rilke schreibt darin: „Weiß ich, wie mir geschieht", wenn er das böhmisch: „Kde domov muj..." („Dort wo mein Haus steht"), als wäre es sein eigenes, in seiner Sprache.

Es verdiente genauerer Untersuchung, wie viel die Sprache von Grass dem Kaschubischen verdankt, die von Siegfried Lenz und Bobrowski dem Pruzzischen, die von Bienek dem deutsch-polnischen Grenzland-Schlesien, die von Celan dem Rumänischen, Russischen, Talmudischen abgewonnen hat. In der Verleihungsurkunde zum Georg-Büchner-Preis (1958) der Deutschen Akademie für Sprache und Dichtung in Darmstadt an Paul Celan heißt es: „Seine Übertragungen französischer und russischer Lyrik haben dem deutschen Gedicht neue Sensibilität gegeben." Marie Luise Kaschnitz sprach in ihrer Laudatio bei diesem Anlass zwar von einer Entrückung vom „Mutterboden der deutschen Sprache", aber auch davon, dass der Lyriker, „der falschen Vertrautheit des Alltagsredens enthoben", imstande war, „diese mit so viel Bitterkeit geliebte deutsche Sprache für sich neu zu entdecken und auf neue Weise über sie zu verfügen, schöpferisch und frei".

Schon Dichten ist an sich ein ständiges Über-setzen von der inneren Sprachlosigkeit zum Festland der Verse.
Zu seinen acht Jahrzehnten grüße ich Reiner Kunze mit einem Gedicht aus Böhmen von Miroslav Florian (1931-1996)

Wir kennen kaum unsere Nächstennamen,
Und sind doch mit ihnen in Eins zusammengezogen,
Zusammengewachsen wie Kohle und Flamme
Und wie die Dämmerung mit dem Vogel.

Der Tod macht blässer – die Namen und die Gesichter,
Verdunkelt sie in den Spiegeln erloschener Jahre.
Das Lächeln von leblosen Lippen verblüht, vernichtet
Vom Rhythmus des täglichen Widerfahrens.

Und dennoch sind sie, die anderen, für uns
Schicksalsgesellen,
Die uns von ewigen Bindungen tuscheln,
Wie eine sich bäumende Meereswelle
In ausgespülten trockenen Muscheln.

(Deutsch von K.D.)

Hans Dieter Zimmermann:

„Im Einbaum versteckt ..."

Reiner Kunze sagte einmal, das Jahr 1959 sei in seinem Leben „die Stunde Null". Es war das Jahr, in dem er nach Angriffen und Schikanen seine Stelle an der Universität Leipzig aufgab und erkrankte. Und es war das Jahr, in dem er seine tschechische Frau kennen lernte und damit die Tschechoslowakei. Für den 1933 in Oelsnitz im Erzgebirge geborenen Sohn eines Bergmannes war es der Abschied von der ideologischen Verengung und Verblendung der DDR, in die er hineingezogen worden war.

> Mein vater, sagt ihr,
> mein vater im schacht
> habe risse im rücken,
> narben,
> grindige spuren niedergegangenen gesteins,
> ich aber, ich
> sänge die liebe
>
> ich sage:
> eben deshalb.

Die, die ihn 1959 aus der Universität Leipzig drängten, wollten nicht Gesänge der Liebe, sondern Gesänge der Agitation: Friedenskampf und Arbeiterlob. In der tschechischen Poesie lernte Reiner Kunze einen anderen Ton kennen.

Der Beginn seiner Bekanntschaft mit Böhmen ist schon poetisch. Eine Dame aus Usti nad Labem schrieb ihm eine Postkarte, nachdem sie Gedichte von ihm im Leipziger Rundfunk gehört hatte. Daraus entstand eine umfangreiche Korrespondenz, bis die beiden sich endlich sehen konnten. Ein Bewohner der DDR konnte nicht ohne weiteres einen Bewohner des benachbarten Brudervolkes besuchen. Erst eine Gruppenreise nach Prag brachte die erste Begegnung. Reiner Kunze lebte dann einige Zeit in Usti, kam aber auch in das liebliche Südmähren, woher seine Frau stammt, in das Land der Rebenhügel und Weindörfer. In Brünn lernte er den Lyriker und Übersetzer Ludvik Kundera kennen und dessen Vetter, den Romancier Milan Kundera und – nicht zuletzt - den Poeten Jan Skácel, mit dem ihn eine enge Freundschaft verband.

„Was ich der Tschechoslowakei alles verdanke", sagte er später, „kann ich vielleicht gar nicht ermessen. Sie bedeutete damals für mich eine Art menschlicher Auferstehung. ... Die Tschechoslowakei war für mich für fast ein Jahrzehnt geistiges Asyl und literarische Heimat. Die meisten Gedichte, die 1969 in meinem Rowohlt- Band *sensible wege* erschienen sind, waren vorher in tschechischer Übertragung publiziert worden."

Es waren diese sechziger Jahre in der Tschechoslowakei, die man später in der Zeit der sogenannten Normalisierung unter Husak ironisch „die gute alte Zeit unter Novotny" nannte. Es gab eine Lockerung des Systems und dann eine Öffnung, vor allem im kulturellen Bereich, die schließlich zum sog. Prager Frühling führte, der vergeblichen Hoffnung auf einen Sozialismus „mit menschlichem Antlitz". So konnte 1964 Milan Kundera in der Wochenzeitung des tschechischen Schriftstellerverbandes offen über die Schikanen schreiben, die Reiner Kunze in der DDR zu erdulden hatte, und dessen tschechische Entwicklung nachzeichnen: „Die tschechische Inspiration bringt Kunze jedoch auch etwas völlig Neues: vor allem das große schicksalhafte Erlebnis, das bewirkte, dass Kunze, bisher Autor kleiner lyrischer Impressionen oder gedanklicher Fabeln, plötzlich Gedichte von kompliziertem dramatischem Aufbau schreibt. Am meisten zeugt davon vielleicht das Gedicht „In der Thaya", wo er das befreiende Erlebnis seines Aufenthaltes in Znojmo mit traumatischen Erinnerungen konfrontiert."

Sicher, das kurze epigrammatische Gedicht, die knappe Impression oder der Gedankensplitter, oft ironisch gewendet oder paradox verschränkt, ist geblieben bis heute, auch wenn der politische Anlass nicht mehr der vorherrschende ist. Doch das „lange Gedicht" - mit Walter Höllerer zu sprechen, der es einmal hervorhob - ist, inspiriert von der tschechischen Poesie, die wesentliche Bereicherung bis heute: die Welthaltigkeit, auch wenn es Dinge des Alltags sind, Verknappung auch hier, aber auch Ansätze des Epischen, genaue Bilder und Fülle im Ausgesparten sozusagen. Ein spätes schönes Beispiel aus den neunziger Jahren ist der Zyklus *ein tag auf dieser erde*, der den Kreis des Tages abschreitet, in Haus und Garten, Stadt und Feld und der auch den Kreis des Lebens umfaßt.

Reiner Kunzes Dank an die tschechische Poesie sind seine zahlreichen Übersetzungen. Kein deutscher Lyriker hat, sehe ich recht, so viele tschechische Poeten übersetzt und so hervorragend. Vor allem übertrug Reiner Kunze natürlich Gedichte seines Freundes Jan Skácel, so dass aus dieser Freundschaft eine Art deutsch- tschechischer Symbiose entstanden ist. Volker Strebel hat die Übersetzungen Reiner Kunzes aus dem Tschechischen eingehend untersucht, Original und Übertragung verglichen. Das ist die späte Ernte der hoffnungsvollen sechziger Jahre in Böhmen und Mähren.

Der Einmarsch der sowjetischen Panzer brachte dem Prager Frühling im August 1968 ein brutales Ende; die Folgen sind bekannt. Milan Kundera und viele andere emigrierten. Auch für Reiner Kunze war 1968 ein Einschnitt. Es folgte der endgültige Abschied von der SED – er gab sein Parteibuch zurück – und es begann die intensivere „operative Behandlung" durch die Staatsicherheit, die ihn „zersetzen" wollte und seine Familie auch. 1973 zu Beginn der Honecker- Ära konnte noch einmal ein Gedichtbändchen bei Reclam Leipzig erscheinen, dann nichts mehr. Der Gedichtband *sensible wege*, der 1969 bei Rowohlt herauskam, brachte heftige Reaktionen der Kulturbürokratie. 1976 nach dem Erscheinen des Prosa-Bandes *Die wunderbaren Jahre* im Fischer-Verlag brach dann der Sturm los. Reiner Kunze wurde aus dem Schriftstellerverband ausgeschlossen.

Die wunderbaren Jahre sind ein wichtiger Prosa-Band geblieben, der über seinen Anlass hinaus Bestand hat: Schwierigkeiten mit den gesellschaftlichen Institutionen haben junge Leute immer, solche Schwierigkeiten wie hier gibt es nur in repressiven Systemen. Es sind die genauen Beobachtungen, die lakonischen Mitteilungen, die leise Ironie, der Verzicht auf jegliches Pathos, wodurch diese Geschichten heute so eindrucksvoll sind wie am ersten Tag. Der Band wäre eine nützliche Schullektüre in Berliner Schulen. „Eine sauber gearbeitete Prosa", sagte einer meiner Lehrer, der auch einmal ein Lehrer Reiner Kunzes war: der Literaturwissenchaftler Hans Mayer, der bis 1963 in Leipzig lehrte und danach in Hannover und Tübingen.

Als ich 1976 mit meiner Frau auf einer Reise nach Italien am Tegernsee Station machte, wo Hans Mayer zur Kur weilte, erzählte er uns während des Essens begeistert von diesem Prosa-Band, dessen Korrekturfahnen ihm der Fischer-Verlag geschickt hatte. Wir mussten unsere Weiterfahrt verschieben, um ihn auf sein Zimmer zu begleiten, wo er uns eine Stunde lang aus dem Band vorlas. „Welch ein Mut", sagte Hans Mayer. Und: „Sie werden sich rächen." Das geschah denn auch. Reiner Kunze musste Greiz verlassen; im April 1977 übersiedelte die Familie in die Bundesrepublik.

Das ist der dritte wichtige Einschnitt. Die Übersiedlung in die Bundesrepublik brachte ihm die ersehnte Freiheit und Freizügigkeit. Es folgten Reisen durch Europa und nach Nordamerika, die sich auch in seinen Gedichten wiederfinden. Und es folgte die Erfahrung, dass in der Bundesrepublik Menschen, die vom Elend der SED-Diktatur berichten, nicht überall willkommen sind. Reiner Kunze ist viel Häme widerfahren, Mißachtung und Geringschätzung. Die meisten germanistischen Arbeiten zu seinem Werk erschienen und erscheinen im Ausland. Den Band zu seinem 65. Geburtstag gab der polnische Germanist Marek Zybura heraus.

Die veränderten Lebensumstände geben neue Stoffe, die politischen Anlässe weichen zurück, das Gedicht öffnet sich für andere und anderes. Auf die bekannte Frage „Kann ein Gedicht die Welt verändern?" antwortete Reiner Kunze: „Wenn ein Gedicht überhaupt etwas verändern kann, dann nur etwas in uns, im einzelnen Menschen." Und: „Die Botschaft des Dichters – wenn er schon eine haben muß – ist das Gedicht." Und auf die Frage nach dem „politischen Gedicht" sagte er: „Ein dichterischer Einfall geht immer auf eine Erschütterung zurück, auf Betroffensein (auch ein Glücksmoment ist ein Moment der Betroffenheit). Dabei kann Wirklichkeit in das Gedicht eingehen, die politische Zusammenhänge wiedergibt, und es entsteht ein politisches Gedicht."

Im Gedichtband *ein tag auf dieser erde* steht das kleine Gedicht WAS GILT für J.S., vermutlich für Jan Skácel:

Wer steinigen will,
dem wird alles zu stein

Sie richten sich an deinem grabe ein
und richten dich

Totenrichter

Und wissen nicht: den dichter richtet
das gedicht

Heinrich Böll, der die Laudatio auf den Büchner- Preisträger Reiner Kunze 1977 hielt, fasste damals zusammen, was nicht nur für Kunzes Lyrik gilt, sondern für Lyrik überhaupt: „Lesen muß gelernt sein, deutsch lesen, im Einbaum versteckt zwischen den brüllenden Propagandaflotten. Reiner Kunze zu lesen ... Zimmerlautstärke noch zu vernehmen: Ich hoffe, dass deutsche Augen und Ohren noch dazu fähig sind." Die Poesie als Einbaum zwischen den brüllenden Propagandaflotten, zwischen den lärmenden Medienverbänden? Wer Ohren hat zu hören, höre.

Volker Strebel

Im Vertrautsein zuhause

Reiner Kunze und die tschechische Literatur

Die Dichtung war es, die Reiner Kunze an seine spätere Frau Elisabeth herangeführt hatte. Die aus einem deutsch-tschechischen Elternhaus stammende Ärztin hatte in der Tschechoslowakei im Radio Gedichte von Kunze gehört und daraufhin den Kontakt zu ihm gesucht. Neben einem umfangreichen Briefwechsel entstand eine folgenreiche Beziehung, die sich prägend für das weitere Leben Reiner Kunzes und nicht zuletzt auf sein Verständnis für Poesie auswirken sollte. Unter der kundigen Hinführung seiner Frau Elisabeth öffnete sich für den Dichter Kunze mit der Welt der tschechoslowakischen Literatur ein völlig neuer Raum dichterischer Weltsicht. Er ließ sich von der kraftvollen Sprache der tschechischen Poesie begeistern. Kunze imponierte die Verwurzelung dieser Dichtung in der Wirklichkeit sowie ihre Lust am Leben und an den schönen Dingen. Dies alles hatte mitten im „Kalten Krieg" stattgefunden, als nicht nur Ost und West geteilt waren, sondern auch die deutsch-tschechische Nachbarschaft von Hitlerzeit und Vertreibungen stark belastet war.

Bald schon konnte Reiner Kunze persönliche Freundschaft mit tschechischen Dichtern wie Milan Kundera, Ludvík Kundera, Vít Obrtel und Jan Skácel schließen. 1961 erschien mit *Der Wind mit Namen Jaromír* ein erstes Bändchen in der DDR, das in der bezeichnenden Serie „Antwortet uns" erste Übersetzungen Kunzes von tschechischen Lyrikern präsentierte. Weitere Bändchen mit Anthologien aus dem Tschechischen folgten.

Als slavische Sprache ist das Tschechische weit weniger von westlichem rationalistischem Denken geprägt als etwa die deutsche Sprache. Das Tschechische als Schriftsprache war im Laufe ihrer schicksalshaften Geschichte zuweilen an den kulturellen Rand gedrängt worden. Über Generationen hinweg lief sie Gefahr, zur bloßen Gesindesprache abzugleiten. Zugleich verlieh ihr dieser nicht immer harmonische Verlauf die unmittelbare Lebendigkeit und kraftvolle Ausdrucksstärke, die sie bis heute auszeichnet. Diese Vitalität der tschechischen Dichtung hatte ihre ausdruckstärkste Kraft in der genuin tschechischen Kunstströmung des „Poetismus" der 1920er Jahre erfahren. Die im Laufe des Jahrhunderts erfahrenen Unterdrückungen durch Nationalsozialismus und Real Existierendem Sozialismus hatten die vormals optimistische Lebensbezogenheit tschechischer Dichtung mit existentieller Ernüchterung bereichert, das spielerische Element aber nie völlig verdrängt.

Die vitalistische Welt der tschechischen Kunst und Literatur begann sich langsam auf Kunzes eigene Dichtung auszuwirken. Sein Frühwerk war noch vom Optimismus einer aufbauenden und kämpferischen Generation gekennzeichnet gewesen, die ganz im Sinne der herrschenden Partei den Sozialismus errichten möchte. Die Begegnung mit der Welt der tschechischen Lyrik ließ Kunzes Dichtung ästhetisch reifen. Verse waren nicht mehr im Sinne eines klassenbewußten Beitrags zum Proklamieren und Propagieren des Sozialismus geschrieben, sondern vermittelten Freude am Leben. Ohne Parteiauftrag und ohne irgendeiner weltanschaulichen Nützlichkeit verpflichtet zu sein. In Kunzes Dichtung begann die Freude über das Leben Einzug zu halten, die Lust an der Sprache und ihren Bildern. Das Denken in sprachlichen Bildern und eine prägnante Metaphorik waren die hauptsächlichen Kennzeichen jener tschechischen Dichtung gewesen, die Kunze in ihren Bann gezogen hatte. Am ausführlichsten hatte sich Reiner Kunze anläßlich der Eröffnung der Leipziger Buchmesse 1995 in seinem Vortrag „Die Bücher der anderen" darüber geäußert.

Kunzes eigene poetische Entwicklung sollte seit dieser persönlichen Wiedergeburt, die durch die Begegnung mit der tschechischen Poesie angebahnt worden war, im dialogischen Nebeneinander mit seiner Übersetzungstätigkeit verlaufen. Der lebenslange Leser Kunze hatte immer auch die Leser seiner Texte an jenen Entdeckungen teilnehmen lassen, die er in der tschechischen Poesie vorfand. Über Jahrzehnte hinweg bis in die jüngste Zeit veröffentlichte Kunze in verschiedensten Zeitungen und Zeitschriften Texte tschechischer Dichter, die er aus dem Tschechischen übersetzte. Neben Anthologien kam es in Einzelfällen auch zu veröffentlichten Sammlungen einzelner Dichterpersönlichkeiten. Zuweilen kamen Kunze verlegerische Glücksfälle zugute, wie die von der Bayerischen Akademie der Schönen Künste herausgegebenen Zeitschrift „Ensemble" oder die bereits im dritten Jahrzehnt erscheinende Heftreihe *Edition Toni Pongratz*. Der Kleinverleger Toni Pongratz mit Sitz in Hauzenberg ist mit Reiner Kunze befreundet. Etliche Namen tschechischer Dichter waren dem deutschen Publikum durch die Übersetzertätigkeit Reiner Kunzes erstmals vorgestellt worden. Milan Kundera, der später als Romancier weltweiten Ruhm erlangen sollte, ist sicher der bekannteste unter ihnen.

Dass tschechisches Bilddenken Kunzes Wahrnehmung mitgeprägt hat, läßt sich neben seiner Dichtung auch an verschiedenen Äußerungen und Reden zeigen. Ob es angesichts der Eröffnungsrede einer Woche der Künste in Passau ist, in welcher Kunze ein Bild des Dichters Vladimír Holan zur Anwendung brachte, nach dem Kunst – wie guter Wein – sich selbst genug ist, oder anläßlich einer Initiative thüringischer Bürgerrechtler zur Aufklärung von Stasi-Umtrieben, als Kunze öffentlich – da das Tschechische keinen Unterschied zwischen Daumen und großen Zehen kenne - „alle vier Daumen" drückte. Einen Freundesbeitrag zu einer Festschrift für den Politikwissenschaftler Heinrich Oberreuter ließ Kunze in dem Gedicht „Die Eiche" von Vít Obrtel kulminieren.

Als Reiner Kunze 2004 die Ehre erhalten hatte, sich zum Tag der Deutschen Einheit mit einer Rede in Erfurt zu äußern, leitete er diese mit einem Gedicht des tschechischen Dichters Ivan Diviš ein: „Gefängnis Pankratz". Der zwanzigjährige Ivan Diviš war mit Freunden in die Hände der Gestapo geraten und hatte darüber ein Gedicht geschrieben. Ein idealer Einstieg für eine Rede zur deutschen Einheit? Weit gefehlt, wer meint, Kunze als einen Freund der billigen Provokationen entlarven zu können. In dem Blick auf den Anderen, den Nachbarn, sucht Kunze immer auch Antworten auf sich selbst. Die Begegnung im Anderen ermöglicht es „die eigene Existenz und die Existenz der anderen gesteigert wahrzunehmen und uns ein Gefühl elementarer Dankbarkeit zu erlauben!". Und wenn Kunzes mährischer Dichterfreund Skácel bemerkt, dass es leicht ist, „den Weg zu uns zu finden", dann läßt Kunze uns alle dort einkehren, wo das Menschliche zuhause ist. Der Blick über trennende Grenzen hinweg führt zur Wahrnehmung des Anderen. Und er bereichert uns, die Hinüberblickenden, in einer bislang unerfahrenen Art und Weise.

Die Kunst der Wahrnehmung bildet den Menschen aus, begleitet ihn und altert mit ihm. Der Moment des Erstaunens hingegen ist zeitlos. Er gibt Kunde von jener Sphäre, der wir uns lediglich im Vertrauen nähern können.

Eine erstaunlich große Zahl tschechischer und slowakischer Autoren sind von Reiner Kunze Texte in das Deutsche übersetzt, bzw. im eigentlichen nachgedichtet worden:

Aeschbacherová, Helena
Aškenazy, Ludvík
Bartušek, Antonín
Blatný, Ivan
Brousek, Antonín
Chytilová, Lenka
Čtvrtek, Václav
Dadák, Oldřich
Diviš, Ivan
Dvořáčková, Vlasta

Dvorský, Ladislav
Fleischmann, Ivo
Florian, Miroslav
Fucimanová, Milena
Gold, Jiří
Halas, František
Hanzlík, Josef
Hatala, Marián (Slowake)
Holan, Vladimír
Holub, Miroslav
Hrubín František
Hrubý, Josef
Hruška, Petr
Jánoš, Jozef (Slowake)
Jelínek, Zbyněk
Kabeš, Petr
Kainar, Josef
Kociánová, Sona
Kolář, Jiří
Kryl, Karel
Kundera, Ludvík
Kundera, Milan
Machar, Josef Svatopluk
Macourek, Miloš
Mikulášek, Oldřich
Neveršilová, Olga
Novomeský, Laco (Slowake)
Obrtel, Vít
Peterka, Josef
Petr, Pavel
Philippová, Helena
Pištora, Jiří
Přidal, Antonín
Reynek, Bohuslav
Richter, Milan (Slowake)
Seifert, Jaroslav
Sekora, Ondrej
Šiktanc, Karel
Skácel, Jan
Skálová, Marie
Šotola, Jiří

Šrut, Pavel
Štroblová, Jana
Strož, Daniel
Toman, Karel
Topol, Josef
Příhoda, Luboš
Válek, Miroslav (Slowake)
Wernisch, Ivan
Wolker, Jiří
Zahradníček, Jan
Závada, Vilém

Michael Wolffsohn

Reiner Kunze, der stille Deutsche

Ein sehr deutscher Dichter ist Reiner Kunze. Zugleich ein kosmopolitischer. Das eine schließt das andere nicht aus. Weder theoretisch noch historisch noch persönlich. Persönlich: siehe Reiner Kunze, historisch siehe: Friedrich Meineckes immer noch lesenswertes Buch „Weltbürgertum und Nationalstaat" (1908). Die Besten, Kultiviertesten und Klügsten der deutschen Nation, das belegt Meinecke überzeugend, waren zugleich deutsche Patrioten und Weltbürger. Reiner Kunze hatte „hunger nach der welt". Schon 1969 ließ er das seine Leser in dem Gedichtband *sensible wege* wissen. Reiner Kunze steht also in der Tradition unserer Besten, Kultiviertesten und Klügsten. Weil Reiner Kunze beides ist, verehre ich ihn.

Auch seine Literatur als Literatur schätze, verehre ich. Sie ist auch, doch beileibe nicht nur politisch. Sie ist sensibel. Dass seine frühen Gedichte den Titel *sensible wege* (1969) tragen, ist kein Zufall. Es ist Signal. Von innen nach außen. Kunzes politische Botschaften waren, besonders zu DDR-Zeiten, posaunenlaut. Vorgetragen hat er sie pianissimo, in *zimmerlautstärke* (1972), sensibel.

Anders als andere war Reiner Kunze nie ein sich selbst zelebrierender und mikrofonierender oder marktschreierischer Polterer. Über schlimme Zeiten, die erste deutsche Diktatur, hat ein anderer deutscher Dichter-Schriftsteller plakativ, die Faust ins Auge stoßend, die *Hundejahre* geschrieben. Kunze nannte seine Prosa über die folgende, zweite deutsche Diktatur, die DDR, welch' boshaft stille, bissige Ironie *Die wunderbaren Jahre*. Hat er deshalb, anders als einer seiner männlichen Landsleute und Kollegen den Nobelpreis nicht bekommen? Einerlei. Seltsam sind diesbezüglich so manche, nicht alle, in Stockholm getroffenen Entscheidungen.

Eine ebenso mutige wie freche, chutzpedicke, doch sanft und leise – in „zimmerlautstärke" - vorgetragene antiproletische (keineswegs antiproletarische) Provokation war der 1964 erschienene Titel *Die guten Sitten*. Dieser Titel im „ersten Arbeiter- und Bauernstaat der deutschen Geschichte". Wenn das keine Systemkritik war, was dann, wie dann? Reiner Kunze wäre nicht er selbst, hätte er statt dieses Floretts den Holzhammer gebraucht.

Selbst bei Freunden ist Reiner Kunze Lärm geradezu körperlich zuwider.

> Ein fleißiges völkchen, die Tschechen
> Nur – etwas weniger lärm könnten sie machen.
> („ERWACHEN IN SCHRECKENSTEIN", in: sensible wege)

Gute Sitten waren spätestens vier Jahre nach Erscheinen von Kunzes *Guten Sitten* der rüpelhaften, pöbelhaften bundesdeutschen Nachkriegs-Möchtegern-„Revolution" auch eine Provokation gen Westen, gegen die selbsternannten Besten im Westen. Sie pfiffen auf „gute Sitten". „Scheiß drauf!" Das galt bei denen, wörtlich und wirklich. Hatte da nicht einer von diesen „wunderbaren Westjungs" tatsächlich, geradezu teuflisch vor dem Auge der TV-Kamera in einem West-Berliner Gerichtssaal, sit venia verbo, geschissen, um dem bundesdeutschen Rechtsstaat auf seine Weise seine Reverenz zu erweisen? Einem Rechtsstaat gegenüber, von dem Reiner Kunze und seine Freunde in jenen „Wunderbaren Jahren" (erschienen 1976) nur träumen konnten. Der Albtraum jener Fäkalisten, die letztlich „nützliche Idioten" der ostdeutsch dirigierten Kommunisten waren, blieb bis 1989/90 Wunschtraum Reiner Kunzes. Auch er trug dazu bei, dass der Wunsch Wirklichkeit wurde. „Steter Tropfen höhlt den Stein". Auch Kunzes Dichtung höhlte die hohle DDR aus, die schließlich vom Gang der Geschichte überholt wurde. Einer der beharrlich, mutig, sanft aufs Gaspedal drückte ...

Stichwort „Deutsche Einheit". Wenige westdeutsche Lite-
raten litten unter der deutschen Teilung. Einer litt laut. Ja, wir
kennen ihn. Nein, wir nennen ihn nicht. Auch Reiner Kunze
litt an Deutschlands Teilung, sowohl als DDR- als auch Bun-
desbürger. Anders als dieser andere litt Reiner Kunze, wie
Reiner Kunze – leise, sensibel.

DER VOGEL SCHMERZ

Nun bin ich dreißig jahre alt
und kenne Deutschland nicht:
Die grenzaxt fällt in Deutschland wald
O land, das auseinanderbricht
im menschen

Und alle brücken treiben pfeilerlos

Gedicht, steig auf, flieg himmelwärts!
Steig auf, gedicht, und sei
der vogel schmerz

Oder so in

VARIATION 4 in den einundzwanzig variationen über das thema
„die post"

O aus
einem fremden land, sieh
die marken ... Wie
heißt das land?
--
Deutschland, tochter

Oder so in

DREIBLICK

1
Greiz grüne
zuflucht ich

hoffe
Ausgesperrt aus büchern
ausgesperrt aus zeitungen
ausgesperrt aus sälen

eingesperrt in dieses land
das ich wieder und wieder wählen würde

hoffe ich
mit deinem grün

2
Ich hoffe
mit jedem axthieb geführt
bei strafe des verdurstens

Im DÜSSELDORFER IMPROMPTU , ebenfalls in den *sensiblen wegen*, war er noch zum Westen auf Großdistanz gegangen, denn dort, wohl nicht nur in Düsseldorf, sah er vor allem dies:

Der mensch
ist dem menschen
ein ellenbogen

Falsch? Leider nein.

Es wurde ihm dann im deutschen Osten doch zu viel. Wieder offen und mutig stellte Reiner Kunze am 7. April 1977 für sich und die Seinen den Antrag auf Ausbürgerung aus der DDR. Ein so Kluger und Mutiger war der DDR nicht genehm. Daher nach drei Tagen die Genehmigung.

Nun meldet sich der Laudator als dankbarer Vater zu Wort. *Der Löwe Leopold. Fast Märchen, fast Geschichten* (1970) liebten auch meine Kinder… „Vorlesen, Papa". Gern geschehen. Dank für gute, gedankenreiche, tiefsinnige, charmantkluge Kinder-eigentlich-Erwachsenen-Lektüre. Der Dank gilt jenseits jenes Löwen auch anderen Kunzeschen Kinder-Literaturen.

Bleiben wir beim persönlichen Bezug: *Das weiße Gedicht.*
Dankbar und gelehrig, des Tschechischen nicht mächtig, las
ich fasziniert Reiner Kunzes Überlegungen und Beispiele zur
Kunst des Übersetzens und damit zur Übertragung der Gedankenwelt der einen in die andere Kultur. Wie das Gleiche
woanders von anderen ähnlich und doch anders gedacht und
sprachlich verschieden ausgedrückt wird. Das gleiche Wollen
von Menschen vielfältig ausgedrückt. Eine Menschheit, unzäh-
lige Menschen und Gedanken von Menschen über Mensch,
Dasein und Sein. Kunze konkretisiert es am scheinbar Kleinen,
an dem das Große erkennbar wird.

Zugleich wird erkennbar, dass und wie international dieser
nationale Dichter denkt und schreibt. Bis nach Namibia spannt
er den Bogen, siehe seine *Steine und Lieder. Namibischen Notizen und Fotos* (1996). Reiner Kunze ist nicht nur ein Ost-West-,
sondern auch ein Nord-Süd-Dichter. Voilà, wieder: „Weltbürgertum und Nationalstaat".

Das Allgemeine, mein Abstrakt-Allgemeines, über Reiner
Kunze sei am „konkreten Kunze" vertieft. Die Gedichtsamm-
lungen *sensible wege* und *zimmerlautstärke* eignen sich dafür
besonders, aber auch die frühen Gedichte, so in PHILOSO-
PHIE, wo es heißt:

> Der nachbar nagelt um das wörtchen *mein* vor den
> > erdbeeren
> einen zaun

O, wie wunderbar zart verhöhnt der Jubilar den (nur deutschen?) Spießer, ohne dieses Lieblingswort der vom eigenen
Spießertum ablenkenden Antispießer zu verwenden.

Als Siebenjähriger, aus Israel 1954 nach West-Deutschland,
West-Berlin, in die Heimat meines von dort 1939 nazivertriebe-
nen Vaters kommend, mussten meine Mitschüler und ich auf

dem Schulhof im Kreis gehen. Ich rannte 'rum und von einer Lehrerin bekam ich die erste und letzte Ohrfeige meines Lebens. „Typisch altdeutsch", befand meine, auch von den Nazis vertriebene Mutter. Sie jagte flugs zum Direktor und beschwerte sich. „Wir sind nicht nach Deutschland zurückgekommen, um unseren Sohn schlagen zu lassen." Hieran erinnerte mich Reiner Kunzes Gedicht, denn auch sein Sohn hatte im deutschen Osten diesen seinerzeit gesamtdeutschen Schwachsinn erlitten. Wie Mutter Wolffsohn und Sohn bildeten Vater und Sohn Kunze eine mutige Anti-Hauptstrom-Gesinnungs- und „Aktionseinheit".

VON DER LIST, IM KREIS ZU GEHEN
Auf der fahrt nach Südmähren, für Ludwig

„... als ich, dein vater der heimlich –
während andre im kreise gehn –
flieht, um gedichte zu schreiben
Ich trotzte wie du ihren runden
(ich wollte ich selber bleiben):
Sie schritten im kreis mich in wunden

Als Alt-Orientale, 1947 in Tel-Aviv geboren, muss ich in einem Punkt Reiner Kunze widersprechen, denn er schätzt, wieder wie sein ebenfalls sympathisch antizyklischer Sohn, nicht die köstliche Tageswürze des (kurzen, 15minütigen) Mittagsschlafs:

VON DER LIST, NACH DEM
MITTAGESSEN ZU SCHLAFEN

wo es heißt

Mein junge, ein guter Deutscher
schläft auf kommando ein
Und wenn in Deutschland geschlafen wird,
darf keiner munter sein.

Ich lasse Gnade vor Siestarecht gelten, denn das kollektive Mittagsschlafkommando raubt den individuellen Genuss. Darum geht es Reiner Kunze ja auch. Er meint natürlich nicht die Siesta, sondern den politischen Schlaf, den politisch kommandierten. Es lebe die sanfte Ironie Kunzes. Unter solchen Umständen bejubele ich auch Reiner Kunzes aufmüpfigen Rat:

> Schlaf dir, damit dich fremder
> wille nicht beugen kann,
> unter der hand, die dich zwingt,
> einen charakter an!
> Schlimmer kannst du die menschen
> nicht strafen, glaube mir
> Und anders ihnen nicht helfen
> Das aber will ich von dir

Diese Zivilcourage, dieser Mut – oft mit Trara gefordert, selten er- und gelebt. Der stille Deutsche, Reiner Kunze, hat es vorgelebt. Ein Vorbild. Ein Literat, ein Dichter, politisch und lyrisch.

Peter Steinbach

Die Erinnerung des Johann Kogoj

Erinnerung könne im Gedenken vergehen – diese Warnung ist inzwischen ein Gemeinplatz. Viel mehr entscheidend für das politische Bewusstsein ist die Klärung des Problems, wie Erinnerung funktioniert. Dass der Literatur dabei eine größere Bedeutung zukommt, als es sich Bildungsreformer auf ihrer Suche nach beruflich verwertbaren Bildungsinhalten vorstellen können, wird von Bildungspragmatikern zwar bestritten, ist aber dennoch richtig.

Vergangenheit lässt sich auf vielfältige Weise in das Bewusstsein der Nachlebenden heben. Das Bild der Vergangenheit entsteht in der Regel im Kopf, also keinesfalls nur wie die Bilder wissenschaftlich abgesicherter Geschichte durch fachwissenschaftliche Monographien oder durch vielbändige Quelleneditionen. Historie im Sinne des unvergessenen Reinhart Koselleck kann auch durch einen Roman, ein Gedicht, ein Märchen und durch Lesungen entstehen. Denn es geht um Erfahrungsräume und Erwartungshorizonte, die den Menschen zur Auseinandersetzung mit dem, was war, treiben.

Nicht zuletzt in literarisch verdichteten Reflexionen spiegeln sich Ereignisse, werden aber auch lebensgeschichtliche Annäherungen möglich, die Brücken bauen über Generations-, Konfessions-, Mentalitäts- und Zeitgrenzen hinweg. Erinnerung ist mehr als die erfolgreiche Suche nach der verlorenen Zeit, denn es geht nicht nur um Ereignisse, Daten, Zäsuren. Erinnerungen können an Stimmungen, Gefühle, Eindrücke geknüpft werden, die ein phantasievoller Leser aus der Vergangenheit in die Gegenwart zurückholen kann. Deshalb gehören Literatur und Historie zusammen, werden zu Geschwistern. Denn war es nicht gerade die geniale Vergegenwärtigung durch Gerüche, die wir Proust verdanken? War es nicht Thomas Manns Zauberberg, der in die Leere verflossene Lebenszeit des langzeitig Erkrankten bewusst, geradezu physisch spürbar und nacherlebbar machte? War es nicht Reinhold Schneiders Auseinandersetzung mit dem Leiden, das Bilder im Kopf weckte? Und zeichnete nicht Hermann Kasack im „großen Netz" erstmals das Bild einer durch Medien verführten Gesellschaft?

Ebenso kann es mit Lektüreerlebnissen und Reminiszenzen gehen. Immer werde ich mich daran erinnern, wie ich meinen Kindern „fast Märchen, fast Geschichten" von Reiner Kunze vorlas, wie sie den Löwen Leopold in ihr Herz geschlossen, wie mich *zimmerlautstärke* zu begleiten begann. Meine ganz persönlichen Erinnerungen schwingen in vielen Dichtungen Reiner Kunzes mit. Sie wurden nach dem Fall der Mauer im November 1989 noch einmal zu meinen Begleitumständen eines Epochen-Umbruchs, an den Kunze gewiss mehr geglaubt hatte als die meisten seiner Zeitgenossen, auch ich. Hatten wir nicht viele von denen, die die DDR kannten und sich nicht dem Koexistenz-Gerede unterwarfen, fast für verhärtet, für blockiert, für sonderbar gehalten, Hermann Weber ebenso wie Walter Kempowski oder Karl Wilhelm Fricke?

Vergangenheit ist das eine, Gegenwart das andere. Vermittelt werden beide Zeitschichten durch Kulturtechniken – durch Erzählen, Dichten, Lesen. Es handelt sich um stille, geradezu intime Formen der Überbrückung, der Annäherung, des Verstehens und der Bewältigung. Im Event hingegen lässt sich Vergangenheit nicht vergegenwärtigen. Dazu braucht es mehr als Gedenkreden und historische Dokumentation. Wir bedürfen der Literatur, der Erzählung, der Lesung, um ahnen zu können, wie vergangene Realität erlitten, bewältigt und verarbeitet wird.

Dieses Wissen, mehr als ein Gefühl, verstärkte sich bei mir vor allem seit den achtziger Jahren, als ich in Passau Reiner

Kunze kennenlernen konnte. Mich beeindruckte seine Konzentration, seine Stimme, seine Zurückhaltung. Zuweilen folgte er einer Einladung an die Universität Passau, die mein damaliger germanistischer Kollege Hartmut Laufhütte ausgesprochen hatte. Es waren wirklich „wunderbare Jahre", damals in Passau, und es wurden dramatische Augenblicke, als sich nach dem 11. September 1989 die Stadt Passau mit Flüchtlingen füllte, die nach der Öffnung der ungarischen Grenze das Ende der DDR besiegelten. Hohe Töne waren von Kunze nicht zu vernehmen, kein Triumph, sondern weiterhin die Konzentration auf seine Texte, auf Übersetzungen, Lesungen und Vorträge. Damals gab es noch keine Talk-Shows. Wirklichkeit in Meinung aufzulösen, darauf kam es Reiner Kunze nicht an, dafür gab er sich nicht her, sondern Stimmungen, Gefühle, auch Bedrohungen in wunderbaren, unvergesslichen Texten zu verdichten, das bestimmte ihn, sein Werk und seine Begegnungen.

Die achtziger Jahre wurden zum Jahrzehnt eines mir heute noch nicht ganz bewältigten, phantastischen Umbruchs, der in Passau und seiner Umgebung, im Länderdreieck aus Böhmen, Mühlviertel und Innviertel sehr viel stärker empfunden werden konnte, als es außerhalb des „Bavarian Congo" vorstellbar war, wo man auf die „Schwarzen" und Waldler dieses Landstrichs herabsah. Václav Havel war nah, der Ungarnaufstand war so wenig vergessen wie der Prager Frühling, und die Charta 77 wurde in ihrem Bürgerrechtskampf von einem anderen Passauer Kollegen, dem Juristen Martin Fincke, unterstützt. Aber es geht hier nicht um meine persönlichen Erinnerungen, sondern um die Frage, wie Geschichte, wie Vergangenheit, vergegenwärtigt werden kann.

In den achtziger Jahren erfolgte eine bemerkenswerte Veränderung im öffentlichen Gedenken – wohl auch deshalb, weil „runde" deutsche Gedenktage im Zeitablauf durch ihre

Rundung häufiger begangen wurden. Mancher Forscher und mancher pädagogische Mitarbeiter engagierte sich seitdem sehr im Vorfeld der großen Erinnerungsanlässe, rieb sich aber nicht selten schon einen Tag nach dem lange vorbereiteten Ereignis die Augen oder kniff sich in den eigenen Arm. War denn nicht mehr zurückgeblieben als der Zeitungsbericht über eine Politikerrede, einen Zapfenstreich, eine Begegnung von Staatsmännern, die sich die Hände reichten, gleich, ob in der Normandie, in Bitburg, in Bergen-Belsen oder in Auschwitz?

Gewiss hatte deshalb der Berliner Journalist Malte Lehming Recht, wenn er in den neunziger Jahren im Zusammenhang mit der längst vergangenen und fast vergessenen Berliner Denkmalsdebatte, die sogar zum Berliner „Denkmalsstreit" überhöht und erfolglos dramatisiert wurde, die Kritiker einer ritualisierten Erinnerung fragte, welche Formen des Erinnerns denn sie anzubieten hätten. Vielleicht übersah er bei seiner Frage, dass es nicht allein um die Formen des Erinnerns ging? Ging und geht es nicht auch um die Glaubwürdigkeit derjenigen, die sich öffentlich erinnern und doch nur für wenige Redeminuten und Feierstunden eine Betroffenheit angesichts der beklagten „Barbarei" zu spielen scheinen, eine Betroffenheit zudem, die sich nicht selten schon beim Verlassen der Festhallen und Gedenkstätten verflüchtigt hat?

Theodor Heuss hatte früh darauf hingewiesen, dass ein bewusstes Gedenken die Lösung von den Zwängen seines Alltags durch eine Besinnung auf das Prinzipielle erleichtere, welches sich in der Vergangenheit eines Menschen, seiner Gesellschaft und der Menschheit spiegeln kann. Dieses Prinzipielle ist auf wohl unübertreffliche Weise im ersten Absatz des ersten Artikels des Grundgesetzes angelegt: „Die Würde des Menschen ist unantastbar. Sie zu achten und zu schützen ist Verpflichtung aller staatlichen Gewalt." Gewiss gelingt es keineswegs überall und immer, dieses hohe Verfassungsziel zu erfüllen, zumal nicht außerhalb des eigenen Staatsgebietes.

Aber ist dieser Artikel nicht ein Bekenntnis und ein Appell, in dem sich wie in kaum einer anderen Formulierung eine Auseinandersetzung mit der totalitären Versuchung spiegelt, die sich in unserem Jahrhundert so vielfältig anschaulich machen lässt? Das 20. Jahrhundert war ein Jahrhundert der Diktaturen, die Menschenrechte verletzten, systematisch, nicht selten ohne jedes Zögern, weil sie ihre politischen Ziele in naher Zukunft auf Kosten der ihnen ausgelieferten „Untertanen" verwirklichen wollten. Jedes Argument war Diktatoren und ihren Gefolgsleuten Recht, um gegenwärtiges Leid durch Zukunftsziele zu rechtfertigen, die utopisches Denken zum Ausgangspunkt von Verbrechen machten. Mitläufer wurden dabei vom Mitmenschen nicht selten zum Gegenmenschen.

Derartige Gefahren sind keineswegs überwunden, sie spiegeln sich nicht nur in der Geschichte, sondern sie sind gegenwärtig, allen „Nie-wieder-Bekenntnissen" trotzend. Übersehen wird in den auf die „nationale Selbstbesinnung" zielenden Gedenkfeiern, dass es sich bei der Erinnerung an die Gefährdung des Menschen durch seine Mitmenschen um eine stets präsente Gefahr handelt, die aus dem menschlichen Zusammenleben folgt. Blitzschnell kann der Nachbar zur Bedrohung oder zum teilnahmslosen „Zeitgenossen" werden, zum habgierigen „Arisierer", zum verantwortungslosen Wohnungssuchenden, zum Denunzianten aus persönlichen Gründen. Das zeigte sich nicht nur zwischen 1933 und 1945, sondern erneut, als Deutsche, die man DDR-Bürger nannte, gezwungen wurden, vor ihrer „Ausreise" in die Bundesrepublik ihren Besitz weitgehend zu veräußern. Vorteile suchten Arisierer ebenso wie diejenigen, die von „Ausreisewilligen" Grundstücke „übernahmen". Auch dies wurde mir erst in Passau bewusst, als ich mit Fluchtlingen sprach, die Ausreiseanträge gestellt hatten.

In der Tat zeigt unser Jahrhundert, wie brüchig das vielfach beschworene Fundament unserer Zivilisation ist. Diktaturen rechtfertigen das angeblich historische Recht des Kollektivs und gefährden so das Individuum. Dies wäre eine Grundfrage unseres Jahrhunderts, unserer politischen Existenz und unseres Gedenkens. Deshalb hat es beim Erinnern an die Katastrophen unseres Jahrhunderts zuvörderst um den Einzelnen zu gehen, der anderen Menschen und Gruppen nicht mehr ausgeliefert wird und keiner Staatsgewalt um den Preis seiner menschlichen Existenz preisgegeben werden darf. Wer preisgegeben wird, der ist einsam - er weiß: der Mensch ist nicht allein gemeinschaftsbildend, fähig „gut und böse" zu unterscheiden, sondern er kann zum Wolf des anderen werden.

Mit den Folgen dieser Einsamkeit und dieser Erfahrung des Einzelnen konnten wir urplötzlich Jahrzehnte nach Kriegsende konfrontiert werden. Am Beginn stand nicht selten ein ganz banaler Zufall.

Vielleicht können Sie sich vorstellen, wie man sich fühlt, wenn man auf engen Bergstraßen bis zu einer weit höher als 1000 Meter liegenden Alm vorgedrungen ist, um eine Bergwanderung über die seit einiger Zeit für Touristen offene österreichisch-slowenische Grenze in den Karawanken zu unternehmen? Man parkt den Wagen, orientiert sich, will aussteigen. Plötzlich lässt sich ein Schwarm Tausender Fliegen auf dem Auto nieder. „Schnell raus!", Schließautomatik betätigt – und dann der Schreck: Die Tür verschlossen, der Schlüssel steckt im Zündschloss, kein Mensch weit und breit.

Auf der Karte war doch eine Hütte verzeichnet. Mal sehen, vielleicht wird sie bewirtschaftet oder haben die Bergmenschen vielleicht sogar Telefon? Nach dreißig Minuten wird klar: der Hof bietet keine Hilfe, offensichtlich seit Jahren unbewirtschaftet. Aber dahinten ist noch ein kleiner Bauernhof, vielleicht haben die Telefon.

Vor dem Haus sitzt ein Almbauer in der Abendsonne und zelebriert seine Brotzeit kurz vor dem Sonnenuntergang. Die Karawanken reflektieren das intensive Licht der untergehenden

Sonne, sie glühen und lassen den Bauern leuchten. Irgendwie ein schönes Bild. - „So, Deutsche seid Ihr?" „Deutschland kenne ich." Müde blickt man auf. Solche Geschichten hat man doch oft gehört von diesen Grenzbewohnern, die den Krieg mit fernen Ländern verbinden und eigentlich nur wegen des Krieges aus ihren Tälern und Dörfern herausgekommen, ein wenig von der Welt gesehen haben.

Vor allem um höflich zu sein, fragte man zurück. „Wo waren Sie denn?" „Ich war in Moringen." „Wie bitte? Moringen? Waren Sie etwa...im KZ?" Der Bauer guckt mich an, erstaunt. Später erzählt er, einmal sei ein Deutscher bei der Nennung dieses Ortsnamens auf dem Absatz umgekehrt und habe sich grußlos davon gemacht. Ja, er war im Jugend-KZ. Ich verband es mit Jugendlichen, die sich der Swing-Jugend zurechneten und aufgrund einer Anweisung Himmlers „hart angefasst" werden sollten. Ein Alm-Bauer aus Kärnten in Moringen? Kurze Andeutung. „Jugoslawische Partisanen, Gestapo, der Vater ist tot, nur die Mutter und die kleine Schwester hatten überlebt." Er würde gerne erzählen, habe aber jetzt keine Zeit, seine Frau sei im Wald, er müsse auf die Weide und zum Vieh. „Aber sicher", telefonieren könnten wir, der Schlüssel läge immer über dem Türstock, „da."

Ein Griff, eine Geste, Beweis seines Vertrauens und seiner Gastfreundschaft. „Legt ihn wieder hin". „Wir kommen wieder!"

Drei Tage später erfuhr ich die Geschichte des Almbauern Johann Kogoj von der Luscheralm. Partisanen waren im Spätsommer 1943 auf die Alm gekommen und hatten etwas zum Essen verlangt. Darauf einzugehen war gefährlich, sich zu verweigern ebenso. Wie hieß es in Berlin damals? „Zwischen Bomben und Gestapo..." Die Almbauern hatten den einen oder anderen unter den Partisanen erkannt, der Vater war sowieso auf ihrer Seite, bekannte sich aber nicht offen wegen seiner Frau und der beiden Kinder. Und wenn er nichts gegeben hätte, dann hätten sich die Partisanen eben mit Gewalt versorgt. Kogojs Vater verweigerte sich nicht. Unter den Partisanen befand sich ein Spitzel der Gestapo, ein Verräter.

Wenige Tage später kamen die Gestapo-Leute auf die Alm, schlugen den Vater, schlugen seinen Sohn, ihn, den Johann Kogoj, verhafteten beide, und bedrohten überdies die Mutter und deren Säugling, die kleine Schwester. „Dich Sau holen wir morgen!", mit diesen Worten ließen sie die auf dem Boden kauernde Mutter zurück. Sie hatte keine Wahl, musste in den Wald, zu den Partisanen, mit ihrer kleinen Tochter, dem Säugling. Mutter und Kind überlebten das Kriegsende.

Johann Kogoj, der Jugendliche, wurde in das Gestapo-Gefängnis nach Klagenfurt eingeliefert. Damals war er nicht einmal sechzehn Jahre alt. Geboren war er am 10. Dezember 1927 - am Tage seiner Volljährigkeit, dem 10. Dezember 1948, verabschiedeten die Vereinten Nationen die Erklärung der Menschenrechte. Den Tag seiner Verhaftung, den 7. Oktober 1943, konnte Johann Kogoj niemals vergessen. Später erfuhr er, dass die Gestapo fünf Tage später noch einmal auf die Alm kam, um den Rest der Familie zu holen. Sie nahmen seine Tante mit und verschleppten sie nach Ravensbrück.

Der Vater war wie Johann Kogoj am 7. Oktober verhaftet worden. Er kam nach Dachau, wurde gequält, musste die seltenen Briefe an die Angehörigen in deutscher Sprache schreiben. Zwischen den Zeilen wird deutlich, wie er litt und die Wasserflecken verraten, wie oft dieser Brief gelesen wurde. Fast eineinhalb Jahre hielt der Vater durch; seine Befreiung aber erlebte er nicht mehr. Er starb in Dachau im März 1945, wenige Tage vor seiner Befreiung. Ein letzter angerissener Brief von ihm wird von seinem Sohn gehütet wie ein Schatz.

Johann, damals sechzehn, wurde nach seiner Verhaftung von den Gestapo-Beamten zunächst geschlagen, denn er sollte die Namen anderer Partisanen preisgeben. Er wurde immer wieder geschlagen, gefoltert und selbst eine Scheinerschießung musste er durchstehen. „Wenn der Zeiger der Uhr auf der Elf steht, bist Du hin." Er wusste: Kein Wort sollte über seine Lippen kommen. Zwei Gedanken beseelten ihn: „Lieber tot als noch einmal geschlagen werden". Und: „Wenn Du etwas sagst, bist Du auch tot, später, wenn es die, die mich jetzt bedrohen, nicht mehr gibt!" Irgendwann gaben die Peiniger auf.

Überführung nach Moringen im Solling. Als slowenisch sprechender Österreicher fand er dort Kontakt zu anderen Gefangenen- zu Polen, zu Tschechen und Russen. Erstaunlich war für ihn, dass es auch deutsche Gefangene gab. Ob er sich erinnert, jetzt mehr als fünfzig Jahre später. Aus Hamburg seien einige gewesen. „Swing-Jugend", sage ich, „Edelweiß-piraten". „Ja", sagt er noch einmal, „Deutsche gab es da auch."

Mein Bauer überlebte. Aber an die Stunde der Befreiung kann er sich nicht erinnern. Es war am 10. April 1945, das wird ihm später klar. „Wir hatten doch gar kein Zeitgefühl mehr", sagt er. Nach Hause will er, zu seinem Vater, zu seiner Mutter, zu seiner Schwester. So macht er sich nach der Öffnung des Lagers mit einem Leidensgefährten auf den Weg, muss erst zu Kräften kommen, lebt einige Wochen bei einem Bauern in der Nähe von Goslar, hilft dort, bis er zu Kräften gekommen ist, und dann marschiert er los. Immer wieder muss er um Speisen und um Schlafmöglichkeiten betteln. Er begegnet anderen Deutschen, solchen die helfen, wenigen, die sich abwenden. Bis jetzt hat er, der gläubige Katholik, die Begegnung mit einer Deutschen nicht vergessen, die ihm eines Tages ein Heiligenbild in die Hand drückte, als er morgens weiterzog, ein Bild des Heiligen Josef. „Der wird Dich heimführen", gibt sie ihm auf den Weg. „Du wirst heimkommen." Es ist merkwürdig, aber diese Frau prägt seitdem sein Bild von den Deutschen. Niemals verspürte ich den geringsten Vorbehalt, die leiseste Zurückhaltung, weil ich doch aus Deutschland in sein Leben eingedrungen war.

Fast neun Wochen war der achtzehnjährige Johann unterwegs, eintausend Kilometer zu Fuß, vom Solling in die Karawanken. Schließlich erreicht er Eisenkappel, die südlichste Stadt Österreichs. Eine Nachbarin erkennt ihn, ist entsetzt, denn sie weiß alles, was er erst jetzt erfährt und was erst langsam in den Kopf dringt. Wenige Tage vor Kriegsende, am 25. April 1945, waren die Deutschen noch einmal auf den einsamen Almbauernhof gekommen. Sie hatten alle getötet und Feuer gelegt. Die ganze Familie wollten sie ausrotten, zu der Zeit, als Johann schon befreit war. Ein Knecht war entkommen und später zurückgekehrt, ein Mädchen konnte sich auf dem Hof verstecken. Es musste ansehen, was die Verbrecher taten: Ein Kleinkind wurde vor seinen Augen zu Tode getreten.

Johann Kogoj besitzt Fotos vom zerstörten Hof, Bilder von den Toten, wie sie auf dem Hof liegen, verrutschte Kleidung, Schusswunden, seine Verwandten, Kinder, mit denen er gespielt hatte, Erwachsene, bei denen er auf dem Schoß sitzen durfte. Nur seine Mutter und seine Schwester hatten bei den Partisanen überlebt, tief im Wald. Sie kehren zurück und bleiben auf dem zerstörten, gebrandschatzten Hof, bauen ihn wieder auf. Dies ist der Hof seines Vaters. Geliebt habe er besonders den Weg zur Kirche der Heiligen Anna, nach Slowenien rüber. Nun sei er, nach der Selbständigkeit Sloweniens, wieder zu begehen, ein schöner Weg, eine schöne Kirche. Dorthin wollten wir gehen, ehe uns das Missgeschick mit der verschlossenen Autotür passiert ist.

Alles liegt so weit zurück und ist doch ganz Gegenwart geblieben. Menschenverächter ist er nicht geworden, dankbar, dass die Zeit der „Bruderkämpfe" vorbei ist. Er war doch immer ein Österreicher, der sich lediglich von anderen Deutschen unterschied, weil er auch slowenisch sprach. Er liebt die Einsamkeit, den Sonnenuntergang, den aufgebauten Hof, auf dem er mit seiner zweiten Frau lebt.

Böse auf die Menschen ist er nicht. Keiner Fliege könne und wolle er etwas tun. Er liebe die Blumen, das Licht, die Berge. Katholisch sei er, das hätte geholfen, böse auf die Deutschen aber könne er nicht sein. Respekt hat er vor den Bibelforschern gehabt, die haben wie er versucht, zu beten und sich so zu helfen. Den Heimkehrwunsch im Namen des Heiligen Josef vergesse er der unbekannten Deutschen niemals. Vergessen ist auch, dass er zunächst anderen Dorfbewohnern fremd blieb. „Was mögen sie sich gedacht haben", frage ich. Seine Antwort kommt ein wenig müde: „Da sind die Teufel zurückgekommen." Heute weiß er, dass ein schlechtes Gewissen die Herzen verschließt. Es hat sich manches gerichtet mit der Zeit. Nur unter Menschen da unten, da wolle er nicht mehr leben. Deshalb könne er nur auf der Alm sein.

Und dann kam der Umschlag von der ganz persönlichen Erinnerung in das Gedenken. Noch einmal holte er die Bilder mit den hingemordeten Angehörigen hervor. So sähe das jenseits der Grenze wieder aus, in Bosnien, nun im Kosovo. Das Leiden erschütterte ihn. „Die Menschen dort leben ebenso gefährdet wie wir früher". Sie sprächen nur eine andere Sprache, eigentlich zwei, so wie die Kärtner und Steiermärker Slowenen, die sich als Österreicher fühlten, katholisch wie alle anderen waren und sich nur von den „Deutschen" unterschieden, die sie als „Windische" bezeichneten, weil sie zweisprachig waren.

Johann Kogoj, „mein Bauer", er erinnert sich, vergleicht sein vergangenes Leiden mit tagtäglich neuen Leidenserfahrungen, die andere machen, er braucht kein Ritual, keine Feiern, um sich zu erinnern. Er beklagt sich nicht einmal über jahrzehntelang verweigerte Entschädigung und seine späte Anerkennung als Regimegegner. Noch heute soll es Menschen geben, die von der Luscheralm als der „Partisanenalm" sprechen.

Was Menschen vermögen, was sie für den anderen werden können, das hat er als Sechzehnjähriger erfahren. Das lässt ihn nicht los. Es geht ihm nicht um sich und um sein Schicksal, sondern um den anderen, den Gefährdeten, den Enthausten, den Vertriebenen, den Menschen, dem man seine

Heimat nahm. Was Angst ist, das weiß er, Angst, in die Augen gebrannt, die seine Peiniger nicht sehen wollten, weil sie verblendet waren und keine Phantasie hatten, sich das Leiden des anderen, des sechzehnjährigen Almbauernbuben, vorzustellen. Ritualisiertes Gedenken, Denkmalsdebatte in Berlin, Bitburg-Kontroverse, Historikerstreit, das alles wäre für ihn mehr als ein Fremdwort.

Er schaut auf die Bilder, beherrscht mühsam seine Rührung, nimmt den Brief seines Vaters, faltet ihn sorgfältig, schiebt die Fotos zusammen. Eigentlich braucht seine Erinnerung keine Gegenstände. Der Brief seines Vater, die Bilder der Angehörigen, seine wenigen Lebenszeugnisse, Erinnerung an fast zwei Jahre des Schreckens und Leidens in der abgrundtiefen Einsamkeit. Nun ist er fast siebzig. Er sitzt vor dem Haus, blickt auf die Alm, auf die Berge, in den Sonnenuntergang.

Gedenken vergehe in der Erinnerung? Nein, durch die Erinnerung werden wir erst in die Lage versetzt, Gefühle wahrzunehmen und Regungen zu zeigen, zu verstehen, zu gedenken. Johann Kogojs Geschichte verlässt mich auch nach Jahren nicht, Jahre nach seinem Tod. Ich vergesse nicht, wie er bei späteren Besuchen auf seinem Feld stand, vital, lebensfroh, gerechtfertigt. Die Erinnerung an ihn packt mich wie damals, als er von seinem Vater sprach. Erinnerungen wecken Bilder, regen also nicht nur die Phantasie an, sondern erzwingen Vergleiche, fordern Transfer, verlangen nach Aktualisierung. Nicht Stunden und Tage nach der Begegnung, sondern bis heute, bleiben sie nah. Nun sitzt Johann Kogoj in der Sonne, am Tisch mit der rot-weiß-karierten Tischdecke, schneidet Wurst und Brot, erwartet seine Frau und freut sich, dass nicht jemand davon stürzt, weil er den Namen des Jugend-Konzentrationslagers nicht aushält.

Kogojs Bild schiebt sich seitdem über manche der geschichtspolitischen Debatten, die wir führen, nicht selten, weil es uns um etwas ganz anderes geht. So geht es mir, wenn ich

Karl Wilhelms Frickes *Akteneinsicht* und die Dokumentation der Stasi-Akten lese, die deutlich machen, wie Reiner Kunze durch konspirative „Vorgänge" in die Einsamkeit getrieben werden sollte.

Der Mensch als zoon politikon, als Wesen, das sich nur im Zusammenleben entfalten kann in seiner Würde – es hört sich gut an im Religions- und im Literatur-, im Philosophie-Unterricht. Aber es entspricht nicht der Realität. Denn hier gehört sehr wenig dazu, aus dem Mitmenschen einen Gegenmenschen zu machen. Die Antwort kann Verzweiflung an der Vereinsamung und in der Isolation sein. Aber es kann auch um Stärkung der eigenen Haltung, um Rechtfertigung gehen.

Historiker können Beispiele dieser Selbstbehauptung vor das Auge rücken, – die Ethik Bonhoeffers, die letzten Briefe Helmut James Graf von Moltke, die Verteidigungsreden der angeklagten Verschwörer des 20. Juli 1944. Schriftsteller können auf ganz andere Art Phantasie und Erinnerungsbereitschaft wecken und das Erinnerungsvermögen befördern. Sie werden deshalb oftmals von Historikern beneidet, nicht, weil sie besser erzählen können, sondern weil sie auf eine exemplarische und nicht selten existentielle Weise in der Lage sind, Ereignisse zu vergegenwärtigen.

Probst Heinrich Grüber, der Mitmensch und Mitleidende, hätte meinen Almbauern sofort verstanden. „Wer nicht historisch denkt, der wird leicht hysterisch", sagte Grüber zwanzig Jahre nach Kriegsende. Damals war Johann Kogoj vierzig Jahre alt. Die Bilder seiner Kindheit - Partisanen, Moringen, der zerstörte Hof, die Spielkameraden, die niemals erwachsen werden durften, der Vater, der die „Heilige Anna" verehrt hatte, eine der bedeutenden Schutzheiligen der Bergleute, alles das rückte immer wieder vor sein Auge - mehr als fünfzig Jahre lang. Mag auch im Lexikon stehen, Moringen sei ein „Jugendschutzlager" gewesen - es war ein KZ.

Das aber war ihm nicht wichtig, Schall und Rauch sei das. Wichtig waren seine Erinnerungen. Denn historisch sind seine Erlebnisse gewesen, hysterisch war Johann Kogoj nicht. Die vielen mit Vehemenz geführten und vielleicht deshalb im Zustand „steriler Aufgeregtheit" (Simmel) veranstalteten Debatten, die wir führen, als gälte es, das Abendland zu verteidigen, erreichten ihn auf seiner Alm in den Karawanken nicht. Er war uns voraus. Denn er wusste: Dieses Abendland wurde vor gut achtzig Jahren ebenso preisgegeben wie später in der politisch-pragmatischen Bewertung der DDR, des SED-Staates, in der Abwendung von seinen Gegnern, der Opposition, die nach dem Kampf der „Jungen Gemeinde" in den fünfziger Jahren erst wieder in den achtziger Jahren zum Gruppenprotest wurde.

Die siebziger Jahre waren geprägt durch den Widerstand Einzelner, die weitgehend auf sich gestellt blieben und auch nach der Ausbürgerung nur wenig Verständnis in ihrem neuen Lebensumfeld fanden. Zu ihnen gehörte Reiner Kunze. Er wollte immer Schriftsteller, Lyriker und Übersetzer sein und wurde doch zum politischen Vorbild. Er machte nicht nur deutlich, sondern er machte bewusst, dass es in Europa auch nach 1945 um den Konflikt zwischen Diktatur und Demokratie ging.

Diktatorische Systeme isolieren Menschen, erzeugen ein Gefühl der Einsamkeit, wollen ängstigen. Wie aber reagieren die anderen? Hinschauen, empören, handeln – das sind Forderungen politischer Bildung und politischer Sonntagsreden. Imperative nehmen in die Pflicht, nicht nur diejenigen, an die sie gerichtet sind, sondern auch den Redenden selbst, der sich fordernd auch zu einer politischen Moral bekennt. Nicht selten zeigt sich, dass – Erich Kästner hat es gesagt – Moralisten gefährlich leben. Denn nicht selten versagen sie vor den Maßstäben, die sie proklamieren. Deutlich wird dies, wenn nach der Wahrnehmung, nach der Empörungsbereitschaft angesichts des Unrechts gefragt wird, das diktatorische

Systeme begehen. Die Frage richtet sich nicht an die, die in diesen Systemen lebten, sie durchschauten und sich innerlich distanzieren mussten, sondern an alle, die sich wenig dabei dachten, wenn sie mit Unrecht – mit Flüchtlingen, Mauertoten, willkürlich Verhafteten und Verurteilten, mit Ausgebürgerten und Diffamierten – konfrontiert wurden. Nicht einmal ihre Geschichte wurde gehört, aufgenommen, in Maßstäbe antidiktatorischer humaner Orientierung verwandelt.

So betrachtet, verdankten wir Persönlichkeiten wie Karl Wilhelm Fricke, der 1955 in die DDR entführt wurde und bis 1959 inhaftiert war, und Reiner Kunze, der Opfer einer Zersetzungsmaßnahme des Ministeriums für Staatssicherheit der DDR geworden war und 1977 seine Ausreise – faktisch seine Ausbürgerung – beantragte, die Schärfung unseres Blicks auf die Realität einer menschenverachtenden Diktatur. *Akteneinsicht* von Karl Wilhelm Fricke, der gegen Reiner Kunze gerichtete Zersetzungsvorgang, der unter dem Titel *Deckname Lyrik* als Extrakt aus zwölf Aktenbänden der „Stasi" erschienen ist - sie trugen zu unserer Wahrnehmung der Diktaturen bei und beeinflussten unsere Wahrnehmung des SED-Staates.

Dabei wurde deutlich, dass es um das Individuum und seine Haltung, um sein Leiden ging. Wenn Leiden individuell ist, ist kein Platz für Relativierung, für Vergleiche, für Abschwächung. Wer sich am Leiden des Menschen orientiert, ist nicht anfällig für abschwächende Nebenwirkungen der Systemvergleiche, die unser Bild von der DDR in ein mildes Licht zu rücken drohten. Wer die Würde des Menschen zum Maßstab nicht nur allen staatlichen, sondern auch des gesellschaftlichen Handelns und des individuellen Verhaltens macht, bekennt sich zu den antidiktatorischen Prinzipien des freiheitlichen Verfassungsstaates.

In Diktaturen zu leben, ihnen zu entkommen, dies verlangt innere Stärke. Denn entkommen kann man nur in Einsamkeit. Reiner Kunze hat wie mancher der Regimegegner im SED-

Staat diese Einsamkeit ertragen und zugleich gezeigt, dass es Grenzen der Auslieferung gibt, dass Entscheidungen möglich sind, dass ihre Folgen nicht schrecken. Sein Ausreiseantrag wurde innerhalb weniger Tage im April 1977 entschieden. Faszinierend war es, ihm an der Universität Passau zu begegnen, seine Dichtungen aufzunehmen, sein Leben vor seiner Flucht nach dem Mauerfall und dem Zusammenbruch des SED-Staates kennenzulernen, vor allem aber zu erleben, dass hier ein Dichter stand, der nicht verbittert war und der uns beibrachte, in Zukunft vielleicht deutlicher und bewusster die Angst im Auge des bedrängten und verfolgten Mitmenschen zu sehen, die eigene Wahrnehmung und vor allem auch die Phantasie angesichts des doch so offensichtlichen tagtäglichen Schreckens zu schulen.

Und niemals zu vergessen, was es bedeutet: im Menschen „Gottes Ebenbild" zu begegnen.

Horst Drescher

Erzgebirgler ob der Donau. Seefahrt

Ja, Reiner. 80 Lebensjahre sind ein Fundament, um sich umzuschauen:
Acht Lebensjahrzehnte gemeistert, gemeistert innerhalb unserer befremdlichen Lebensjahrzehnte. Respekt.

Eine alte Redensart spricht von dem, was uns an der Wiege gesungen worden ist oder eben nicht. Dir ist nicht alles, was später kam, an der Wiege gesungen. Und der heimatliche Vogelbeerbaum ist nun bei Passau herangewachsen, ein Zuhause. Wenn wir zurückblicken, erinnernd und unbefangen: diese Scheiterungen aller Arten und Spielarten. Vielleicht sagen Spätere einmal, diese Zeitalter hat vor allem Schicksale hervorgebracht, was werden die Werke dann lehren? Auf welche Art und Weise überlebt wurde? Damals. Oder oftmals wurde eben versucht zu überleben. Und Gnade, geboren worden zu sein ein paar Jahre vor dem großen Krieg. Ein paar Jahre früher geboren und alles, alles wäre wieder ganz andere Wege gegangen im Leben. Wir aber sind in diese Jahrzehnte des Kalten Krieges geraten. Wie viele Jahrzehnte sind es denn? Einst habe ich Dir geschrieben in einem Brief: „Manchmal gehe ich spät abends alte Zeiten durch, mein Lieber, wir waren in einem Kriege, großem Kriege, Bürgerkrieg, wenn wir Bürger gewesen wären. Menschenkrieg aber dürfen wir es wohl nennen." Geschrieben vor mehr als zwanzig Jahren. Man könnte den Brief heute schreiben. Ja, dieser große Kalte Krieg in unserem geteilten Deutschland; so viel von ihm auch geredet worden ist oder geredet wird, von seinen Opfern wird immer nur sehr eingeschränkt geredet. Den Menschen unserer Generation war für so vieles der Mund verschlossen und bis heute. Dabei wurde doch zu diesem Thema so viel geredet; über Opfer wurde

immer überaus gewählt geredet. Der mutige „gesamtdeutsche"
Schriftsteller Uwe Johnson ist 49 Jahre alt geworden. Er hat viel
erreicht, ist aber auch elend gestorben und im Exil. Nun könnte
man leicht fragen: Wie kommen Sie denn auf diesen Namen?
Nun, das Opfer Johnson war exemplarisch. Ich habe meine
Gründe, diesen tapferen und starken Autor hier zu erwähnen, weil ich an seine testamentarisch letzten Worte gedacht
habe. Ja, Reiner, 80 Jahre alt zu werden, ist eine Gnade. Und
aus Deinem Tagebuch *Am Sonnenhang* sei hinzugesetzt: „Die
Wirklichkeit muss erst durch den Menschen hindurch, ehe in
der Kunst Gültiges entsteht. Wir stecken zur Zeit tief in der
Wirklichkeit, die nicht nur Gegenwart ist, sondern eine zum
Teil übermächtige Vergangenheit." Schicksalssätze unserer
Epoche. Sätze aus einem Buch, das ein Befreiungsschlag war
und mit großer Kraft geführt, um nicht zu ersticken. Es gingen
ja bittere Jahre voraus. Isolation, Isolationen aller Härten. Übrigens werden Spätere unsere Literatur vermutlich ganz anders
lesen, als wir uns dies heute träumen lassen. Vermutlich mit
großem Respekt, denn diese friedlicheren Menschen sehen
ja dann, auf welchem Feld diese Literatur entstanden ist, auf
welchem Terrain, Territorium, terroir auch, Gelände eben. Uns
zu großen Teilen terra incognita. Sich dort zu bewegen und in
aller Öffentlichkeit, das hat Mut verlangt. Vermintes Gelände,
denn es ist ja nicht so gewesen wie es war, unsere Generation
weiß: es war nicht so, wie es gewesen ist.

   In einer anderen Zeit hat ein Glücklicherer das Gedicht
„Seefahrt" geschrieben. Die Vision vom Aufbruch in ein anderes, unbekanntes Leben. Der Ausbruch ist gefährlich, heraus
aus der frühen Lebenshälfte, die man sich nicht auszusuchen
vermag. „Und an jenem Ufer drüben stehen Freund und Lieben, beben auf dem Festen. Ach, warum ist es nicht hier geblieben! Ach der Sturm! Soll der Gute so zu Grunde gehen?
Ach, er sollte, ach er könnte! Götter!" Nun, man lese selber.
Wäre unser Verhältnis zu diesem großen Dichter aus anderen

Zeiten inniger, das Gedicht stünde in jedem Lesebuch. Zur Ermutigung!

Ja, Du hast die Seereise gemacht, des Scheitern eingedenk. Wie viele Couragierte sind gescheitert! Und was heißt gescheitert und was heißt: Seereise glücklich gemeistert? Das Altersgesicht erzählt. Und Heinrich Heines Wort vom Lehm des Vaterlandes, den man an den Schulsohlen mitnimmt, willens oder ungewollt: schwer abzuschütteln. Die Crux. Jedes eigenständige Leben, es hatte seinen Preis in diesem zweigeteilten Deutschland, in diesem zwiegeteilten nach diesem großen Kriege. Die herrschenden Medien aber lieben klare Verhältnisse: richtig und falsch, Sieger und Verlierer, wahr und falsch: Geglättete Verhältnisse. Die Poesie aber weiß mehr, wie zusammengesetzt das Menschenleben auch ist und wie vielfältig. Die Seefahrt auf den Wogen des Großen Kalten Krieges. Acht Jahrzehnte. Gratulation. Aber auch ich bin nicht mehr gesund genug für einen angemessenen liebenswürdigen Gratulationstext, bin zudem ja auch der ältere. Ja, Reiner, ein solcher Traumblick aus dem Hause *Am Sonnenhang* ob der Donau. Ja, die Götter schenken und nehmen. Nehmen die alte vertraute Heimat und schenken. Ein merkwürdiges Nehmen und Geben. Dir und den Deinen noch ein paar gute friedliche Jahre als Dank für Bemühungen.

Sei zum Schluss noch der Sprache gedacht, dem wunderbaren Segel auf dieser Lebens-Seereise. Von Anbeginn an hat der künftige Lyriker auf die Sprache vertraut, unsere reiche deutsche Sprache, die Frau Muttersprache. Lebensinhalt und Trost und Stecken. Von Anfang an, aber da hat sie nicht geherrscht, die Sprache. Geherrscht werden sollte *mit* der Sprache.

Ideologie. – Ein weiter Weg. Aber früh hast Du begriffen, was Du ihr verdankst und wie sie beschützt werden muss. Wie Du Dich aufgebäumt hast, als Hand an sie gelegt wurde, beamtischerseits und machtvoll. Du hast Dich um die Sprache verdient gemacht. Dank sei Dir. Ja, für Reiner Kunze ist die Sprache – wie Matthias Buth und Günter Kunert im Einladungsbrief an die Autoren dieses Buches schreiben - der Ort, um Halt zu finden, Mut zu mobilisieren, Dichtung das innere Vaterland. Wie richtig.

Schreiben in Bedrängnis ein Leben lang. Freilich muss bedacht werden, wozu unsere Sprache dienen muss, Tag für Tag. Wozu sie verwendet wird, verwendet zu Zwecken. Aber Sprache hält viel aus. Aber sie muss geschützt werden mit der Sorgfalt der Berufenen.Gewaschene Sprache, eine feine Fügung. Unsere Muttersprache, die Sprache der Dichter. Ein mir gewidmetes Gedicht, ein sanfter Schulterschlag, endet mit den Worten: „und sonst: poesie ist außer wahrheit vor allem poesie." Das letzte Wort.

Marko Martin

„Es ist auf den Weg gebracht". Eine Danksagung

Er hatte tatsächlich an alles gedacht. Das kleine Päckchen voll bunter Schilling-Briefmarken, per Einschreiben aus Österreich geschickt und als Absender ein gewisser Herr Faber-Castell. Etwa der „Buntstift-Graf", dessen wunderschöne Produkte die Westverwandten stets im Geschenk-Gepäck hatten, zur Freude der Kinder und zum neidvoll-stummen Missfallen der Lehrer danach in der Schule? Die Zöllner und die ihnen übergeordneten Geheimdienstler hatten jedenfalls nichts bemerkt und das Päckchen nicht geöffnet (klugerweise war der kleine Inhaltsangabezettel - „ ein Buch" - vom Absender direkt über den hinteren Verschlussstreifen geklebt worden). Soviel Sorgfalt und Voraussicht, um *eines jeden einziges leben,* den Gedichtband von 1986, hinein in die sächsische Provinz zu schmuggeln!

Vorausgegangen war dem mein Brief an Reiner Kunze via S. Fischer Verlag, die Bitte um Bücher, notgedrungen vage begründet mit dem Lesehunger eines damals 18jährigen, der dabei jedoch *nicht* schreiben durfte, dass er aus politischen Gründen zum Hilfsarbeiter gemacht worden war, den Kriegsdienst verweigert und zusammen mit seiner Familie die Ausreise beantragt hatte, und nun nach nichts Geringerem suchte als nach der Schönheit einer Wahrheit, in einem Land der Angst, der Lügen und Vertuschungen. Denn hatte es nicht kurz zuvor diese bald enttäuschte Freude gegeben? In der staatlichen Buchhandlung der nahen Kreisstadt hatte ich einen Reclamband mit Essays von Gerhard Wolf gefunden, in welchem unter dem Titel *Dialog mit Dichtung* u.a. Erich Arendt, Georg Maurer, Johannes Bobrowski, Volker Braun und (durchaus wagemutig) sogar Günter Kunert präsentiert wurden in einer fein ausdifferenzierten Sprache, die nichts gemein hatte mit dem Losungs-Deutsch der Zeitungen und offiziellen Verlautbarungen. Doch gleichzeitig, dieser Eindruck bereits nach wenigen Seiten: Wie verschroben und ziseliert da um das Eigentliche – eben jene Angst und Unfreiheit – herum geschrieben wurde, Pirouetten der Andeutung drehend und noch im Impetus des sich vorwagenden Widersprechens im allerletzten Moment wegflutschend, mit Verweis auf „Komplexität" die eigene Position erneut in ein quecksilbriges Fragezeichen verwandelnd. Bei der partiellen Wiederlektüre zur Vorbereitung für diesen Text hatte ich jedenfalls sogleich Kopfschmerzen bekommen, nun seit über zwei Jahrzehnten - auch Dank Reiner Kunze – der sinnlosen Suche enthoben, zwischen den Zeilen lesen zu müssen und lesen *zu wollen,* was nicht etwa existenzielles Mysterium war - aus gutem Grund von Sprache höchstens zu umkreisen oder in einer gelungenen Metapher zu bannen - sondern lediglich verklausulierte politische Botschaft und im Grunde pure bürgerrechtliche Selbstverständlichkeit. Gerade deshalb gilt Joseph Brodskys Diktum „Ästhetik *ist* Ethik": Je freier das Denken und Sprechen, desto klarer und stringenter auch die Form. In DIE VERURTEILTEN VON THORN (provoziert von der Ermordung des polnischen Priesters Jerzy Popieluszko und in jenem nach Sachsen geschmuggelten Band veröffentlicht) wird ein politischer Kriminalfall zum Prüfstein menschlicher Widerständigkeit, präzise und bar jeder pathetischen Rhetorik:

Ihr verhängnis: Verräterisch klein
ist ihr land

Ihre hoffnung: das große land

Reglos
kehrt es den rücken zu

Doch jeder weiß, es liegt wach

Waren es Zeilen wie diese, die Gerhard Wolf in erwähntem Essayband in einer Zwei-Zeilen-Notiz davon schreiben ließen, manche von Reiner Kunzes Gedichten seien geprägt von „Ressentiments"? Immerhin ließ sich bei entsprechend gutem Willen selbst die pikiert tadelnde Randbemerkung noch als eine literaturkritische Position verstehen, die Wiedererwähnung eines spätestens seit 1976 zur Unperson gemachten Dichters. Zumindest war es keine Schuftigkeit wie jene des damaligen Schriftstellerverbandspräsidenten Hermann Kant, der auf Kunzes erzwungenen Weggang aus der DDR ein „Kommt Zeit, vergeht Unrat" gemünzt hatte. Selbst die Schmähung aber reizte, gegen den Strich gelesen, zur Renitenz, war sie doch ebenfalls in einem Band publiziert worden, der in einer Buchhandlung auslag – schwarz auf weiß. Dennoch: Wie deprimierend all das war, wie eng und grau. Und wie letztlich schal selbst das Vergnügen, bei der Leipziger Buchmesse am S. Fischer Stand ganz oben auf dem Bücherregal den *Löwen Leopold* thronen zu sehen, angestarrt von Besuchern, die einander danach ein wissendes Lächeln schenkten.

Aber war man nicht ebenfalls gefangen in diesem Kokon aus Halbwissen, Gerüchten und mühsam dechiffrierten Nachrichten, in einem Nebel, durch den zum Glück wenigstens ab und an die Radiostimme des engagierten RIAS-Redakteurs Hans Georg-Soldat drang? „Kunze, Kunert, Kirsch" oder: „Kunze, Biermann, Loest, Fuchs und Klier." Der ermutigende Klang allein schon der Namen, zeitweiliger Ersatz für die verbotenen Gedichte und Texte.

> Wenn eure lesebücher die verluste melden werden,
> die eure zeitungen verschweigen – dann
> vielleicht
>
> Doch zu ende zählen werden wir die tage nicht
>
> Euch, die ihr gespräche dort pflanzt,
> wo sie befahlen, die wurzeln zu roden,

hinterlasse ich den treffpunkt,
damit ihr ihn hinterlaßt:

Beim blauen schriftzug des eisvogels,
der nur dann seinen ort verläßt,
wenn den bächen das eis
bis zum quell steht

Immerhin hatte man mir am Messestand bei S. Fischer die Verlagsadresse gegeben, über die ich Reiner Kunze schließlich schrieb – nicht wissend um die potentiellen Risiken solcher „Kontaktaufnahme". Wenig später traf im sächsischen Dorf eine Ansichtskarte mit einem Emil-Nolde-Motiv ein, auf der ein gewisser Toni Pongratz in mikroskopisch kleiner, doch lesbarer Schrift den Erhalt des Briefes bestätigte und seine Postadresse hinterließ. (Für all das würde es später eine Erklärung geben.) War Pongratz womöglich ein Pseudonym für Reiner Kunze? Eine Camouflage, ähnlich dem „das Banjo spielt noch nicht" des Volker Braun, mit welchem er Anfang der siebziger Jahre in einem Gedichtband die Zensur hatte zu überlisten geglaubt, da ein „die Gitarre spielt noch nicht" als eine zu starke Anspielung auf das Auftrittsverbot Wolf Biermanns verstanden worden wäre? Die Anekdote, von Biermann als Beleg für ängstlichen Mut oder mutige Angst erzählt, hatte ich ebenfalls eines Abends im RIAS gehört und hielt mich demzufolge für recht gewitzt, im Antwortbrief zu schreiben: „Wäre überglücklich, mit Ihnen ins Gespräch zu kommen. Falls es geht, auch mehr zu erfahren, Herr Toni Pongratz. (Ich habe von Max Frischs Roman gehört, der hieß: 'Mein Name sei Gantenbein'.)" Doch wiederum: Die flaue, bemühte Klügelei des Halbwissens und notgedrungenen Nur-Vermuten-Dürfens. Am 29. April 1989 dann eine Karte aus Brüssel, mit einer Luftansicht der EG-Gebäude: „Es ist auf den Weg gebracht. Händedruck..."

Und so traf *eines jeden einziges leben* schließlich in einem Kaff namens Wechselburg ein – exakt drei Wochen, eher nach schwerer Zeit unserer Familie endlich die Ausreise gewährt wurde. Seltsame, doch glückliche Koinzidenz, denn nun war es genau dieses Buch, das mich auf das neue Leben vorbereitete.

IN SALZBURG,
AUF DEM MÖNCHSBERG STEHEND
(Nach ankunft im westen Europas)

Wiederzukehren
hierher, können von nun an mich hindern
armut nur, krankheit
und tod

Im kupferlaub der dächer geht der blick
den abend ab

Heimat haben und welt,
und nie mehr der lüge
den ring küssen müssen

Ein Preisen der Freiheit, ohne die Begrenzungen zu verschweigen, die allesamt mitgedacht und doch unterschiedlich gewichtet werden. Denn das "nur" gilt ja allein der Armut, gegen die es immerhin Gegenwehr gibt im Unterschied zu Krankheit und Tod. Ein Welt-Anschauen in vier Zeilen, poetisch und präzis. Zwar unwahrscheinlich, dass der euphorische Achtzehnjährige, der nun Stunde für Stunde die ungute Gegenwart zu einer bald überwundenen Vergangenheit zusammen schnurren fühlte, auch dies bereits mitlas und unser aller Endlichkeit in Rechnung stellte. An eines aber erinnere ich mich, gilt es doch bis heute: Es war und ist das Aufatmen und *Wahr*nehmen-Können, das aus solchen Gedichten auf den Lesenden übergeht. Eine ruhige und jedes Detail achtende Gestimmtheit, mit deren Hilfe sich dann auch gewiss die letzte Hürde überwinden ließ. Denn wie ewig lang stand der Zug am Grenzbahnhof in Gerstungen! Die Lok abgekoppelt, dumpfe

Mittagshitze. Durch einen Windzug wurde am Sperrzaun immer wieder ein Wellblechstück sinnlos hin und her geworfen, hin und her, während auf dem Bahnsteig die Grenzer patrouillierten, Schäferhunde an der Leine und mit Eisenzangen, an deren Enden sich kleine Spiegel befanden, unter dem Zug nach versteckten Menschen suchend.

Meine Manuskripte aber, die Tagebücher und mit Pauspapier kopierten, aus der Unfreiheit abgeschickten Briefe - dazu die zwei *Westpostkarten* und der Gedichtband – versteckt inmitten des Gepäcks meiner kleinen Schwester, ohne dass die Mutter davon wusste. Ein, zwei Stunden, und es schien, als würde sich der Mönchsberg in Salzburg doch noch entfernen und womöglich in die Hände der Uniformierten geraten. Dann ging schließlich ein Rucken durch die Abteile. Es ertönte ein Pfiff, der Zug setzte sich – doch wie quälend langsam – in Bewegung, und als er plötzlich an Fahrt gewann und schon nach wenigen Minuten links der Gleise in einem kleinen Dörfchen *Westautos* auf der Straße zu sehen waren, begann meine Mutter wie befreit zu weinen, und mein Vater nickte mir zu. Ab jetzt...

Die Aufnahmekapazität des Übersiedlerlagers in Gießen war allerdings erschöpft. Was bedeutete, dass die Neuankömmlinge, die spätabends *mit Sack und Pack* den Weg vom Bahnhof hierher gefunden hatten, in den Kellern der Wohntrakte untergebracht werden mussten. Schränke wurden so zu provisorischen Wänden, als Türen galten die dazwischen ausgespannten Decken und Bettlaken. Warme Mahlzeiten gab es nicht mehr, doch hatten die Leute aus der Küche zumindest noch ein paar Früchte auftreiben können; aus manchen der provisorischen Wohngeviere hörte man gereizte Beschwerden. Am nächsten Morgen ging das Gerücht, oben in einem der Zimmer hätten Ausgereiste einen spionierenden Stasi-Mann wiedererkannt, doch ehe es zu einer Prügelei gekommen wäre, hätten die Verantwortlichen eingegriffen und die Polizei alarmiert. Als beim Mittagessen ein altes deutschpolnisches Ehepaar – gebeugte Rücken, runzlige Bauerngesichter, sie mit einem weißen Häubchen – aufgrund derart sichtbarer Hinfälligkeit vorgelassen wurde, brach bei einigen in der Warteschlange der Hass hervor: „Was soll das mit dem Polaken, gelten wir Deutsche denn gar nüscht?"

Der Gießener Angestellte freilich ließ sich davon nicht beirren und geleitete die zwei Leutchen direkt zur Durchreiche – wahrscheinlich machte ich in diesem Moment zum ersten Mal Bekanntschaft mit jener Bundesrepublik, wie sie mich noch zwei Jahrzehnte später rührt und begeistert: Effizient und demokratisch und dabei durch vielerlei klug eingebaute Zwischenschaltungen den Lärm der Menge, das Hordengebrüll, ebenso effektiv dämpfend. Und wie gut es dann war, in den Amtszimmern zu sitzen und Fragen zu beantworten, die nicht gebrüllt, die nicht mit schneidender Schärfe gestellt wurden. Ruhig vortragen zu können, dass man entgegen des vorgesehenen Kontingentplans lieber doch nicht ins Ruhrgebiet, sondern hinunter an den Bodensee siedeln wollte. „Gut", sagte mit einem freundlichen Lächeln der Beamte und machte sich Notizen. „Via Durchgangslager Rastatt. Wird allerdings noch ein paar Tagen dauern. Wenn Sie es also solange noch im Keller aushalten könnten... Ich muss mich dafür entschuldigen."

MIT DIESER FAHNE SCHON

Manche hätten ihr den wind
am liebsten ausgeredet

Wir aber hatten gesetzt auf ihn

Wir hatten gehofft
auf das eine land
mit der einen fahne

Auf das land,
das nicht leugnet,
mit der fahne,
die in frieden läßt

Beim Gang durch die Gießener Innenstadt entdeckte ich
plötzlich ein Plakat. Ein weiterer unglaublicher Zufall: Reiner
Kunze würde am nächsten Tag in der Stadt sein, am 23.Mai
1989, an dem sich die Verabschiedung des Grundgesetzes zum
vierzigsten Mal jährte. Morgens eine Schullesung, abends
dann ein öffentlicher Auftritt bei einer Feierstunde im Rathaus.
In einer Buchhandlung wies man mir den Weg zum Justus-
Liebig-Gymnasium, das dann auch ganz einfach zu betreten
war – die Wandzeitungen in den Gängen voll mit Bildern von
den Auslandsausflügen der Schüler, bunte Polaroids. Im Lehrerzimmer bildete sich sogleich eine Traube um mich, man
wollte die Geschichte hören und seltsam: Das Gefühl des Be-
freitseins wurde stärker und stärker, doch hatte es überhaupt
nichts Unwirkliches an sich. Und so hatte der junge Mann, der
später dann am Bodensee endlich selbst auf ein Gymnasium
gehen konnte, um sein Abitur vorzubereiten, wahrscheinlich
schon damals in der freundlichen, *zivilen* Atmosphäre dieses
Lehrerzimmer gedacht: *Das* hier ist die Normalität und der
Maßstab, das ganz Selbstverständliche und es steht mir zu
– so wie allen Menschen auf der Welt. „Dann kommen Sie
morgen also auch bestimmt wieder? Unser Deutschkurs hat
sich begeistert auf die Lesung vorbereitet und ein paar von
Reiner Kunzes Gedichten finden sich bereits auf dem kleinen
Faltblatt hier, das die Schüler..."
   Auf dem Weg zurück ins Übersiedlerlager las ich dann
Ausschnitte aus Heinrich Bölls Laudatio auf Reiner Kunze,
vor allem aber dieses Gedicht – binnen Monatsfrist nun schon
das zweite, das den Weg beschirmte.

ICH BIN ANGEKOMMEN

Ich bin angekommen

Lange ließ ich auf nachricht
euch warten
Ich habe getastet

Doch ich bin angekommen

Auch dies ist mein land

Ich finde den lichtschalter schon
im dunkeln

An die Lesung selbst gibt es merkwürdigerweise nur eine verschwommene Erinnerung. Ich hatte Platz genommen in einer der letzten Stuhlreihen in der lichtdurchfluteten Aula – und kämpfte gegen meine Müdigkeit. Nicht, dass die Veranstaltung enttäuschend gewesen wäre. Im Gegenteil: Wie wunderbar fügte sich Reiner Kunzes helle, fein akzentuierende Stimme zu den Gedichten, wie passten sich die Atemzüge den Freiräumen zwischen den Versen an, deren meiste ich ja noch gar nicht kannte! Vor allem aber war es die bereits in Sachsen vorweggenommene und nun wiederkehrende Salzburg-Empfindung, die just in diesem Moment zu einer *Erfahrung* wurde: *Wiederzukehren/ hierher, können mich von nun an hindern...* Und irgendeine Stimme sagte: Es ist gut, Junge, jetzt bist du in Sicherheit, auch genießt du kein Privileg, sondern hast ersten Anteil am Leben in freier Gesellschaft, die Verhörzimmer der Abteilung Inneres liegen hinter dir, die Angst und die Schreie, denn ab nun ist auch der Zugang zu den Büchern nicht mehr versperrt und muss nicht mittels Deckadressen listig erzwungen werden, ab jetzt... Und dem Neu-Übersiedler aus dem Wohngeviert im Lagerkeller, der müder war, als er es sich selbst eingestehen wollte, fielen die Augen zu, während weiter Reiner Kunzes beruhigend klare Modulation zu hören war, rezitierend und die Fragen der Schüler beantwortend. *ZUFLUCHT NOCH HINTER DER ZUFLUCHT.*

Doch danach, als ich mich am Ende der Lesung vorstellte, wahrscheinlich etwas verlegen, gab es da womöglich einen kurzen Moment des Zweifels, vielleicht gar des Misstrauens, war - nur einen Monat nach meiner „Kontaktaufnahme" - mein plötzliches Hiersein im Westen ja immerhin ein arg merkwürdiger Zufall? Nichts davon. (Jedenfalls hat das Gedächtnis nichts dergleichen gespeichert.) Stattdessen: Eine Widmung in den „Wunderbaren Jahren", die mir zuvor der Gymnasiumsdirektor am Büchertisch gekauft hatte, und dazu eine Einladung zum Spaziergehen in der Innenstadt. Vor allem an zwei Details erinnere ich mich: Als ich während unseres Gesprächs Stefan Heym erwähnte, der mich bei einem Besuch in Ostberlin mit einem jovial-grummeligen „Weggehen verändert gar nichts, junger Mann" abgespeist, mir aber immerhin seinen großartigen *König David Bericht* mitgegeben hatte, kam von Reiner Kunze kein abwertendes Wort. „Oh ja, Stefan Heym...", sagte er, ganz kollegiale Wertschätzung und wahrscheinlich im Vertrauen darauf, dass ich das Zusätzliche schon irgendwann selbst herausfinden würde. Als ich dann von Christa Wolf sprach, von meinen Briefen an sie, und meinte, Inhalt und Ton ihrer Bücher schienen vor dem Entscheidenden, wirklich Schmerzlichen leider jedes Mal abzubiegen, wenn auch in wortreicher Trauer – was sagte da mein Gegenüber, der selbstverständlich dieses und noch vieles andere ungleich besser wissen musste aus existenzieller Erfahrung? Nun folgte eben keine „typische Emigranten-Suanda", kein Parlando in Bitternis oder gar eine hektische Vereinnahmung des Neuzugangs für die „gemeinsame Sache". Nichts von alledem. Nur ein leises, doch ganz und gar nicht gewollt suggestives „Vielleicht muss man sich ja mitunter entscheiden, ob es der Nationalpreis der DDR *oder* der bundesdeutsche Büchner-Preis sein soll". Ein Gedanke, dem jungen Übersiedler fast beiläufig übermittelt. Sympathische Souveränität, die weder eilfertig nach Gefolgsleuten sucht noch mit politischer Äquidistanz kokettiert. Denn in den Büchern, den Gedichten ebenso wie in den Essays, war ja alles bereits geformt und konzentriert. Auch die Empathie mit jenen, denen dies *nicht* gelungen war.

LEBEN MIT EINEM MISSLUNGENEN WERK

Zeigen hattest du wollen
den strick, mit dem man die seelen hängt

Gezeigt hast du
ein würgemal

Zu groß war
das deine

Und viele gehen den henkern zur hand,
und tiefer schneidet der strick ein

Am Abend dieses 23. Mai dann die Rathaus-Lesung. Mein Vater und ich im Publikum (zuvor die besorgte, bei der kleinen Schwester im Keller verbleibende Mutter, ob wir auch *ordentlich angezogen* wären) und wir beide bewegt von der Gelassenheit gerade auch der offiziellen Vor-Redner, der Abwesenheit von Pomp und Parolen.

Was für ein gutes Land, in dem wir dann, wiederum in Monatsfrist, mehr als nur Obdach fanden am Bodensee. Und doch... Konnte man, *durfte* man sich so vorbehaltlos zu dieser Bundesrepublik bekennen, wie es Reiner Kunze in den Interviews und Gesprächen tat, die in der Edition Toni Pongratz (Lösung des „Decknamen"-Rätsels) veröffentlicht waren und die ich nur wenig später an die neue Adresse in Singen am Hohentwiel zugeschickt bekam? Tatsächlich kein Grund für Trauer und Verlustgefühle, solange man nur in einer freien Gesellschaft lebt? „Der Kunze hat völlig recht, denn *du* verwechselt da was", sagte daraufhin der Vater, ehe er sich aufs vom ersten Überbrückungsgeld gekaufte Fahrrad schwang, um eine Arbeit zu suchen und für den Sohn ein Gymnasium. „Der Staat ist nur für die Rahmenbedingungen zuständig, nicht für's Individuelle. Das bleibt mal hübsch bei jedem selbst, und wenn es schwerfällt, das als Chance zu sehen, muss man sich eingestehen, dass ja sogar wir noch ein Stück rot verblödet sind und gehirngewaschen." Sprach's und machte sich auf den Weg für die Zukunft unserer Familie.

Die Klarheit des Dichters aber, die Fähigkeit des Benennens auf kleinstem Raum, geleitete auch späterhin in einem Land, in welchem bis heute zahllose *gut Vernetzte* der Meinung sind, Demokratie und Menschenrecht sei bestenfalls verzichtbares Wortgeklingel. Die Debatten um die Stasi-Akten, der große Frieden mit den Mitläufern bei der Akademie-Vereinigung, die Invektiven gegen die erneut störenden Dissidenten – Reiner Kunze bezog Stellung. Das war mehr als tagesaktueller Einspruch, so wie auch sein Gedicht von 1980 als Quintessenz jeder derartigen und nur zu oft wiederkehrenden Erfahrung zu lesen ist.

AUF DEM VORMARSCH

Erst fassen sie fuß, dann
nach den Köpfen

(Hindert sie die schwelle, kehren sie
die reihenfolge um)

Und die Schönheit, die sich zwar auch in der bitteren Wahrheit findet, aber doch wohl nicht allein an jenem Ort? „Mein Gewährsmann ist Albert Camus", hatte Reiner Kunze damals in Gießen den Schülern gesagt, wohl wissend, dass in den frühen fünfziger Jahren die aristokratisch prokommunistische Dame Simone de Beauvoir jene wirkungsmächtige Häme ins *juste milieu* gebracht hatte, nach welcher der furchtlose Mann

aus Algerien doch höchstens zur Gymnasiasten-Lektüre tauge.
(Auch das war etwas, auf das mich der Dichter noch am gleichen Tag aufmerksam gemacht hatte, denn die noch kurz zuvor
in der DDR so glücklich ergatterte Reclam-Biographie wand
sich selbstverständlich um die Sache herum, verklausierte den
intellektuellen *und* sinnlichen Antitotalitarismus Camus'.)

MÖGLICHKEIT, EINEN SINN ZU FINDEN

Durch die risse des glaubens schimmert
das nichts

Doch schon der kiesel
nimmt die wärme an
der hand

Selbst frühe Prägungen aber müssen keine gegenwärtigen
Traumata sein: Kunzes auf oder nach Reisen entstandene Gedichte legen davon Zeugnis ab, von der befreienden Mönchs-
berg-Erfahrung zehrend, ohne dieser thematisch verhaftet zu
bleiben. Außerdem, natürlich: Die Liebe und Böhmen! Wer
könnte durch jenes Land reisen, das seit November 1989 nicht
mehr gedemütigt, ohne an Elisabeth und Reiner Kunze zu
denken? Unmöglich, die Grenze zu überqueren, ohne sich an
die ironischen Kundera-Anekdoten zu erinnern oder an die
kongenialen Übertragungen der Verse von Holan und Skácel.
Zátopoli dichte jener und Reiner Kunze übersetzte es als *umlin-
densein:* Und in eben dieser Gestimmtheit und Geborgenheit ab
nun durch die böhmischen Wälder, entlang der Elbe und Moldau, hinein in die Altstadtgassen von Prag, die panzerfreien...
Was jedoch Krankheit und Tod betrifft, die ewig tumben,
eben nicht tot zu kriegenden Breschnews und Kossygins:
Furchtlos, ja provozierend wird ihnen gerade das Intimste,
Verletzlichste entgegen gestellt, die lebenslange Liebe zweier

Menschen, eine Doppel-Existenz gewordene Unwahrschein-
lichkeit. Wer ebenfalls des Glücks teilhaftig geworden ist, die
Welt mit vier Augen sehen zu dürfen und sich deshalb gar
nicht vorstellen mag, gerade dies könnte endlich sein, hat den
Trost, dass zumindest in Worten das Unsägliche gebannt ist.

TAPFERER VORSATZ.

Wir wollen, wenn die stunde
naht, mit ihr
nicht hadern

Möglich, das irgendwann
beim anblick eines leeren schuhs
das universum
über uns zusammenstürzt

Dann laß uns denken an den fuß,
zu dem der schuh gehörte,

und an das zehenspiel,
das ungezählte male, als wir
beieinanderlagen,
das universum
zurückkatapultierte
an seinen platz

Eine Revolte gegen das deprimierend Gängige, ja sogar
gegen das Schicksal selbst und das indifferente Universum –
auch dafür erweist sich der noch in seinem Aufbegehren so
stille und modeste Dichter als stark genug: Reiner Kunzes Gewährsmann ist schließlich Albert Camus. Unermesslich, was
ich beiden wissenden Menschenfreunden zu verdanken habe.

Udo Scheer

„Kommt Zeit, vergeht Unrat"
Der Verbandsausschluss – ein Exempel wird statuiert

Im Jahr 1973 hatte der Reclam Verlag Leipzig von Reiner Kunze überraschend den Gedichtband *Brief mit blauem Siegel* herausgebracht. Aber in allen Buchhandlungen, die ich sofort aufsuchte, bedauerten die Buchhändler nur. Jürgen Fuchs war es, der mir den Tipp gab, nach Greiz zu fahren, dort in der Buchhandlung Herz könnte noch Exemplare vorhanden sein.

Bei der Fahrt in die Stadt hinein grüßte wie ein gutes Omen die schmucke, helle Häuserzeile vom anderen Ufer der Weißen Elster. Ihre gepflegten Jugendstilfassaden zeugten im allgemeinen Verfall von den besseren Zeiten, die Greiz als Residenz- und aufstrebende Textilstadt schon erlebt hatte.

In der Buchhandlung lächelte der Mann hinter seinem Ladentisch, als er meine Überraschung sah. Da lag, für eine Mark fünfzig das Stück, neben der Kasse aufgebaut ein ganzer Stapel dieser schwarzen Bändchen mit dem weißen Schriftzug: REINER KUNZE *Brief mit blauem Siegel*. Zu meinem bislang erfolglosen Bemühen meinte der Buchhändler verschmitzt, der Dichter wohne in Greiz, mit der Begründung hätte er ein höheres Kontingent bestellt – und bekommen.

Reiner Kunze war ein hoch geachteter Dichter in unserem Freundes- und Arbeitskreis Literatur um die Studenten Lutz Rathenow und Jürgen Fuchs. Das war Anfang der siebziger Jahre in Jena. Fuchs hatte den Dichter in Greiz schon als Oberschüler aus seinem zehn Kilometer entfernten Wohnort Reichenbach besucht, um sein Urteil über frühe eigene Gedichte und Prosabeobachtungen zu hören. Später erzählte er:

Die Kontakte waren relativ früh da, '67, '68. Da war ich Siebzehn, Achtzehn. Ich hab ihn '68 beim Einmarsch erlebt.

Ich habe gestaunt, was er machte. Und er: „Was machen Sie?" Da hatte ich das mit dem Bach, der seine Farbe wechselte, wie es aus der Färberei rein floss, wo auch Ratten rum rannten. Lehrer, die das oder das sagten, Halstücher, die im Wind wedelten. Er hat gespürt, dass da was kam und hat mich nie zurück gewiesen. Er sagte höchstens in seiner Art, wie er pädagogische Ratschläge gibt: „Um Himmels Willen, bilden Sie sich aus, das ist alles viel zu früh."

Von Reiner Kunze besaß er den bei Rowohlt erschienenen Gedichtband *sensible wege*. Allein schon das titelgebende Gedicht: Was war das für ein Gedicht! Es traf unseren Nerv.

Sensibel
ist die erde über den quellen: kein baum darf
gefällt, keine wurzel
gerodet werden

Die quellen könnten
versiegen

Wie viel bäume werden
gefällt, wie viele wurzeln
gerodet

in uns

Jürgen Fuchs tippte die Gedichte mit Schreibmaschine auf so vielen Durchschlägen wie möglich und verteilte sie im Freundeskreis und wir tippten sie wieder ab, damit sie weitere Kreise zogen. Das war illegal und konnte ins Gefängnis führen, wie im Fall des Medizinstudenten und heutigen Schriftstellers Utz Rachowski, der wegen „Verbreitung von Hetzschriften in Versform" - das waren eigene Arbeiten und Lieder und Gedichte von Biermann und Kunze - zu 27 Monaten Zuchthaus verurteilt wurde.

Unter den in Jena kursierenden Gedichten befand sich auch Kunzes vollständiger Zyklus *einundzwanzig variationen über das thema »die post«,* den man nur in Auszügen im Reclam-Band *Brief mit blauem Siegel* lesen konnte. Es tat gut, zu lesen, wie klar hier unsere ureigensten Erfahrungen zwischen Bevormundung und verhaltenem Aufbegehren ins Bild gesetzt waren:

9

HIER BEDIENT

HAUTPOSTASSISTENTIN L.

Hinter der barriere,
auf die ich meine nackten briefe lege,
sitzen
Sie

(...)

Sie
sind gott

Sie verpassen meinen briefen
grasgrüne uniformen

Sie
sind der feldwebel

Der Spannungsraum zum „vormundschaftlichen Staat" war hergestellt. Der Brief, dieses sehr intime, leicht verletzliches Gut wird zum Hoffnungswort in der geschlossenen Gesellschaft. Und wir lasen, was im Reclam-Band der Zensur zum Opfer gefallen war:

O aus
einem fremden land, sieh
die marken ... Wie
heißt das land?

Deutschland, tochter
(Samisdatabschrift Reiner Kunze: *sensible wege*, Reinbek 1969.)

Und wir lasen:

Brief du
zweimillimeteröffnung
der tür zur welt du
geöffnete öffnung du
lichtschein,
durchleuchtet, du

bist angekommen.
(Samisdatabschrift, s. a. Reiner Kunze:
Brief mit blauem Siegel, Leipzig 1973. S. 66)

Wir lasen das zärtliche „du", die Freude über die Kunde von
außen: „du bist angekommen". - Aber wie?!: „durchleuchtet",
geschändet!

Inspiriert vom Zyklus „die post" trat Jürgen Fuchs in einigen seiner frühen Gedichte in Dialog mit Reiner Kunze:

SCHEINWERFER

Die mich anfallen
Bis sie vorüber sind
Und mich blass sehen
Und geblendet
Verstehe ich gut
In ihrer Wut:
Denn ich leuchte
Zwar matt
Aber sie durchleuchten mich nicht
Und ich nehme ihnen die Sicht
Ein wenig:

Nicht unsichtbar
Nicht zu übersehen
Mit mir müssen sie rechnen.
(Jürgen Fuchs in: *Auswahl 74*, Berlin 1974.)

In seinem Gedichtzyklus SCHRIFTPROBE aus dem Jahr 1972 nahm er das Thema Zensur aus Kunzes Post-Zyklus auf:

DIESE ANGST

Auf halber Zeile:

Dass mein Stift
Zerbricht
Bevor alles gesagt

Und
Wer hört mich
Wenn ich schweige
(Samisdatabschrift, s.a. Jürgen Fuchs: *schriftprobe*, Weimar 2001.)

Wohl jeder verstand, wie diese Verse die viel beschworene „Überlegenheit des Sozialismus" vorführten und ihn als spießigen Kasernensozialismus bloßstellten. Und auch dieses Gedicht begeisterte uns:

MEDITIEREN

Was das sei, tochter?

Gegen morgen
noch am schreibtisch sitzen, am hosenbein
einen nachtfalter der
schläft

und keiner weiß vom anderen

„Und keiner weiß vom anderen."

Das war ein Schlüsselsatz, die Aufforderung, daran etwas zu ändern! Wie? Durch Schreiben! Dieser Kunze machte es uns vor.

Seine Gedichte kokettierten nicht mit Doppeldeutigkeiten. Wir waren beeindruckt von der Genauigkeit der Worte und ihrer Sprachmächtigkeit. Andeutungen, Chiffren und die Sprachverstecke der Sklavensprache waren dieser Lyrik fremd. In ihr gab es keine blumigen Metaphern. Im Gegenteil, manches Gedicht verwandelte sich beim Lesen selbst in ein Bild, wie wir das allenfalls von Brecht her kannten. In seinen *Buckower Elegien* gibt es das Gedicht:

RUDERN, GESPRÄCHE

Es ist Abend. Vorbei gleiten
Zwei Faltboote, darinnen
Zwei nackte junge Männer: Nebeneinander rudernd
Sprechen sie. Sprechend
Rudern sie nebeneinander.
(Aus: Bertolt Brecht: Bd. 3 Gedichte, Aufbau Verlag Berlin 1973.)

Und dann las ich im *Brief mit blauem Siegel* diese Fortführung:

RUDERN ZWEI

Rudern zwei
ein boot,
der eine
kundig der sterne,
der andre
kundig der stürme,
wird der eine
führn durch die sterne
wird der andre
führn durch die stürme,
und am ende ganz am ende

225

wird das meer in der erinnerung
blau sein.
(Aus: Reiner Kunze: Brief mit blauem Siegel, Leipzig 1973, s. a.
Reiner Kunze: Vögel über dem Tau, Halle 1959.)

Angesichts der hier gezeigten Kraft zweier Menschen füreinander war Brechts RUDERN, GESPRÄCHE plötzlich nur
noch eine blasse Skizze.

„Kann ein Gedicht die Welt verändern", fragte Reiner Kunze einmal und er antwortete: „Ein Gedicht kann nicht die Welt
verändern, aber für das Leben des Autors kann es Folgen haben." - Und nicht nur für den Autor.

Wenige Wochen vor seinem Studienabschluss 1975 wurde Jürgen Fuchs von der Friedrich-Schiller-Universität Jena
exmatrikuliert. Seine Diplomarbeit als Sozialpsychologe war
bereits mit dem Prädikat „Sehr gut" bewertet. Die offizielle Begründung: „Schädigung des Ansehens unserer sozialistischen
Universität in der Öffentlichkeit". Der eigentliche Grund waren
seine literarischen Texte und sein Anspruch: „Sagen was ist."

Nur wenige hundert Meter von der Familie Kunze entfernt
wohnte auf dem Greizer Hainberg der junge Beatmusiker,
Maler und Lyriker Günter Ullmann. Er war fasziniert von
diesem Mann und seiner Lyrik, waren doch Wahrhaftigkeit
und Gerechtigkeit auch für ihn das höchste Gut. Nach Kunzes Ausschluss aus dem Schriftstellerverband schrieb er mit
Freunden eine scharfe Protestresolution an das Zentralkomitee und den Vorstand des Schriftstellerverbandes. Ullmann
geriet zwischen die Mahlsteine der Staatssicherheit, wurde
in einem „Operativen Vorgang" mit Zersetzungsmaßnahmen
überzogen und über ein Jahrzehnt in eine psychische Krankheit getrieben.

In seinem 1969 in der Bundesrepublik veröffentlichtem

Gedichtband *sensible wege* benannte Reiner Kunze, was DDR-
offiziellen Stellen sofort als Provokation verstanden:

> *Dialektik*
> Unwissende damit ihr
> unwissend bleibt
>
> werden wir
> euch schulen.

Max Walter Schulz, der spätere Vizepräsident des DDR-
Schriftstellerverbandes, bezichtigte ihn für diesen Band auf
dem VI. Schriftstellerkongress 1969 des „Individualismus",
„Antikommunismus" und „böswilliger Verzerrung des DDR-
Bildes":

Nach seinen Protestresolutionen gegen Kunzes Verbandsausschluss und die Verhaftung von Jürgen Fuchs 1976
fügte Günter Ullmann epigrammatisch knapp seine Erfahrung hinzu:

> dialek
>
> tik
>
> „Die Lehre von Karl Marx ist allmächtig,
> weil sie wahr ist."

Begegnet bin ich Reiner Kunze zum ersten Mal 1974 bei einer Verbandssitzung des Schriftstellerverbands Gera/Erfurt in
Weimar. Jürgen Fuchs und ich waren als Gäste eingeladen, quasi
als Vorstufe einer damals noch möglichen Kandidatenschaft.

Wir saßen zu Dritt an einem der hinteren Tische. Reiner
Kunze fiel in diesem geschwätzig, selbstgefälligen Kreis als
still und zurückhaltend auf. Manchmal machte er sich Notizen. Die Mehrheit der regionalen Autorengrößen mied ihn
demonstrativ. Einen Grund dafür vermerkt die Staatssicherheit
im Operativen Vorgang „Lyrik": „Inoffiziell wurde bekannt,
dass der Schriftsteller Reiner KUNZE Anfang Juli 1973 ... mit

dem Literaturpreis der Bayerischen Akademie der Schönen Künste ausgezeichnet wurde ... Über die Auszeichnung brachten die Schriftsteller des Bezirksverbandes Weimar/Erfurt H..., M..., B... und B... ihre Empörung zum Ausdruck. H... äußerte sich dahingehend, dass K. aus dem Schriftstellerverband ausgeschlossen werden sollte."
(OV „Lyrik", Reg.-Nr.: X 514/68, Information vom 03.11.1976)

Es waren nicht nur Wolfgang Held, Armin Müller, Friedemann Berger, die Reiner Kunze schnitten, vor allem Harry Thürk und Inge von Wangenheim bestimmten das Klima. Einer der ganz wenigen, die in Pausengesprächen auf ihn zugingen, die den Bannkreis durchbrachen, war der Weimarer Lyriker Wulf Kirsten. Er war mit ihm befreundet, hatte ihn in Greiz besucht und war fast der einzige Autor, den man in Gesprächen mit ihm sehen konnte, seit Kunze 1975 in die Bayerische Akademie der Schönen Künste aufgenommen worden war. Dafür wurde er überaus argusäugig beobachtet.

Damals begriff ich den allgemeinen Affront gegen Kunze noch nicht, sah darin vor allem einen Ausdruck von Neid. Immerhin schien mit Erich Honeckers Machtantritt auch in der Kulturpolitik größerer Freiraum möglich. Nicht nur der *Brief mit blauem Siegel* konnte 1973 erscheinen – wenn auch nur in zwei sofort vergriffenen Auflagen. Auch Franz Fühmanns *22 Tage oder die Hälfte des Lebens*, Jurek Beckers *Irreführung der Behörden* und bereits 1972 *Das ungezwungene Leben Kasts* von Volker Braun machten Furore. Erich Loest machte die Probe aufs Exempel, begann die Arbeit an einem seiner wichtigsten Romane *Es geht seinen Gang oder Mühen in unserer Ebene*, in dem er mit dem Alltag des „kleinen Mannes" sozialistische Zukunftsvisionen unterlief.

Reiner Kunze entblätterte das Verhältnis von sozialistischem Schein und Sein auf seine Weise. Er sammelte in Gesprächen mit Schülern, Lehrlingen, jungen Arbeitern, Studenten und Soldaten Stoff über die DDR-Wirklichkeit jenseits der offiziell Zugelassenen und schuf aus den Momentaufnahmen seinen über eine halbe Million Mal verkauften Bestseller *Die wunderbaren Jahre.*

Selbst sagt er über dieses Buch: „Mir ging es nicht um Dokumentation von Einzelfällen. Mir ging es um das Exemplarische, das künstlerisch Relevante, also darum, mit einem möglichst hohen Maß an Authentizität Strukturen in uns sichtbar zu machen, die sich auf unser Menschsein zerstörerisch auswirken..."

Heinrich Böll lobte, in diesem Prosaband sei „keine einzige Zeile zufällig, und so ist auch keine einzige Zeile überflüssig."

Die Prosaminiaturen und Kurzgeschichten darin benennen gesellschaftliche Deformationen, darunter die Wirkung des in Kinderhirne gepflanzten militaristischen Geistes: der SECHSJÄHRIGE, der Spielzeugsoldaten mit Stecknadeln durchbohrt: „Warum gerade diese?" „Das sind doch die anderen."; der SIEBENJÄHRIGE, dem die Mutter eine Spielzeugmaschinenpistole Gegen die Bösen gekauft hat, für den Lenin „Der Hauptmann" ist; der ELFJÄHRIGE, der in den Gruppenrat gewählt wurde und nun für Wehrerziehung zuständig ist: „Und was musst du da tun?" „Ich bereite Manöver vor und so weiter."; der ZWÖLFJÄHRIGE, der fast Pistole hätte schießen dürfen, der enttäuscht ist: „Ich habe mich als erster gemeldet – bloß ich habe ein paar Impulse zu viel."

Andere Geschichten erzählen von Versuchen jugendlicher Selbstbestimmung, von Gängelung und harten Repressionen. Eine Erzählung bricht das Tabu-Thema der Bespitzelung durch die Staatssicherheit. Jürgen Fuchs hatte Reiner Kunze diese Begebenheit berichtet:

Jürgen, ein junger Mann, fährt mit dem Zug von Robert Havemann nach Jena. Ein attraktives Mädchen sucht seine Bekanntschaft, sagt, sie studiere, male, schreibe, interessiere sich für seinen Malerfreund, sie erfragt seine Adresse. Ein paar Tage später kreuzt sie just in dem Moment auf, als er mit Freunden kommt: „Jürgen registriert bloß, dass sie ... sich für nichts zu interessieren scheint, zum Beispiel überhaupt nicht für seine Gedichte, die er doch immer ans Regal zweckt. Sie sagt auch kein Wort zu den Bildern, die er an der Wand hat – dabei Bilder von dem Maler, den sie unbedingt kennenlernen wollte (...)Als die anderen gehen, geht sie nicht, und weil Jürgen bloß eine Schlafgelegenheit hat, rückt er für sich zwei Sessel zusammen und bietet ihr sein Bett an.(...) Und sie knallt sich auch nackt aufs Bett. Jürgen hat aber keine Lust, mit ihr zu schlafen, und sagt ihr's auch, weil er sie überhaupt nicht kennt – ist doch ein Grund. (...) Am nächsten Morgen ist die Sache klar für ihn (...) Er macht Kaffee und legt dann von Biermann die Stasi-Ballade auf. Sie erschrickt, dass er ihre Halsschlag-ader sieht, aber sie hat sich schnell unter Kontrolle und sagt, na, über dieses Thema gäb´s ja viele Lieder, das sei wohl eins von Wolf Biermann. Jürgen spielt alle Strophen ab und stellt ihr dann eine Frage nach der anderen: Und sie redet auch: Sie hat nicht studieren dürfen, hat in der Maxhütte gearbeitet und war dann in Dresden in einen Fall von Medikamentenmiß-brauch mit tödlichem Ausgang verwickelt, und als Jürgen sie fragt, wie lange sie schon bei der Firma arbeitet, die ihr unter solchen Umständen einen Studienplatz und eine Wohnung in Berlin besorgt hat (von der hatte sie ihm erzählt), sagt sie: Warum? Wieso? Und: Du musst mir helfen! Da müßte er ihre Firma umstrukturieren, sagt Jürgen, und das könne er nicht. (...) Jürgen fordert sie auf zu packen. (...) begleitet sie zum Bus, und sie sagt fast drohend, er müsse ihr helfen, sie sei in ei-ner schlimmen Situation. Jürgen bittet sie, ihn nie wieder zu besuchen, und noch in der Bustür sagt sie, offenbar könne er anderen Menschen überhaupt nichts geben, nicht einmal helfen könne er... (Sie hätte unheimlich zupackende Augen gehabt, richtig nagend, sagt Jürgen.)"

Das Büro für Urheberrechte hatte die Veröffentlichung von *Die wunderbaren Jahre* für die Bundesrepublik genehmigt. Die zu erwirtschaftenden Devisen wogen schwerer als inhaltliche Bedenken. Als der Band am 8. September 1976 erschien, war die Resonanz im bundesdeutschen Fernsehen, Rundfunk und Feuilleton allerdings so überraschend, dass Kurt Hager, der Chefideologe im Zentralkomitee der SED, gegen westliche Spekulationen einer Liberalisierung in der DDR harte Tatsachen schaffen ließ.

Kunzes Ausschluss aus dem Schriftstellerverband wurde im ZK beschlossen und über das MfS, den Parteisekretär des Schriftstellerverbandes Gerhard Henninger, und die Abteilung Kultur im ZK wurde minutiös und streng vertraulich geplant:

„Es ist beabsichtigt, dass der Schriftsteller Hermann KANT einen Artikel für das „ND" schreibt, in dem er sich gegen die derzeitigen politisch-ideologischen Angriffe aus der BRD und die damit im Zusammenhang stehenden Praktiken des BRD-Schriftstellers Heinrich BÖLL ausspricht. In diesem Artikel soll Hermann KANT auch die feindlichen Aktivitäten von KUNZE mit behandeln. Es ist beabsichtigt, diesen Artikel am 25. 10. im „ND" zu veröffentlichen.

Es ist vorgesehen, mit KUNZE in der Zeit vom 26.10. – 28.10. 76 vor dem Vorstand des Schriftstellerverbandes Bezirk Gera/Erfurt ein Gespräch durchzuführen. (...) In diesem Gespräch wird Kunze durch den Bezirksvorsitzenden, Genossen Harry THÜRK, mitgeteilt, dass er am 29.10. 1976 auf der Wahlberichtsversammlung des Bezirksverbandes auf das Verhalten von KUNZE eingehen wird und gleichzeitig den Vorschlag unterbreitet, KUNZE aus dem Schriftstellerverband auszuschließen. Als Diskussionsredner für die Wahlberichtsversammlung werden die Schriftsteller Martin VIERTEL, Armin MÜLLER, Wolfgang HELD, Inge von WANGENHEIM vorbereitet. (...)"

Der von Kant geforderte Artikel erschien nicht im SED-Zentralorgan Neues Deutschland. Doch am 3. November 1976 wurde das Präsidium des Schriftstellerverbandes zusammengerufen, um den Ausschluß Kunzes aus dem Schriftstellerverband der DDR zu bestätigen. „Genosse Henninger erklärte dazu, dass er bei der Bestätigung des Ausschlusses KUNZES aus dem Schriftstellerverband mit keinerlei Schwierigkeiten durch die Mitglieder des Präsidiums rechne, da Herman KANT und auch Erwin STRITTMATTER der Ansicht sind, dass der Ausschluß Kunzes aus dem Schriftstellerverband wohl das Mindeste sei und es ihrer Ansicht nach an der Zeit wäre, Kunze aus der DDR auszuweisen." (OV „Lyrik", Reg.-Nr: X 514/68, Information 13.10.1976)

Ausschluss aus dem Schriftstellerverband war in der DDR gleichbedeutend mit Berufsverbot, mit dem Verbot, durch freiberufliche, schriftstellerische Arbeit seinen Lebensunterhalt verdienen zu können.

Genosse Gerhard Henninger, der SED-Sekretär des Schriftstellerverbandes, führt die Fäden. Er und Genosse Leo Sladczyk von der Abteilung Kultur des ZK, räumten am 28. Oktober in Erfurt letzte Zweifel der Weimarer Vorstandsmitglieder aus. – Nicht etwa wegen der Härte eines solchen Schrittes. Darin war man sich einig: „KUNZE greift ... auf Grund seiner Einzelbeispiele nicht irgendwelche falschen Methoden oder Leitungsfehler an, ... [sondern] die Gesellschaftsform des Sozialismus." Zweifel hegten die Genossen Schriftsteller aus Weimar nur, ob sie wirklich Rückendeckung bekämen, wenn sie mit ihrem „Hervorpreschen ... ein Riesenfaß" aufmachten. „... Inge von WANGENHEIM [gab zu] bedenken, dass, wenn Weimar jetzt den Ausschluß beantrage, noch keine Garantie für die hiesigen Genossen gegeben sei, dass das Präsidium und die Spitze in Berlin nun absolut hinter dem Antrag der Weimarer Genossen ständen, sie hätten sogar Bedenken, dass in Berlin einige möglicherweise für KUNZE stimmen würden, also hier haben sie wohl das Recht, eine Bestätigung absolut konkret zu verlangen, dass so etwas nicht eintreten könne.

In diesem Sinne sprachen auch HELD und THÜRK, also die Weimarer Spitzengruppe ... es meldeten sich dann Genosse SLADCZYK zu Wort und Dr. HENNINGER, die versicherten, Berlin würde also keinesfalls dagegen sein, wenn die Weimarer Parteigruppe den KUNZE ausschließe, im Gegenteil.

SLADCZYK wies noch einmal darauf hin, dass HAGER also eindeutig gesagt hätte, wenn KUNZE also im Kapitalismus verfaulen will, dann soll er doch dahin gehen." (OV „Lyrik" Reg.-Nr. X 514/68, Information 08.11.1976)

Von all dem ahnte ich nichts, als ich am 29. Oktober der schon lange verschickten Einladung zur Jahresberichtsversammlung des SV nach Weimar folgte. Die Atmosphäre war gespannt, war anders als sonst. Die kleinen Götter des Weimarer Verbandes steckten ihre Köpfe zusammen, besprachen sich, das leiser als üblich. Armin Müller, der sein Ego gern mit einem gefüllten Cognacschwenker vor sich auf dem Tisch unterstrich, trank deutlich mehr als gewöhnlich. Der Vorsitzende Harry Thürk hielt die Brandrede, und er hielt sie mit offenkundiger Genugtuung. Er drohte, wenn Reiner Kunze weiter im Verband bliebe, dann würden sie, die ernsthaften Schriftsteller, die mit ihrer Feder für den Sozialismus stritten, austreten. Weitere Diskussionsredner empörten sich, dass der Vorgeladene nicht zu seiner Verteidigung erschienen war. Aus der Gestik und den Worten einiger Schriftstellergenossen war zu spüren, wie gern sie ihn vor ihrem Tribunal gesehen hätten.

Wolfgang Held, Autor des Romans *Einer trage des anderen Last* verlas Reiner Kunzes Erklärung. In ihr verteidigte der Dichter alles in *Die wunderbaren Jahre* Aufgeschriebene als erlebte und nachweisbare DDR-Wirklichkeit. Seine Absicht sei es, mit dem Buch das Nachdenken über die Rolle von Staat und Staatssicherheit anzuregen.

Die Abstimmung erfolgte einstimmig. Zwar hoben zwei bei der Frage nach Gegenstimmen die Hand, doch die waren nicht stimmberechtigt, sie waren nur Gäste. Der Gaststaus im Schriftstellerverband wurde uns an diesem 29. Oktober 1976 zum letzten Mal gewährt.

Nach der erzwungenen Ausreise und nach der Verleihung des Georg-Büchner-Preises an Reiner Kunze rief Hermann Kant ihm in seiner Antrittsrede als frisch inthronisierter Präsident des Schriftstellerverbandes der DDR nach: „Kommt Zeit, vergeht Unrat".

Im Jahr 2003 lud die Universität Jena Reiner Kunze als ihren Ehrendoktor anlässlich seines siebzigsten Geburtstages zu einem Festakt ein. Auch Wulf Kirsten war unter den Gästen. Er stand auf und sagte, wie furchtbar er noch immer darunter leide, dass auch er damals für den Verbandsausschluss gestimmt hatte. Da stand Reiner Kunze auf, ging zu ihm, umarmte ihn und sagte: „Du Esel! Du weisst doch ganz genau, wenn Du mich vorher gefragt hättest: Reiner, was soll ich denn machen? dann hätte ich gesagt: Um Himmels Willen, stimme für den Ausschluss! Du kannst nichts bewirken. Du ruinierst Deine Familie, Du verlierst Deine Arbeit und mir kannst Du nicht helfen."

Uwe Grüning

„... weil er so mutig ist"

Den Namen Reiner Kunze hörte ich zum ersten Mal von Peter Huchel. Er sagte: „Den Kunze mag ich, weil er so mutig ist." Ist Mut eine literarische Kategorie oder gehört er wie das politische Engagement zu den Ingredienzen, die ein Werk zwar für eine gewisse Zeit schmackhafter machen, aber nichts Entscheidendes für seinen Wert und Unwert wirken? Ich glaube, Kunzes Mut ist anderer Natur. Er gehört unlösbar zu seiner Individualität, ist Quell seiner Dichtung und Teil ihrer Unverwechselbarkeit.

Ein Wahrheitssucher in der Poesie wie im Leben, nimmt er die Worte beim Wort, prüft Parolen und Heilsrezepte und verwirft sie, wenn sie sich als unwahr erweisen. Er weiß, wenn die Wahrheit niemals bezeugt wird, bleibt sie unsichtbar und dann wird es wie am Ende der Kunst schön finster.

Mut in diesem Sinne hieß, sein Denken und poetisches Wollen nicht den Tagesbefehlen zu unterwerfen und sich gegen die Selbstzensur, der unweigerlich Selbstbeschwichtigung und zuletzt Selbsttäuschung folgen, zu wehren.

„Ich mag den Kunze, weil er mutig so ist", sagte Huchel und das bedeutete viel.

Wer die sechziger Jahre der DDR nicht selbst durchlebt hat, wird schwerlich eine Vorstellung von der herrschenden Repression, der geistigen Enge, der Lüge als kulturelle Lebensform und der ständigen Forderung nach einem Bekenntnis zu Partei und Regierung gewinnen.

Der Katalog der unerwünschten Bücher, Kompositionen und Kunstwerke war lang, das Denkverbot umfassend. Wären die Nachwirkungen der russischen Oktoberrevolution nicht überall spürbar geblieben, so hätte man meinen können, nicht im 20. Jahrhundert, sondern in einer Zeit zwischen Klassizismus und Realismus zu leben, umhegt von den seltsamsten Versatzstücken aus Aufklärung, Hegelschem Weltgeist und schlechtem Marxismus.

Aber das Ärgste war, dass Intellektuelle und andere Akademiker sich diesem Erklärungszwang unterwarfen. Ich habe nur wenige bedingungslose Gefolgsleute gekannt, die all das glaubten, was ihnen gesagt und befohlen wurde, auch wenn es sich ständig änderte und zuweilen in sein Gegenteil umschlug, doch auch nur wenige sind mir begegnet, die wie Huchel geistig frei waren.

Die meisten Intellektuellen, auch wenn sie die Tageslügen und dürftigen Einseitigkeiten durchschauten, billigten der Staatsideologie einen Wahrheitskern zu. Weil sie auf eine Erlösungsreligion nicht verzichten wollten, quälten sie sich mit dem Selbstvorwurf, dass ihnen der Glaube fehle, der ihr Leben vereinfacht und ihre Einsamkeit vertrieben hätte.

Der Marxismus ist allmächtig, weil er wahr ist, so lautete eine vielzitierte Parole. Dass er allmächtig war, konnten man täglich erfahren, dass er in seinen Hauptzügen wahr sei, wollte man ebenso erkennen wie glauben, um der Bewußtseinsspaltung, der Seelenkrankheit aller totalitären Systeme, zu entrinnen.

Von solcher Halbheit deprimiert, sehnte ich mich nach dem Austausch mit einem Menschen, den Huchel mutig genannt hatte. Ich ließ mir Kunzes Adresse geben und rief ihn an. Schon damals war er von ersten Bewunderern umringt, wenn auch in weit geringerem Maße als zur Zeit, da der *Brief mit blauem Siegel* erschien und *Die wunderbaren Jahre* entstanden, aber der Name Peter Huchel, ein Zauberwort, öffnete viele Türen.

Damals fuhr ich Motorrad. Mein Wohnort Ilmenau im mittleren und der Kunzes im östlichen Thüringen lagen kaum mehr als hundert Kilometer voneinander entfernt. Dennoch war die Fahrt durch den Thüringer Wald und über die Kämme des Thüringischen Schiefergebirges abenteuerlich und dauerte weit länger, als ich geplant hatte.

Die Stadt Greiz, obwohl sie im heimatlichen Umkreis lag, hatte ich zuvor nie gesehen.

Aber ihr Name besaß für mich einen mythischen Klang, war sie doch ein Gebilde besonderer Art und einstiger Mittelpunkt eines winzigen Staates, der sich über Jahrhunderte gegen einen übermächtigen Nachbarn behauptet hatte, was in einem Zeitalter ohne Rundfunk und Internet nur durch Abgrenzung, ostentative Berufung auf sich selbst und provinzielle Enge erreicht werden konnte..

Reiner Kunze war sich dessen durchaus bewußt. Er verbannte die Selbstironie nicht, auch wenn sie sein Lebensgefühl und Weltverständnis nie dominierte. „Reuß- Schleiz-Greiz und Hinterpommern", dieses bissige Heinewort habe ich, lange bevor ich selbst nach Greiz zog, bei ihm gefunden.

Dass Kunze Greiz zu seinem Lebensmittelpunkt machte, war, auch wenn es durch den Beruf seiner Frau als Kiefernchirurgin und der in der DDR üblichen Zuweisung von Wirkorten bedingt schien, zwar keine freie, doch eine im Einvernehmen getroffene Wahl. Nach Kunzes Leipziger Zeit im Zentrum der Ideologie und der sich anschließenden Verbannung, bot die Provinz eine Rückzugs- und bescheidene Wirkmöglichkeit und ein paar Jahre trügerischer Ruhe. Doch sie besaß ein Janusgesicht. Die von der Zentrale erlassenen ästhetischen Ge- und Verbote wurden zwar erst mit Verspätung dafür aber um so strenger, engstirniger und gänzlich ohne Humor wirksam. Während im Zentrum der Diktatur die Ausnahme deren Willkür mildert, duldet die Provinz jene nicht.

Kunze wollte in seinen Lebensorten niemals Gast oder gar Exulant, er wollte in ihnen zu Hause sein. So gewann er in Greiz Freunde, Anhänger und eine neue Lebenslandschaft.

Greiz grüne

zuflucht

so beginnt sein Gedicht DREIBLICK, in dessen zweiter Strophe Kunzes damalige Situation beschrieben wird:

Ausgesperrt aus büchern
ausgesperrt aus zeitungen
ausgesperrt aus sälen

In Ungnade gefallen, durfte er in der DDR weder gedruckt noch zu Lesungen eingeladen werden. „Man will mich aushungern", sagte er. „Aber das ist heutzutage nicht mehr so einfach. Mein Verlag hat bereits einen Übersetzervertrag mit mir geschlossen." Er übertrug Vladimir Holans *Nacht mit Hamlet* ins Deutsche. Es war das erste Mal, dass ich den Namen dieses großen tschechischen Dichters hörte.

In einer Zeit, da man jedem mißtrauen mußte, faßten wir sogleich zueinander Vertrauen. Kunzes Bürge waren seine Gedichte, der meine die Empfehlung Peter Huchels. Freilich konnten andere Bürgen, wie wir nach 1989 schmerzlich erfahren sollten, auch irren. Ihre Empfehlungen zu ignorieren, hätte aber zu einem universellen Mißtrauen geführt, d.h. zu dem, was der Staatssicherheitsdienst erreichen wollte und was zum Hauptwerkzeug seiner Herrschaft wurde.

Ich war überrascht, Reiner Kunze in einer Neubauwohnung zu finden und zwar in einem der Blöcke, die unlängst unterhalb der Irchwitzer Höhe erbaut worden waren. Kunze aber paßte sich dieser sterilen DDR-typischen Atmosphäre nicht an, sondern schuf seine eigene, nicht zuletzt durch die bis zur Decke reichenden Bücherregale.

Als erstes bot er mir eine Tasse Jasmintee an, was mich an sein mir sehr liebes Gedicht denken ließ:

EINLADUNG ZU EINER TASSE
JASMINTEE

Treten sie ein, legen Sie Ihre
traurigkeit ab, hier
dürfen Sie schweigen

Schweigen zu dürfen war etwas Kostbares in einer Zeit,

die ständig das öffentliche Bekenntnis forderte und lautstarke Parolen belohnte. Aber ich war nicht zum Schweigen, sondern zu einem Gespräch nach Greiz gekommen, und alle Traurigkeit abzulegen war unmöglich, obwohl Reiner Kunze im Zwiegespräch pointiert und fast fröhlich sein konnte.

Dass er zu einer Tasse Jasmintee einlud, war weniger Anspielung auf sein Gedicht als Hinweis auf sein Leben, sofern sich beides voneinander trennen ließ. Denn alle Kunze-Gedichte stehen in enger Beziehung zu seiner Existenz, sie sind nichts anderes als verdichtetes Leben, Extrakt und Deutung dessen, was er erlebt, erfahren, erlitten hat.

Zudem wies der Jasmintee auf seine Bindung zu Böhmen, die nicht nur durch seine tschechische Frau und seine tschechischen Freunde, sondern in gleicher Weise durch tschechische Dichtung, Musik und Landschaft entstanden war.

Damals war es nicht sonderlich wichtig, sich über das zu verständigen, was man wollte, wurde man sich doch rasch über alles einig, was man nicht wollte. Eine gemeinsame Gegnerschaft schuf eine Atmosphäre der Freundschaft, die es erlaubte, sich eins zu glauben, auch wo man es nicht war.

Freilich befremdete mich die zweite Zeile seiner Strophe

> eingesperrt in dieses land
> das ich wieder und wieder wählen würde.

Eingesperrt waren wir alle. Aber ich hatte dieses Land nicht gewählt und keiner hatte mich gefragt, ob ich es erneut wählen würde – ich würde es nicht. Aber ich erkannte, in welchem Maße Reiner Kunze sein Leben als ein Kontinuum begriff, wobei er keineswegs bereit war, an Irrtümern festzuhalten, nur gehörten auch sie zu den Erfahrungen, ohne welche ihn sein Leben nicht dorthin geführt hätte, wo er sich jetzt befand. Rückgängig machen wollte er nichts und er trauerte nicht um Verlorenes. Später in Oberndorf hat er sich geweigert, ein Exulant zu sein und er war es auch damals in Greiz nicht.

Dass er als Marxist gedacht und auf die frühe DDR einige Hoffnung gesetzt hatte, leugnete er nicht und begründete es mit seiner Herkunft. Aus einer Familie von Bergleuten stammend, hatte er an Vater und Großvater erfahren, wie stark sie das harte Arbeitsleben verschleißte und wie seine Vorfahren, nur um das Notwendigste zu verdienen, unter Tage verbannt worden waren. „Das hat mein Denken bestimmt", sagte er, „und ich werde es nie vergessen."

Er machte mich mit Brancusi vertraut, den er sehr verehrte und erzählte von dessen Schicksal. Auch über Musik sprachen wir, gehörte Kunze doch zu den wenigen Dichtern, für welche Musik ebenso wichtig wie Poesie ist.

In unserer Ästhetik verfolgten wir verschiedene Wege, während mir das Magische, das Vieldeutige, Geheimnisvolle lieb war und ich in Hölderlin und Trakl die stärksten Vorbilder sah, bevorzugte er, ohne jene hintan zu stellen, den deutlichen Bezug zwischen Metapher und Leben. Da kam das Gespräch wieder auf Holan, in dem Kunze beide Tendenzen vereinigt sah und er las aus seinen eindrucksvollen Übertragungen vor.

In der Folgezeit bin ich noch zweimal nach Greiz gefahren, zuletzt im August 1968. Die zwangsverbündeten Truppen des Warschauer Paktes waren, eine letzte sozialistische Hoffnung zu Grabe tragend, in Prag eingerückt. Dass Kunzes engste tschechische Freunde als Protagonisten des Prager Frühlings in größte Bedrängnis geraten würden, ahnten wir wohl, nicht aber, welches Ausmaß die Repression annehmen und dass sie bis zum Ende der sozialistischen Tschechoslowakei andauern sollte. Zuweilen wurde sie so stark, dass – welche Absurdität! – die DDR-Kulturpolitik dagegen liberal schien. Es war verständlich, dass wir an jenem Tag von nichts anderem als der Situation in der Tschecheslowakei sprachen. Auch wenn der August 1968 Kunzes Denken nicht von Grund auf veränderte, kulminierte in ihm eine Entwicklung, die Jahre zuvor begonnen hatte. Es gab keine Brücke mehr zwischen dem, was

Kunze dachte und dem, was offiziell als Weg und Ziel der sozialistischen Gesellschaft verkündet wurde.

Zum letzten Mal während seiner DDR-Zeit erlebte ich Reiner Kunze im Gohliser Schlößchen zu Leipzig. Sein *Brief mit blauem Siegel* war im Reclam-Verlag erschienen. Es war ein Versuch, den verlorenen Sohn für die DDR-Literatur zurückzugewinnen. Er fiel in die Zeit relativer Liberalisierung nach der Ablösung Walter Ulbrichts, die mit der Ausbürgerung Wolf Biermanns ein jähes und bedrohliches Ende nehmen sollte. Das Buch war ein großer Erfolg und rasch vergriffen. Ich werde nie vergessen, mit welch heftigem nicht enden wollenden Beifall jeder Text bedacht und wie auch die feinste politische Anspielung verstanden wurde.

Kunze war – wie kein anderer außer Wolf Biermann – zum Symbol geworden. Weder wurde er von den staatlichen Medien – und andere gab es in der DDR nicht – hofiert noch besaß er ein Reiseprivileg, das ihm gestattete, Bürger zweier Welten zu sein und aus dieser Distanz auf den alltäglichen Sozialismus zu schauen. Er lebte wie seine Leser und seine Bewunderer. Er sprach als Betroffener wahrhaft und auf seine Art unbestechlich.

Dass dergleichen nicht auf Dauer geduldet werden konnte, war offensichtlich und dass er am Ende die DDR verlassen mußte, überraschte mich nicht.

Wulf Kirsten

Abschreckendes Beispiel eines Staatserschütterers

In der Weimarer Jakobskirche las Reiner Kunze aus seinem Gedichtband *Lindennacht* (2007). In eben dieser Kirche, die Pfarrer Hardy Rylke wiederum für eine Veranstaltung geöffnet hatte, erhielt er 2009 den Thüringer Literaturpreis. Der gewählte Ort, der während der revolutionären Ereignisse vor über zwanzig Jahren eine historische Rolle gespielt hatte und dem damaligen Pfarrer Erich Kranz zu danken ist, galt einem Dichter – ich sage Dichter mit Nachdruck -, der entscheidend diesem Epochenumsturz mit Bekennermut und Zivilcourage gedanklich vorgearbeitet hat, mit Gedichten, mit einer Fülle von Nachdichtungen, Übersetzungen, mit Prosa (*Die wunderbaren Jahre*, 1976). Als ich Reiner Kunze 1967 kennenlernte, war er im Kreis der Mitglieder des Schriftstellerverbandes (Bezirk Erfurt) ein Gemiedener. Er kam von Greiz nach Weimar in die Schubertstraße 10, wo die Verbandstagungen stattfanden und er wie ein Aussätziger geschnitten wurde. Unsere Gespräche fanden außerhalb statt, straßauf – straßab gehend oder in meiner damaligen sieben Jahre währenden Interimswohnung (zur „Teilhauptmiete") Prellerstraße 15. Meinen kleinen Söhnen schenkte er Teddybären, einer überlebte die ganze Kindheit und wurde nur „der Kunze" genannt. Wir korrespondierten und gelegentlich fuhr ich zu Verwandten nach Greiz und besuchte ihn und seine Frau Elisabeth. Das Gedicht „stufen" reflektiert einen dieser Besuche im Herbst 1968, nachdem russische Panzer in Prag eingerollt waren und alle Hoffnungen der Tschechen und ausländischer Sympathisanten des Prager Frühlings niedergewalzt worden waren. 1972 erlebte ich mit der siebenbürgischen Lyrikerin Roswith Capesius (1929-1983), die gerade in Weimar zu Besuch weilte, eine Lesung Reiner Kunzes in einem Raum der Herderkirche, in dem sich Jugendliche trafen und den ich späterhin nie wieder zu betreten Gelegenheit hatte. Ende der siebziger Jahre muß es gewesen sein, als wir uns in Düsseldorf wieder begegneten. Zwei Autoren auf Lesereise. Die meinige hatte ich einer Einladung Rolfrafael Schröers zu danken. Natürlich auch denen, die mich fahren ließen. Dazwischen lag ein harter Schnitt in der Biographie Reiner Kunzes: die Ausreise Ostern („über Ostern!") 1977 in die Bundesrepublik. Die Verhältnisse waren für ihn immer bedrohlicher geworden. Der Kulturminister Hans Joachim Hoffmann (1929-1994) erklärte in einer seiner Reden angesichts der sich immer weiter aufheizenden Atmosphäre, es gäbe nur noch zwei Fälle zu klären: den Fall Biermann und den Fall Kunze. Wie vehement die von dieser „Klärung" erhoffte Ruhe im Stall DDR ins Gegenteil umschlug und welche Folgen diese Unruhe zwölf Jahre später zeitigte, ist – wie gern würde ich sagen – allzu bekannt. Was aber nach mehr als zwei Jahrzehnten historischer Ab- und Überlagerungen so unumwunden schon nicht mehr der Wahrheit entspricht und Nachhilfestunden in deutsch-deutscher Geschichte fortwährend, fortlaufend sehr nötig macht.

Nach Erscheinen des Gedichtbandes *auf eigene hoffnung* (1981) fragte der Kritiker Jürgen P. Wallmann (1939-2010): „Sind Sie ein politischer Dichter?" Reiner Kunze antwortete: „Ich bin kein politischer Autor, kein Autor, der schreibt, um Politik zu machen." Als Zeuge aus unmittelbarer Umgebung setze ich hinzu: Wohl aber einer, mit dem Politik gemacht wurde wegen seiner Geradlinigkeit und Kompromißlosigkeit. Er wurde zum Politikum erhoben und als abschreckendes Beispiel eines Staatserschütterers vorgeführt. Öffentlich wie heimlich bis unheimlich.

Mein Freundesgruß bliebe lückenhaft, nicht davon zu reden, welche thüringisch verortete Realität seinen Gedichten zu Grunde lag und liegt, was auf die sensiblen Wege, die er in Greiz und Umgebung ging, hineinschlug an menschlichallzumenschlichen bis unmenschlichen Verwerfungen. Wenn mir Reiner Kunze erzählte, was ihm gerade wieder an Restriktionen, Verachtung, an Gemeinheit widerfahren war, wem das Taschenmesser aufging, wenn er den Namen Kunze hörte, wie ihm zugesetzt wurde, um ihn aus dem Land zu ekeln, dachte ich mitunter: Übertreibt er nicht doch? Sieht er nicht doch alles zu kraß? Die Wahrheit, die in Gestalt pervertierter personifizierter Bosheit ans Licht kam, sollte mich eines anderen belehren. Er hatte noch untertrieben!

Ich wiederhole, nun auch anläßlich des 80. Geburtstages, Reiner Kunze war mir in meinen Anfängen ein strenger Lehrer. Nicht, nie zu vergessen, wie er an dem Programmgedicht „satzanfang" (1967) korrigierend, kritisierend konstruktiv mitgearbeitet hat auf Stringenz hin, so dass aus dem Gedicht am Ende die poetische Idee hervorging beziehungsweise sinnfällig und klar wurde dank sprachlicher Hintergründigkeit, doppeltem Boden und Vertiefung mittels Unterzug.

Reiner Kunze danke ich aber auch die Hin- und Einführung in die tschechische Poesie des 20. Jahrhunderts. Unabhängig vom Surrealismus der Franzosen gewannen die tschechischen Avantgardisten der Poesie den Poetismus hinzu, dem ich bereichernde Anregungen und Einflüsse danke. In der DDR bestand die Differenz zwischen Theorie und Praxis gerade umgekehrt. Der Realismus wurde verkündet, was aber an Absurdität praktiziert wurde, war der glatte Surrealismus. Sagte ich mechanischer Materialismus, steigerte Reiner Kunze in einem unserer klandestinen Straßengespräche ohne Zuhörer: Nein, mechanischer Idealismus. Ketzerische Äußerungen. Wer sie öffentlich machte, wurde zum Feind erklärt. Reiner Kunze hat es erlitten.

Wulf Kirsten

ansichtskarte aus Kunstát, regenverwischt
für L. K. und J. S.

der grabstein des dichters
war ganz ins schweigen hineingewachsen.
eine ruhige schwermut füllte die senken
der sich hügelnden erde,
die wegwarte blühte wieder
aus einem blauen feldweggedicht,
von Rolíneks schwertträger,
vor ort aus der felswand gemeißelt,
blieben nur die steinernen füße,
aus denen farnwedel sprießen,
die häusler böckten das heu,
als sich der himmel drohend verwölkte,
die dämmerung flocht einen weidenkorb
aus worten, gefüllt mit grummetwünschen.
der nächtliche regen
schwärzte das pflaumengestrüpp,
wir waren geborgen,
und ein wind fuhr ums haus,
den einer von uns Jaromír nannte.

mit freundlicher Genehmigung des S. Fischer Verlages

Toni Pongratz

Am Anfang

Am Anfang war das Wort – so steht es im Alten Testament, und so steht es auch am Beginn meiner Freundschaft mit Reiner Kunze. Ich begegnete ihm 1977 in Tübingen, wo ich an der Universitätsklinik meine Zusatzausbildung als Fachkrankenpfleger für Intensivpflege und Anästhesie absolvierte. Er hatte den Büchner-Preis verliehen bekommen, und im Schaufenster "meiner" Buchhandlung standen neben einem Porträtfoto seine wenigen Bücher. Da für mich seit meiner Jugend ein Leben ohne Poesie und Kunst nicht denkbar ist, wurde ich bald vertraut mit seinem Œuvre.

Zurückgekehrt auf meine "heimatliche" Intensivstation in Passau, lag auf ihr ein Patient, der Bücher las, was nicht alltäglich ist und wir begannen, uns über Literatur zu unterhalten. Ich schenkte ihm einen Gedichtband meines Freundes Rupert Schützbach und erhielt dafür ein mir gewidmetes Buch von Reiner Kunze, dessen Frau in der Praxis des Schwiegersohns dieses Patienten anfangs als Kieferorthopädin angestellt war. Reiner Kunze hatte in sein Buch *Die wunderbaren Jahre* einen Satz von Franz Kafka geschrieben: "Ein Buch muss die Axt sein für das gefrorene Meer in uns."

Bald wollte Reiner Kunze, völlig fremd in Ostbayern, mich, einen Menschen, der Lyrik las, kennenlernen, und ich ihn, einen sehr verehrten Autor. Das war 1978 und es war der Beginn einer sehr tiefen und ehrlichen Freundschaft mit Elisabeth und Reiner Kunze, zwei wunderbaren Menschen.

Obwohl wir nur 16 Kilometer entfernt voneinander wohnen, schrieben wir uns viele Briefe. Briefe waren für Reiner Kunze, der in einem Überwachungsstaat gelebt hatte, schon immer eines der wesentlichsten Verbindungsmittel zwischen Menschen gewesen.

Wenn die Post
hinters fenster fährt blühn
die eisblumen gelb

Auch seine Briefe, die er aus der Bundesrepublik in die damals noch Tschechoslowakische Sozialistische Republik schickte, wurden dort überwacht.

Damit sie seinen Freund, den mährischen Dichter Jan Skácel, erreichten, schrieb er sie auf meinem Briefpapier und versah sie mit meinem Absender, und Skácel schickte seine Briefe an ihn ebenfalls über mich. ("Nur überlasst mir keinen brief/ aus Mähren, ich/begänne zu dichten"). Ich durfte Jan Skácel kennenlernen, als ich 1988 nicht ohne Angst mit mehreren Hundert Druckbögen eines Fotobandes von Jan Mifka, der sie signieren sollte, nach Brünn fuhr - die Bögen versteckt unter Waschpulver und Apfelsinen. Ich habe meine Begegnung mit der wundervollen tschechischen Poesie den Übersetzungen von Reiner Kunze zu verdanken.

Auch mit seiner ehemaligen Briefträgerin in der DDR korrespondierte er, indem ich ihr schrieb und ihre Post für ihn an mich ging, bis sich die Frau das Leben nahm. Auf Reiner Kunzes Initiative wurde ein in der DDR inhaftierter Krankenpfleger von der Bundesrepublik freigekauft, der 1968 mit elf handgeschriebenen Flugblättern gegen den Einmarsch der Warschauer Pakttruppen in die Tschechoslowakei protestiert hatte. Damit die DDR-Behörden nicht erfuhren, dass der Initiator Reiner Kunze war, galt ich als offizieller Antragsteller.

Da ich das, was mich an Wichtigem und Schönem beeindruckt, weitergeben möchte und sei es nur "for a happy few", wie HAP Grieshaber zu sagen pflegte, beabsichtigte ich, eine Literatur- und Kunstzeitschrift herauszugeben. Es existierte bereits das Titelblatt, eine Zeichnung von Paul Flora, und ein erstes Gedicht über HAP Grieshaber war schon gedruckt. Mein Freund Reiner Kunze warnte mich jedoch vor den Gefahren eines Periodikums, ermutigte mich aber, da ich unbedingt etwas Verlegerisches beginnen wollte, zu einer Edition. So erschien 1981 das erste Heft der *Edition Toni Pongratz* – das Manuskript hatte ich von Reiner Kunze erbeten, es war der Essay *Ergriffen von den Messen Mozarts*. In über dreißig Jahren als Kleinstverleger war mir mein Freund Reiner Kunze der unbestechlichste Berater und Kritiker, denn für ihn zählt nur, was Poesie und mit der Reinheit der Sprache vereinbar ist.

Manche Bücher haben wir gemeinsam gemacht, zum Beispiel über den Bildhauer Heinz Theuerjahr, einen der bedeutendsten Künstler Ostbayerns, dessen Kunst aber alles Regionale sprengt. Reiner Kunze hat mich jedoch nicht nur beraten, sondern auch erzogen und geschult, indem er mir Maßstäbe vermittelte. Meine Edition verdankt ihm wichtige Beiträge – Beiträge von ihm selbst und von Autorinnen und Autoren, die er entdeckte und gegebenenfalls übersetzte. Eines seiner Gedichte lautet:

MEDITIEREN

Was das sei, tochter?

Gegen morgen
noch am schreibtisch sitzen, am hosenbein
einen nachfalter der
schläft

und keiner weiß vom anderen.

Wir beide wissen voneinander und nicht nur, wenn wir einander brauchen.

Ralf Liebe

Rudern zwei

Es gibt nicht viele Gedichte, die ich auswendig kann. Zwei, um genau zu sein. Eines von Bert Brecht („Wechsel der Dinge"), bei dem ich aber jedesmal zwischen der ersten und der zweiten Strophe ins Stocken komme. Außerdem ist es eher ein Gedicht, das für die schlechteren Tage geeignet ist.

Das andere ist von Reiner Kunze, es begleitet mich schon viele Jahre lang:

RUDERN ZWEI

Rudern zwei
ein boot
der eine
kundig der sterne
der andre
kundig der stürme,
wird der eine
führn durch die sterne,
wird der andre
führn durch die stürme,
und am ende ganz am ende
wird das meer in der erinnerung
blau sein

Ich habe keine Idee, wann und wo mir dieser Text das erste Mal begegnete. Ich wußte damals nicht einmal, wer Reiner Kunze ist (ich bitte mir dieses Unwissen nachzusehen). Und nun verlege ich die Festschrift zu seinen 80. Geburtstag. Und was liegt da näher, als mir selbst den Platz in diesem Buch einzuräumen, um – endlich mal – dem Dichter direkt zu danken.

Danke für dieses Gedicht, lieber Reiner Kunze.

Günter Kunert

Reiner Kunze liest

Schriftsteller, Dichter beim Vortragen ihrer Arbeiten zuzuschauen, ist äusserst aufschlußreich. Manche lesen, als würfen sie ihre Texte gleichgültig dem Publikum vor die Füße, eher: vor die Ohren. Andere wiederum begleiten ihre Arbeiten gestikulierend. Dann gibt es noch jene, die monoton ihrer Pflicht genüge tun, als wollten sie sich rasch einer unbequemen Aufgabe entledigen.

Wie gelesen wird, erfahren wir aus Rezensionen von Lesungen oder Dokumentaraufnahmen kaum. Dabei scheint mir doch wichtig, wie ein Autor sein Wort einschätzt. Ich meine nicht, wie er sich mehr oder minder professionell präsentiert, sondern, was ihm die Wörtlichkeit an sich bedeutet. Da liefert uns Reiner Kunze ein Beispiel für einen Poeten, für den das einzelne Wort noch etwas ausserordentlich Wesentliches ist.

Kunze geht mit jedem Wort um, als sei es eben erst erfunden worden, als sei es ganz und gar neu, noch nie gehört, absolut frisch, noch nicht seiner Aura entkleidet. Obwohl er ja höchst persönlich auf dem Podium steht, zieht er sich hinter die Worte zurück. Nicht seine Persönlichkeit, sein Auftreten, sein Auftritt haben zu gelten, sondern jedes der von ihm exakt artikulierten Worte. Ich glaube, selbst wenn Kunze aus einem Lexikon läse, wir wären erstaunt, in dem Dargebotenen etwas offenkundig von uns Überlesenes wahrzunehmen.

Nicht zufällig ist Kunze kein appellativer Dichter. Und nicht zufällig enthält er sich langer und endloser Strophen, seitenübergreifender Darstellungen der Standardformeln, wie sie gegenwärtig in viel zu vielen Gedichten auftauchen. Er verstößte nicht gegen das Gebot: ein Gedicht beschreibt nicht, es übermittelt die Essenz der Dinge. Und die erscheint nur im Wort, das Wort ist keineswegs Kleid, es ist sie in eigentlichen Sinne selber. Denn ausserhalb des Wortes herrscht nur die Finsternis, und so muß das Wort gezeigt und vorgeführt werden: es ist die Sache, die es benennt und verdeutlicht und überhaupt erst zur Sprache bringt.

Kunze lesen hören und sehen bringt eine Annäherung an das Wort – das bekanntlich am Anfang war – und wie es am Anfang war, zu uns zurück.

Das ein Leben lang geleistet zu haben, ist aller Ehren wert.

Prosa und Poesie für Reiner Kunze

Sabine Gruša

Aufrecht durchs Leben

Zum ersten mal sah ich Reiner Kunze in Leipzig in der Nikolai-Kirche. Die Wende war passiert, Jírí und ich konnten endlich zusammen in die Länder jenseits des „eisernen Vorhangs" reisen - Jírí besonders frei als Botschafter seines Landes in Bonn. Nun - nach Leipzig war er diesmal mehr als dichtender denn als politischer Botschafter unterwegs.Die neue Messe war noch nicht gebaut und Lesungen fanden an den verschiedensten Orten statt. Jírí also war in die Nikolai-Kirche gebeten worden, er sollte dort mit anderen Autoren lesen, was ihn überhaupt nicht begeisterte, das hatte so einen Geruch nach Lesewettbewerb. Alles änderte sich, als er erfuhr, nur mit Reiner Kunze zu lesen. Wie von Zauberhand waren alle Bedenken fortgewischt - „mit Reiner auf jeden Fall, der schreibt wunderbare Gedichte, ich freue mich schon auf das Wiedersehen".

Und dann kam die Bemerkung, die in Zukunft immer wiederholt wurde, wenn von Kunze die Rede war: „Und außerdem hat er das genauso gemacht wie ich, er ist mit einer Tschechin glücklich und ich mit einer Deutschen, Aussöhnung in der Praxis." Es wurde ein bewegender Abend in Leipzig - zwei große Lyriker - einer konnte in seiner Sprache bleiben, der andere sprach zu uns in seiner neuen Sprache, die er die Sprache seiner Freiheit nannte.

Meine nächste Begegnung mit Kunze war in Jírís letzten Lebenswochen. Er hatte eine Bitte aus dem Landkreis Passau erhalten, dort anläßlich der Verleihung des Kulturpreises die Festrede zu halten, am 8. Oktober 2011. Ich war absolut dagegen. Jírí hatte sich nach seinem schweren Herinfarkt im Sommer 2010 nur mühsam erholt und ab dem 11. Oktober stand ein dringender Klinikaufenthalt an.

Die Tatsache, dass Reiner Kunze ihn als Redner vorgeschlagen hatte, war ihm dann so etwas wie ein Auftrag, so sagte er zu und wir reisten an, eine wunderbare Rede zur Kultur Europas im Gepäck - im nachhinein kommt sie mir heute wie ein Vermächtnis vor.

Im großen Vortragssaal trafen Jírí und Kunze zusammen, Reiner sichtlich erschüttert von Jiris Anblick. Beiden tat es unendlich leid, nach dem Vortrag keine Zeit mehr für einander zu haben, aber Jírí war am Ende seiner Kräfte. Auf der Heimfahrt wurde über Kunze gesprochen und Jírí meinte, er sei doch auch im großen „Conrady", wo er sich zu seiner Verwunderung als Tscheche unter den großen deutschen Dichtern entdeckt hatte. Zu Hause angekommen, mußte ich ihm den dicken Wälzer ans Bett bringen. IN SALZBURG AUF DEM MÖNCHSBERG STEHEND wurde für uns der Weg in ein zurückblickendes und zusammenfassendes Gespräch.

Am 28. Oktober starb Jírí.

Reiner Kunze schrieb mir einen wunderbaren Brief und der Satz „Jirka ist aufrecht durchs Leben gegangen und zwar nicht erst, als das Wort vom ‚aufrechten Gang' auf Transparenten stand" war mir ein Trost. Sie hatten einander verstanden.

Jírí Gruša

Gedichte, die Sabine Gruša stellvertretend für Jírí Gruša Reiner Kunze widmet

LANDEINWÄRTS

Ich heiße Hagel
ich trommle mich wund
auf euren Dächern

herrenloses
hob sich im norden
landeinwärts
sucht es
das wabenblut

seid honig

seid dehnbar

seht zu
dass ihr
flüssiges habt

aus: *Wandersteine*, Deutsche Verlagsanstalt, 1994

SCHLÄFER

Mein kater M.
hilft mir beim schlafen
er zählt meine tanzenden jahre
und halbwegs erwacht
fragt er am morgen:
sind wir schon tot
oder schnurren wir
nur vor uns hin
endlich mal ungehört
von neidischen ohren

aus: *Wandersteine*, Deutsche Verlagsanstalt, 1994

DER GARTEN

Gelebt in wachsamkeit
frei vom zweck
kamen worte zu mir
nicht zu verlernen

ich saß im garten ohne obst
abends beim heimflug
des habichts

das schwarz der flügel
war boshaft.
Ich drohte
mit der hand

und er
er ließ sich nieder
auf ihr
als wäre sie
-so nackt -
eines falkners

aus: *Wandersteine*, Deutsche Verlagsanstalt, 1994

NICHT GERÄUSCHLOS

Nicht geräuschlos
doch überhörbar
fing die nacht an
behorchte dein
nägelwachsen
löschte die lichter ringsum
machte das stirnaug auf
den sehenden see
der zurückverlangt

aus: *Der Babylonwald*, Deutsche Verlagsanstalt, 1991

Gedichtabdruck freundlicherweise genehmigt
von Sabine Gruša und der DVA.

Kay Hoff

Warum ich keine Gedichte mehr schreibe
(2013 - ein Gruß für R.K.)

Die alte Olympia tut es ja noch, brav Tipp neben Tipp. Die lärmigen Typenhebel bringen noch immer, bedächtig, Sätze zustande und Sinn, wenn auch das Farbband unter den Jahren verblich (kein rascher Ersatz beim Discounter).

Mich schreckt nicht die Endlichkeit meiner Worte und die billigen Wörter waren mir immer zuwider. Aber ich mag jetzt keine Gedichte mehr schreiben.

Die Augen: Sie liefern nicht mehr die Schärfe, die Tiefe, die fraglose Klarheit, mit denen Gedichte beginnen. Die Grenzen verschwommen, vertraute Räume zerfallen, Schleier trüben den Tag ein zu Witwengrau, im kalten Sparlicht verkümmern die Zeilen, nachts.

Das Gedächtnis ist träge geworden und unverlässlich. Gestern - wann war das - gewesen - oder vielleicht? Verweht die Asche erloschener Gluten, entsorgt die vergilbten Papiere mit törichter Widmung, verstummt unser vertrautes Flüstern - die hohen Töne gingen verloren, kein digitales Gerät bringt sie zurück. Verblaßt die Vielfalt der Farben, mit denen die Jahreszeiten mich immer wieder betörten, als seien sie eben erschaffen. Der Alltag ist mir gewohnt, ist gewöhnlich geworden, glanzlos, nüchtern, berechenbar. Ich lebe noch immer, lebe mit meinen betagten Träumen, verwelkten Wünschen, vertrödele meine Tage und erwarte gelassen den ungesetzten Termin, der alles Versäumte vergisst und vergibt, einmal.

Ich muß keine Gedichte mehr schreiben. Das Unvergessene braucht keine eigene Form. Erinnerungen sind Formate geworden, handlich, auf Knopfdruck für jeden Bildschirm verfügbar, ohne Begründung, ohne Bedenken - schnell verwertbare facts.Bei mir schlägt noch immer die alte Olympia den Ton an, harsche Geräusche einer überständigen Technik, doch zuverlässig wie eh und je - tipptopp (deutsche Wertarbeit - so wurden wir wieder wer). Das Schriftbild etwas zerschlissen, altersentsprechend, die Typen nicht mehr so klar und autistisch wie vormals, aber gut lesbar auf holzfreiem Weiß, fit für Alltagsprosa und großen Oktobersound, für kritische Glossen und Briefe, für den Schwanengesang.

Mein Anfang damals, mehr als zwei Lebensalter entfernt, ist mir gewärtig bis heute: Gedichte aus einfachen Worten geflochten, schmale Zeilen ohne Nachklang und Reim, mit dem Bleistift notiert auf graues Feldpost-Papier (kein Bedarf mehr damals bei Kriegerwitwen und Waisen) - Gedichte im Werden, unfertig, fragend, doch keine Antwort erwartend. Wir brachen Löcher in den ererbten Schutt, blickten, geblendet vom Himmel und seinem Licht, verwirrt in offene, weite, entgrenzte Welten, staunend wie Kinder an ihrem ersten Schultag und wie Kinder zeichneten wir mit Kreideresten auf brüchigen Tafeln und Wände unsere Entwürfe für dann - für ein freies, befreiendes Leben.

Später entdeckten wir - und vergaßen das nie mehr -, was es bedeutet, als Geiseln genommen zu werden für Väter-Schulden, die niemals zu tilgen sind. Dass wir, wie Kinder, versuchten, mit dem alten Falschgeld von Phrasen, Floskeln und Tricks die Schuld zu bedienen, half uns so wenig wie die bewährte Methode altgedienter Beamter, lästige Zeugenaussagen und störende Dokumente endgültig abzuheften: doppelt gelocht, fest eingefügt in die Ordnung des zeitlosen, unerbittlichen ABC mit der Gewißheit am Ende: Altpapier, Aktenmüll, Aktenstaub (unsere schuldlosen Kinder werden daran noch lange zu husten haben).

Wir mussten lernen, haben schließlich verstanden, Menschen und ihre Grenzen anzuerkennen in ihrer je eigenen Art, nach ihrem Recht. Die unverträglichen Schwestern Irrtum und Wahrheit haben wir achten gelernt, ohne zu fragen nach ihrem Woher und Wohin und Warum. Das Altern haben wir tragen gelernt mit seinen Verlusten, seinen Beschwernissen, dem unaufhaltsamen Schrumpfen unter der Presse Zeit (die Enkel lassen mit ihrem Gardemaß den Grad erkennen, den unsere Verkrümmung erreicht).

Wir fürchten nicht mehr die Diagnose „unheilbar". Die bedrohlichen schwarzen Plaques auf den Röntgenbildern der Enzephalographie nehmen wir hin, kümmern uns nicht um den Terror der Blutdruckzahlen, um die bedenklichen Werte des Cholesterins – abgerechnet wird später, vielleicht. Wir leben die Tage ergebnisoffen, gelegentlich etwas müde vom Überleben, nachts manchmal schlaflos von Alter und Überdruß. Die Angebote der bunten Flachbild-Kultur nehmen wir auf, glitzernde Shows und Volkslied-Verschnitte, Liebe und Rache in Texas, Altglasverwertung, Holocaust, Klimaschutz, Tiefenpsychologie in der Diskussion, das Wetter, ein Stau von 12 Kilometern auf der A4. Die Zeit. Wir durchzappen müde die Ödnis des ersten, des zweiten, des xten Programms, morgens pünktlich geweckt von dem Quäken nichtssagender Ansagerinnen (keine Diskriminierung bitte!) zur Lage, zum Tage, zu uns: zahlende Opfer einer künstlichen Welt, deren geschäftige Moderatoren ständig bemüht sind, die gemeine Dummheit zur allgemeinen Maxime zu erheben. Wir danken für jeden Beitrag.

Nein, ich schreibe keine Gedichte mehr. Manchmal höre ich noch bei Conrady rein, 77 Stunden Rhythmus und Reim, reichlich genug für die letzten lebenden Zeugen einer prosaischen Vorzeit (weiße Köpfe, weiße Fahnen, ehemals meistens rot). Hin und wieder beginnt meine rechte Hand zu zittern, nur so, gegen Abend, eine schwache Störung ohne Bedeutung, solange niemand es merkt, noch nicht jedenfalls die gefürchtete Leere. Aber ich weiß: Der Freund wartet, geduldig.

Eva Zeller

Geburtstagsgruß für Reiner Kunze

Wir hätten uns schon
viel früher begegnen können
unterm Kreuz des Südens
vor den unentdeckten Diamantenfeldern
Wo Termiten meterhohe
Pagoden bauen
wo das Licht
Wurzeln schlägt
und uns an der Grenze
dichterer Luft
eine Fata Morgana
hergespiegelt wird
ein See zum Beispiel
mitten in der Namib
an seinen Ufern bleichen
Springbockgebeine
die der Sand langsam begräbt
Bilder die wir
nicht vergessen
Es ist aber nicht totenstill
der Wind pfeift auf
den Trost der Bäume
und die Hyäne hat gut lachen
bei gefundenem Fressen
Manna regnets hier nicht
wer behauptet
zwölf Körbe seien übrig
muss woanders gewesen sein
Wenn es die Wüste nicht gäbe
müssten wir sie erfinden

damit wir im Dürsten
bewandert bleiben
und unser Löwenmut
sich im schleichen übt
und damit wir
über den horizontlosen
Weltrand hinaus
blicken können

Dirk von Petersdorff

Für Reiner Kunze
Die Geschichten sind am Ende

die Figuren gehen umher, stolpern, gehen in alle Richtungen auseinander, steif, wie Holzpuppen, gehen.

Das Meer hat die Farbe des Himmels,

da ist kein Horizont. Das Meer ist ein Gemurmel und ein Flüstern am Abend. Das sich hebt und senkt,

das Meer,

am Strand, hebt es und senkt sich, befeuchtet einen Streifen, schmalen Streifen und gurgelt und spielt am Rand. Ausgelöscht sind die Worte der großen Erzählungen.

Schwalbenflug,

Schwalbensprünge, letzte Sprünge am Abend vor den Höhlungen der Küstenwand, Luftsätze. So spreche ich, Sätze am Meer, das glatt gestrichen ist. Ich bin aus den Romanen herausgegangen, vorwärts kann ich nicht sehen.

Der Abendwind

regt das Meer nicht auf, der Abendwind kühlt das Gesicht. Und die Rede nimmt ab, die Rede legt sich. *Wohin ist,*

kleiner Nordwind,

die Fantasie gezogen? Das geht ein in die Stimmen über dem Wasser, die keine Stimmen mehr sind, der Abendwind nimmt mir die Stimme, die Geschichten

sind aus und ich bin frei.

Das Meer ist ein Gemurmel und ein Flüstern am Abend, das
einen Puls hat in der Tiefe und lebt. Dies ist

meine Rede an das Meer,

gehalten im Sand, die Knie angewinkelt sitz ich im Sand. Das
Meer ist glatt gestrichen zur Nacht, und nun:

Seht ihr den Mond dort stehen?
Er ist nur halb zu sehen,
Und ist doch rund und schön.

Das Heraustreten aus den großen Erzählungen: Das war für
uns im Westen Deutschlands Geborene ein Teil jener mentalen
Veränderung, die „Postmoderne" hieß. Denn auch im Westen
wirkte lange jenes Denken, das Differenz und Individualität
nur in geringer Dosierung ertrug, sie als Durchgangsstadium
zu einer neuen Einheit des Denkens und Fühlens verstand,
Erbe der deutschen Geschichtsphilosophie seit Schiller und
den Romantikern. Das Gedicht „Die Geschichten sind am
Ende" erschien 1995 in dem Band *Zeitlösung*. Natürlich wusste
ich schon damals, dass Begriffe wie „Differenz" und „Individualität" für einen Menschen und Dichter wie Reiner Kunze
eine völlig andere existentielle Bedeutung besaßen. Heute, da
ich seit einigen Jahren in Jena lebe und an der Friedrich-Schiller-Universität unterrichte, mit der sich Kunzes Lebensweg
mehrmals berührt hat, weiß ich das noch besser. Allerdings
bemerke ich in Gesprächen, in denen aus der Zeit vor 1989
erzählt wird, immer wieder, wie vieles ich nicht einschätzen
und verstehen kann. Dann denke ich an Reiner Kunzes *Die
wunderbaren Jahre*, das eines der ersten Bücher war, in denen ich
etwas über Freiheit und Unfreiheit gelernt habe. Schullektüre
war es nicht, ich habe es in einem Antiquariat gefunden, blaues
Taschenbuch. Was mich damals und heute beim Wiederlesen
beeindruckt: Die Konkretion. Wie Freiheit sich aus so vielen

kleinen Handlungen im Alltag zusammensetzt. Ich freue mich,
Reiner Kunze zu seinem Geburtstag Dank sagen zu können.

Benno Rech

Reiner Kunze stimuliert Johannes Kühn
zu freudigerem Dichten

Würde jemand Irmgard oder mich fragen, wie er einen verlässlichen Zugang zur Dichtung von Johannes Kühn finden könne, wir würden ihm raten, Reiner Kunzes Anmerkungen zu Kühns Versen in *Am Sonnenhang. Tagebuch eines Jahres* zu lesen. Dort fände er Zitate und dazu kurze Hinweise, die zum Kern seines Werkes führen.

Reiner Kunze war von der Einzigartigkeit der Gedichte von Johannes Kühn überzeugt: „Solche Gedichte schreibt heute und in der Zukunft eben nur Johannes Kühn." Sein Engagement geschah aus Überzeugung, nicht aus Gefälligkeit. Getragen war es von einer festen Erwartung: „Eine dichterische Kraft wie diese, muß von der Öffentlichkeit doch einmal wahrgenommen werden" (Brief vom 20. April 1989).

Neben Reiner Kunze haben Ludwig Harig, Peter Rühmkorf, Wulf Kirsten, Elisabeth Borchers, Ernst Stadler auf Johannes gesetzt.

Das erste Exemplar von jedem neuen Buch von Joh. schickten wir an Reiner Kunze, und immer hat er rasch reagiert und benannt, was ihm besonders gefallen hat. Am 22. April 2002 schrieb er aus dem Krankenhaus: „Eigentlich ist man nach zwei Vollnarkosen innerhalb von drei Tagen (einschl. der dazugehörigen Eingriffe) noch nicht sehr geneigt, gesteigertes Interesse an der Mitwelt aufzubringen. Aber da kommt ein neuer Kühn, und schon ist das Interesse wieder da". Drauf nennt er sieben Gedichte, die ihn besonders angesprochen haben. Joh. hat diese auf Zitate gestützte Würdigung besonders gefreut.

Reiner Kunze führte mit Joh. und uns keine poetologischen Gespräche. Er redete mit Joh. als dem von ihm bewunderten Dichter, der im Literaturbetrieb übergangen wird und mit uns als seinen Freunden, die sich für das Werk als Herausgeber nützlich machen. Er bestärkte unser Zutrauen in die Gedichte, und machte uns mit Joh. zusammen sicherer angesichts von Gleichgültigkeit und Zurücksetzung, die von mancher Seite ausgingen. In seinen Wahrnehmungskreis gehört aber auch die Schwester Martina, die ihrem unverheirateten Bruder ein gutes Leben mit Familienanschluss ermöglicht.

Einem jüngeren Kollegen, der ihn offensichtlich um Förderung gebeten hatte, antwortet er: „Seien Sie versichert, dass ich …, obwohl ich über nahezu keine Beziehungen verfüge, das Meinige tue, um Literatur, die mich überzeugt, aus dem Schatten zu holen." Johannes Kühn hat er seit 1984 die Treue gehalten, *Ich Winkelgast* in die Liste seiner „Lieblingsbücher" aufgenommen. Sein Auswahlkriterium: „Welche Bücher möchtest Du immer um Dich haben?" Von der Mitteldeutschen Zeitung nach einem Lektüretip zu Weihnachten 1997 gefragt, empfiehlt er: „Dichter Johannes Kühn *Ich Winkelgast*. Wer vergessen haben sollte, was Poesie ist – hier erfährt er es wieder." Er ist kein geschäftstüchtiger, kein lauter Förderer. Er drückt seine Wertschätzung, seine Zuneigung aus, ermuntert den Leser, seine eigene Beziehung zu entwickeln. Nach seiner Auffassung brauchen z.B. gute Bilder keine Erklärung, es reicht, wenn auf sie hingewiesen wird. Er will nicht überreden, er möchte die Augen öffnen, die Wahrnehmung, das Empfinden befördern.

Reiner Kunze hat Joh. auf unterschiedlichste Weise ins Spiel gebracht, etwa, indem er Lesungen mit einem Gedicht von Johannes beschloss. Er war dann enttäuscht, wenn sich die Berichterstatterin in der Zeitung nicht einmal den Namen Johannes Kühn gemerkt hatte. Dadurch, dass er wieder einmal eine Lesung mit Gedichten von Joh. beendete, hat er ihm wohl unbeabsichtigt den Weg zur Adenauerstiftung nach Cadenabbia gebahnt, wo sich ein Dichterzirkel mit anregenden Autoren und Kritikern regelmäßig trifft. Joh. war dreimal dort.

Ein anderes Beispiel: Am 20. September 1996 schickt Reiner Kunze uns eine Serviette aus einem Restaurant „SERBIEN" in Jugoslawien, die von Kollegen beschriftet worden ist: „A very good poet: Johannes Kühn." Also bewegen ihn auch solche Gelegenheiten, die Gedichte von Joh. bekannt zu machen.

Reiner Kunzes Reaktion auf die Gasthausgedichte *Wasser genügt nicht* bezeugt seine Offenheit auch für ungewohnte, derbe Klänge, die für jeden Liebhaber der gemütvollen, der feinfühligen Natur- oder Bekenntnisgedichte von Joh. verstörend, ja provokativ klingen müssen. Er ist offen auch für Derbes, wenn es zum Gedicht geworden ist. Er legt den Poeten nicht fest, freut sich vielmehr an den ungewohnten Themen und Tönen. In seinem Brief vom 18. Februar 1997 schreibt er: „Die Gasthausgedichte ... sind ein schöpferisches Wunder und authentische Aufzeichnungen aus einer Welt, die kaum noch einen finden wird, der sie so ins Bild setzt und verewigt. Das Buch ergreift mich." Und nach vielen aufschlussreichen Anmerkungen schließt er: „Ich drücke Johannes Kühn die Dichterhand und Ihnen, liebe Rechs, die Herausgeberhände!" Die häufigste Anrede in seinen Briefen heißt dann auch: „Liebe Freunde".

Reiner Kunze wendet keine Überredungstricks an, er setzt sein Renommee für den Freund ein. Das überzeugt Joh., festigt dessen Selbstvertrauen, nachdem er bis in die achtziger Jahre leichtfertige, meist ablehnende Urteile erfahren hatte.

Inzwischen ist er Hanser-Autor, er wurde in viele Sprachen übersetzt und in Literaturzeitschriften von Canada bis Japan gedruckt. Es gibt drei Bücher auf Spanisch (Übersetzer José Reina), das zweite Buch auf Französisch (Übersetzer Joel Vincent) wird im kommenden Jahr erscheinen, Jean-Pierre Lefebvre hat ihn mit seiner „Anthologie bilingue de la poésie allemande" („De Dietmar von Aist à Johannes Kühn") in die Pléiade gebracht. *Ich Winkelgast* ist inzwischen auf Japanisch in einer besonders schönen Ausgabe erschienen (Übersetzer Mitsuo Iiyoshi).

Reiner Kunzes Werben für die Gedichte mehrte deren Reputation, verdienstvoller noch war seine Ermutigung für die Person. Sie stimulierte Joh. befreiter, selbstbewusster und freudiger zu dichten.

Johannes Kühn

Reiner Kunze zum 80. Geburtstag

Dreimal
Verneig ich mich,
denn einen Spielfranz kann ich dich nicht nennen.
Zu Freunden, die mit Herzlichkeit
und Beifallklatschen
dich lebendig ehren,
stelle ich mich gern.

Wenn nun die ältren Tage weiß erscheinen,
sind die Erinnerungen
an deine Schaffenszeit
nicht abzuweisen.

Fluren, denen du begegnet bist,
das Menschenleben hast du ergriffen
mit hoher Sprache.

Verfolgungen,
die dich betrafen
und mit Härte kamen
wie von Schergen, hast du tapfer überlebt.

Zum Trost geschaffen
war die Natur,
und alle Herrlichkeit,
die zu deiner Seele kam, hast du gespiegelt.

Ich war mit dir an vielen Orten
hörend deine Gedichte.
Ich freue mich.

Mich, den Unbekannten hast du gelobt,
du gewannst mir Leserfreunde.
Ich danke dir.

Januar 2013

Mittagsblick
Für Reiner Kunze

Wir ertragen den Mittag,
ich also auch,
bin nicht weit gereist
aus der Heimat
an einen Fluß.
Der Bach macht mich einsam
und fängt mit Libellenflügen
mich Staunenden
mit lockeren Seilen ein.
Spiellust bläst die Luft
mir und Kindern zu.
Und mit Bällen spielen sie
so wie ich mit Versen,
wir ertragen den Mittag.

Aus: *Ganz ungetröstet bin ich nicht.* Hanser 2007, S. 8.
mit freundlicher Genehmigung des Verlages.

Ludwig Harig

Alterslust

Das Alter, welche Lust,
schwellt heftig meine Brust:

Mit schwierigen Problemen
und rätselhaften Themen

ganz ohne Streß und Hetzen
mich auseinandersetzen,

das kommt mir sehr gelegen,
wie Sonne nach dem Regen.

Wie lange das noch währt,
hat niemand mir erklärt.

Doch pflege ich mir sehr
mein striktes Hin und Her,

Das schöne Auf und Ab
Hält immer zu auf Trab.

Das rege Ab und Auf
Sorgt für den Lebenslauf.

Werner Söllner

Ungewisses Gefühl

Was tagsüber in dieser Geschichte passiert ist und was wirklich irgendwie unheimlich wichtig war, verrate ich gleich am Anfang: nichts. Das allein ist schon so beruhigend, dass ich mir selbst und anderen nichts mehr vorzuflunkern brauche.

Deshalb, Ehrenwort, gehe ich jetzt also zu Bett, lese noch ein paar Gedichte von Kunze, schalte dann die Nachtlampe aus und denke ein bißchen über all das nach. Manche Augenblicke haben es mit dem Verschwinden eilig, nachdem sie aufgetaucht sind, andere nehmen es nicht so genau mit der Zeit.

Aber das sind ja wohl eher Beiläufigkeiten, die zu erwähnen man vergessen darf, ebenso wie das grundsätzliche Ausscheiden der Möglichkeit des eigenen Todes beim Ausatmen, wenn man nun wirklich übertreiben wollte. Auch der feine Unterschied zwischen der Entscheidungsfreiheit des Individuums und seiner Fremdbestimmung hört zu funktionieren auf. Gott sei Dank, denn es ist spät geworden in diesem Jahrhundert und es gibt Menschen, die noch immer nicht schlafen.

Bei all dem ist die Vermutung tröstlich, dass nach der ganzen Aufregung am kalten Büffet gewiß auch die Postmoderne noch ein Stündchen Ruhe finden wird, wenn wir alle gemeinsam ein Auge zudrücken und den Finger nicht krümmen. Soll sie doch, nach all der harten Arbeit am Tresen.

Ob Suso wohl schläft? (Die Frage hat wirklich nichts mit Mystik zu tun.) Morgen früh werde ich mein Pferd zäumen, das Wort Schabracke über sein seidiges Fell werfen und mit Mörike über den Bodensee reiten, damit alles ein wenig leichter wird.

Dumm ist nur, dass ich jetzt, vor dem Einschlafen, merke, wie vergeßlich ich seit einiger Zeit geworden bin: ich liebe etwas, und ich weiß nicht mehr was. Morgen früh muß ich den Hausmeister fragen, den Mann mit dem Schlüsselbund.

Ulrich Schacht

Prag, Café „Slavia"

Im Februar 2011

Aber ja: die Geschichte geht weiter Stalins
Kohorten, längst sind sie verschwunden ihr
Schlag Wort Führer eine Handvoll Asche, wie

seine Opfer. Aber ja: die Geschichte kehrt
wieder noch immer reicht das verteuerte
Brot, die Massen zur Phrase werden zu

lassen: *Freiheit*, du schönes Wort, Hure des
Weltgeists, jetzt arabisch skandiert, und der
Jubel, okzidentalisch kandiert, kennt keine

Grenzen. Aber ja: die Geschichte schmeckt
süß, wie das Blut, das sie kostet, wie der
Traum, der sie bluten lässt. Aber ja, Herr

Ober, die Rechnung, bitte. Natürlich

Jan Wagner

versuch über silberdisteln

für Reiner Kunze

es gibt die konstellationen
des südlichen und des nördlichen himmels,
und es gibt sie: die silberdisteln.

zu finden beim vieh, auf den weiden,
nicht in den glashäusern und parks.
ihr trick: so dicht am boden
noch schweben zu können,

in asterisken zu glimmen,
bevor die frühe nacht
als schatten einer kuh auf sie fällt.

auch jener astrologe,
der im dunkel zu lesen versteht,
barfuß über die wiese geht,
wird an sie denken.

Zum Schluß

Matthias Buth

Ach, Deutschland

Heimat haben und welt,
und nie mehr der lüge
den ring küssen müssen

„Illusionen hatten wir ebenso wenig, wie wir wussten, was es heißt, ein freier Mensch zu sein. Geboren 1933, hatte ich bis zu diesem Tag ausschließlich in Diktaturen gelebt."

Elisabeth und Reiner Kunze gingen von Deutschland nach Deutschland am 14. April 1977. Von Greiz nach Bayern. Warum – fragten die Gazetten – gerade nach Bayern, das für eine bestimmte Weltwahrnehmung in Deutschland ein eher politisch kontaminiertes Land ist, kein Asylland, kaum eine Region, die auf Dichter setzt.

Und der Satz im Essay *Konsequenz Leben – Schriftsteller sein im geteilten Deutschland* (1989), der von zwei Diktaturen spricht, rief diejenigen auf den Plan, die mit dem Empörungsaufschrei „Gleichsetzung" eine Möglichkeit erkannten, die DDR zu beschönigen, als den besseren Staat gar, aber in jedem Fall weit weg von jenem Sprachgebrauch zu bringen, der uns heute so selbstverständlich von gewendeten und gewandelten Einsichtsträgern in Politik und Medien eingehämmert wird, nämlich dem vom „Unrechtsstaat" und von der „SED-Diktatur". „In den ersten Jahren nach unserer Übersiedlung habe ich einmal gesagt, manche Leute in der Bundesrepublik wüssten nicht, was sie haben, und einige können mir das bis heute nicht verzeihen. Leider sehe ich keine Veranlassung, meine Meinung zu revidieren", fügte Reiner Kunze hinzu. Ob er 2013 dazu Veranlassung hat? Wohl nicht, auch wenn sich Erkenntnisse in den Parlamenten und Regierungen sowie in den Medien eingestellt haben.

> Als wir sie schleiften, ahnten wir nicht
> wie hoch sie ist
> in uns

Der Vers im Gedicht DIE MAUER nährt den Zweifel, dass wir zu lange hospitalisiert waren von Formeln wie Sozialismus, Kalter Krieg, Ost-West-Konflikt, Konsum und Verdrängung.

Vor allem hatte bis 1989 ein Begriff im Westen bei der veröffentlichten Meinung ausgedient, der Synonym für Reaktion und Friedensgefährdung war: Deutschland.

> Wir hatten gehofft
> auf das eine land
> mit der einen fahne
>
> Auf das land,
> das nicht leugnet,
> mit der fahne,
> die in frieden lässt

Hoffnung auf diese Fahne hatten, bis auf die verstockten SEDisten, fast alle in der DDR, Menschen wie Reiner Kunze, die festhielten an dem, was zwischen Rhein und Elbe und Oder verband. Und der Lebensstil zwischen Hamburg und München in einer rechtsstaatlichen Demokratie wurde jeden Tag im „Westfernsehen" wehmütig beobachtet. Er wirkte für die Deutschen in der DDR wie eine Verheißung, wie ein Traum auf ein Leben, das Freiheits- und Menschenrechte garantierte und so eigene Lebensentwürfe zuließ. Als es dann doch zur Deutschen Einheit kam, das fast unverdiente Geschenk der Geschichte, als sich 1989/90 der Ruf von „Wir sind das Volk" zu „Wir sind ein Volk" wandelte, wurde der deutsche Dreifarb zu einer Freiheitsfahne, so wie 1813, als die Freiheitsbewegungen in den deutschen Ländern begannen. Kunze setzte aber schon zuvor im Dunkeldeutschland der SED gegen die Verhältnisse, auf die eigene Hoffnung, gestützt auf persönlichen Mut sowie auf das Mitleiden seiner Frau Elisabeth, sein inneres Gedicht. So hielten die Kunzes die Stasi-Zersetzungsmaßnahmen, die zerstören und vernichten sollten, aus. Ihr Leben hing am seidenen Faden.

Sie vergessen, sagte er, wir haben

längeren arm

Dabei ging es

um den kopf.

Die Sprache des Dichters Reiner Kunze entzog sich ab Mitte der 60er Jahren des letzten Jahrhunderts aller staatlichen Repression und Bevormundung, da sie der Gewalt das entgegensetzte, was diese am meisten fürchtet: Poesie, konturenscharfe, sanfte Bilder sowie das Gefühl, gefasst in Verzweiflung und Liebe. Gerade die epigrammnahen Gedichte waren ihm Hoheitszeichen für Person und Land und zugleich Stütze.

Dichter dulden keine diktatoren

neben sich

Und sie erfassten den homo politicus Reiner Kunze. Er erlebte zwei Diktaturen und erkannte die zweite in Deutschland erst mit den Jahren, als er sich u.a. durch Albert Camus' Werk und Publizistik über den Sowjetkommunismus die Augen öffnen ließ und sich von seiner bizarren Arbeiter-und-Bauern-Lyrik der frühen Jahre häutete. Gerade diese stets offene bekannte Wandlung, eine Art Damaskus-Erlebnis, macht sein Werk authentisch.

Kunze ging 1977 von Deutschland nach Deutschland, er musste nicht die Sprache wechseln, nicht ins Sprachexil gehen, er hatte sein Vaterland an den Füßen, so wie es Heinrich Heine in *Deutschland. Ein Wintermärchen* Wintermärchen bedichtete. Kunzes Werk in Gedicht und Prosa ist gekeltert von existentiellen Erschütterungen. Albert Camus, 20 Jahre vor ihm geboren, ein

naher Kumpan, auch wenn er ihn nie sah. Dessen Erkenntnis
„Es herrscht das Absurde, und die Liebe errettet davor" setzt
Kunze als Motto in den Band *eines jeden einziges leben.*

Das Gedicht kann retten wie eine Frau.

Auf welche Rettung warteten wir auf der anderen Seite in
Zeiten der Teilung oder waren wir eingeübt in Wegschauen
und Indifferenz?

Haben wir den Mut, in den Spiegel der Zeitgeschichte zu
schauen, ohne (wieder) zu verdrängen? Schon vor 23 Jahren ist
das Fahnenmeer des 3. Oktober 1990 vor dem Berliner Reichs-
tagsgebäude verschwunden. Einheitsroutine? Demnächst Ausruhen auf dem Einheitsdenkmal in Berlin? Und wie wird es
in diesem Jahr sein, wenn wir noch außer Atem sind von der
Bundestagswahl, in Sorge um Euro, Griechenland, Zypern
und Italien?

Die jährlichen Gedenkfeierlichkeiten zum Mauerfall, zur
Öffnung der Grenzen nicht nur in Berlin und durch Deutschland, sondern entlang der damaligen Tschechoslowakei und
Ungarn, fordern immer wieder auf, über die DDR nachzudenken, sie historisch zu qualifizieren. *Geschichtspolitik* fordert
Wolfgang Thierse für seine Partei, während Norbert Lammert
Geschichte und Streit über deren Bewertung lieber den Historikern überlässt; der Staat habe Geschichte nicht politisch zu
instrumentalisieren. Die Diskussion nicht nur in den Neuen
Ländern, nicht nur bei Geschichtswerklern der Links-Partei,
sondern auch in wissenschaftlichen Instituten und Publizistik
lassen erkennen: Geschichtsdeutung ist immer politisch, da Geschichte als Legitimationsquelle beansprucht wird. Die *Erinne-
rungspolitik* hat oft zum Ziel, eigene Irrtümer und Tatsachen zu
vernebeln und zu verdrängen. Von *Geschichtspolitik* zu sprechen

ist bloßstellend und erhellend zugleich: wird Geschichte doch stets in den Dienst genommen, um einen eigenen politischen Hochsitz zu erklimmen, um dann Forderungen an andere zu stellen. Bis auf weiteres wird darüber gestritten, ob denn die DDR tatsächlich ein „Unrechtsstaat" gewesen sei, eine „Diktatur" gar. Und völlig zurecht wird darauf hingewiesen, dass man den NS-Staat mit dem SED-Staat nicht gleichsetzen dürfe, zwar vergleichen, aber auf keinen Fall wegen der unterschiedlichen Dimensionen der diktatorischen Staatsapparate die DDR auf eine Stufe mit dem 3. Reich stellen könne. Unrechtsstaat, Diktatur, Bevormundung und Machtausübung bis in den letzten Winkel des Alltags, das alles war die DDR aber doch! Oder doch nicht? Schnell wird von den „Biografien der Menschen in der DDR" gesprochen, die nicht verteufelt werden dürften. Ja, wer will denn das? Es geht nicht um die Einzelschicksale der Menschen, sondern es geht um das staatliche Prinzip des bevormundenden, totalitären und somit des diktatorischen Staatapparates der SED und dessen williger Vollstrecker und Helfershelfer. Und es geht auch – cum grano salis – um die Kontinuität des totalitären Denkens von 1933 bis 1990 in dem Teil Deutschlands, der lange Zeit als „Mitteldeutschland" bezeichnet wurde. Es geht darum, welche Mentalitäten entstanden, die sich trotz aller politischen Bildung nicht so leicht ablegen lassen wie ein alter Mantel. Die Ostalgie-Symphonik ist zielstrebig und wird weiter zunehmen. Dafür wird die Partei Die Linke schon sorgen, da sie ihre Legitimation, ihre geschichtliche Begründung in den DDR-Verhältnissen suchen muss und auch findet. Bemerkenswert ist eben, dass ihre Wahlerfolge in den neuen Bundesländern und die Koalitionen in Brandenburg, Mecklenburg-Vorpommern und seinerzeit in Berlin von den einen als „Ankommen in der Demokratie" klassifiziert werden, von anderen jedoch als gesellschaftlichen Prozess, der die historischen Begründungen von Staat und Nation unterspült, denn die „Systemfrage" wird ja auch konzeptionell gestellt.

Der Regierende Bürgermeister von Berlin Eberhard Diepgen (von 1984 bis 1989 und 1991 bis 2001) verwandte in der politischen Rede den Begriff von „den beiden Staaten in Deutschland". Dies war eine Formulierung, die völkerrechtlich im Hinblick auf die Potsdamer Erklärungen der Alliierten im August 1945 (es war natürlich kein Abkommen, da Deutschland in Schloss Cecilienhof nicht am Tisch saß) zutraf. Dennoch wurde sie als reaktionär oder zumindest als politisch bizarr angegriffen. Die beiden Staaten in Deutschland? Ja, was sollte das denn sein? Eine Formulierung, welche die DDR unterminieren und schwächen, ihr den Status als Völkerrechtssubjekt absprechen und ein Einrichten in die deutsche Zweistaatlichkeit verhindern sollte?

Wie recht Diepgen mit diesem Satz hatte, wurde dann durch den Zwei-Plus-Vier-Vertrag, der am 12. September 1990 in Moskau unterzeichnet wurde, deutlich. Erst mit diesem Statusvertrag wurde neues Völkerrecht geschaffen und die Nachkriegszeit beendet. Der Vertrag löste die Illusion auf einen Friedensvertrag (auf den besonders die Vertriebenen hofften) ab, er bildete das Surrogat dafür und ebnete so den Weg zur Deutschen Einheit vor 23 Jahren. Diese Einheit war auch ein Abschied, nämlich von einem Drittel des deutschen Staatsgebietes in Ostmitteleuropa. Das wird häufig vergessen, als sei dies damals eine längst abgeschriebene Tatsache gewesen und hätte sich durch normative Kraft des Faktischen erledigt. Wäre das tatsächlich der Fall gewesen, hätte sich Polen nicht in die Vertragsverhandlungen der vier Alliierten mit den beiden deutschen Staaten hineingedrängt – Polen nahm an den Verhandlungen am 17. Juli 1990 in Paris teil – und auf dem Grenzanerkennungsvertrag zwischen Deutschland und Polen vom 14. November 1990 bestanden. Die völkerrechtlich verbindliche Abtretung der historischen deutschen Ostgebiete an Polen und an die damalige Sowjetunion (d.h. die Sanktionierung der Annexionen) war jedoch der unverzichtbare Preis der Deutschen Einheit. Der Begriff „Wiedervereinigung" ist deshalb historisch ungenau. „Deutsche Einheit" ist sprachlich ungefähr und hier jedoch rechtlich präzise. Denn es fügte sich nach Artikel 23 GG a. F. das zusammen, was politisch noch zu vereinigen war. Breslau und Stettin gehörten deshalb genauso wenig dazu wie Königsberg.

Einheit: Das ist ein grundlegender demokratischer Begriff, der Solidarität und Selbstbestimmung umschließt. Wenn man die Mentalitäten der deutschen Gegenwart erfassen will, muss man sich eben fragen, warum sich viele auf die Einheit nicht eingelassen haben, warum sie eigentlich unerwünscht war. Und: warum Menschen wie Reiner Kunze in Greiz so verzweifelt einsam waren.

Der Satz von Willy Brandt „Die Hoffnung auf Wiedervereinigung ist die Lebenslüge der zweiten deutschen Republik" wirkte lange nach in der alten Bundesrepublik – und bei manchen immer noch, auch wenn Brandt (zu) spät den Kontra-Punkt in dem Satz setzte „Nun wächst zusammen, was zusammen gehört". Als sich die Mauer öffnete, meinte 1989 jedoch auch Gerhard Schröder als SPD-Fraktionschef im Niedersächsischen Landtag, eine auf Wiedervereinigung gerichtete Politik sei „reaktionär und hochgradig gefährlich". Egon Bahr befand: „Es gibt keine Chance, die deutschen Staaten zusammenzuführen". Das macht deutlich, wie politisch isoliert Diepgen war und mit ihm natürlich Helmut Kohl, dem man gerne Intellektualität und politische Einsicht absprach. Viele fühlten sich als Sonderlinge und unmoderne Gestrige, wenn sie weiter auf die Einheit setzten. Den Status als Intellektuelle hatten diese Träumer ohnehin lange verloren und wollten sich nicht gerne öffentlich demütigen lassen. Denn diese Deutsche Einheit war eben nicht nur für Egon Bahr „politische Umweltverschmutzung". Noch 1989, im Angesicht der Montagsdemonstrationen in Leipzig und Plauen,

Gera und Dresden, sagte er dies. Auch Klaus Bölling, Sprecher der Koalitionsregierung von Helmut Schmidt und Hans-Dietrich Genscher von 1974 bis 1982, sprach das aus, was viele westdeutsche Intellektuelle in den 70er und 80er Jahren forderten, nämlich die Streichung des Wiedervereinigungsgebots des Bonner Grundgesetzes von 1949. Jahrzehnte lang wurden die Deutschen in die „Zweistaatlichkeit" eingeübt, galt doch eine „stabile DDR" als Voraussetzung für ein stabiles Europa und eine friedvolle Weltordnung, war doch die DDR für viele zwar der ärmere Staat, jedoch der sozialere und an der Nahtstelle des Ost-West-Konfliktes so etwas wie der Garant für die Pax Europeana. Die Deutsche Einheit war als politisches Petitum geradezu unmoralisch. Das Diktum von Günther Grass, nach Auschwitz hätten die Deutschen das Anrecht auf nationale Einheit verspielt, klang lange nach. Seine Formel „das Schnäppchen DDR" diskreditierte nach 1990 den deutschen Einheitswillen.

Auschwitz mit der Wiedervereinigung zu verbinden, ist jedoch staatspolitisch verfehlt und geschichtlich unangemessen, denn Auschwitz gehört den Opfern, ist Ausdruck deutscher Schuld und Schande und eben nicht in einen Zusammenhang mit der Deutschen Einheit zu bringen, nachdem sich die Grenzen und Mauern nach dem Untergang des Sozialismus öffneten. Michael Wolffsohn hat sich zu Recht (auch) als jüdischer Bürger, dessen Familienmitglieder vom NS-Staat ermordet wurden, dagegen verwahrt. Diese Argumentationslinie ist auch nicht begründet im früheren Historikerstreit. Die Einmaligkeit der Verbrechen des Nationalsozialismus, von NSDAP, SS, SA, SD und auch der Wehrmacht, steht außer Frage und bedarf keiner Begründung. Die politische Instrumentalisierung von Auschwitz ist jedoch bis auf den heutigen Tag in Mode. Grass, Walser oder Broder, so unterschiedlich ihre Argumente im Einzelnen auch sind, moralisieren auf Kosten derjenigen, die Opfer wurden – der Deutschen und des deutschen Staates bis 1945.

Als die SPD 1989 in Schwante bei Berlin die SDP (mit-)gründete, wurde verlangt, dass die Zweistaatlichkeit Deutschlands als Folge schuldhafter Vergangenheit anzuerkennen sei. Auch das wirkt heute nach. Die europäische Dimension der Zweiteilung Deutschlands wurde nicht gesehen oder beiseitegeschoben. Eine sehr kleindeutsche Sichtweise, die über Menschen- und Freiheitsrechte verfügte, wird so sichtbar. Wäre dieser Anspruch praktische Politik geworden, gäbe es heute keine EU, kein Europa der 27 (mit Kroatien dann 28) Demokratien.

Wer will heute noch wahrhaben, dass die Äußerung von Egon Bahr „Lasst uns um alles in der Welt aufhören, von der Einheit zu träumen oder zu schwätzen" noch im Oktober 1989 von einem breiten Konsens seiner Partei getragen war? Auch Gerhard Schröder hielt ja den Einheitswunsch für „reaktionär und hochgradig gefährlich".

Als im Westen Deutschlands öffentlich erklärt wurde, dass keine Chance bestünde, die deutschen Staaten zusammenzuführen, entmutigten solche Äußerungen die Menschen in der DDR zutiefst. Das wurde im Westen aber nicht wahrgenommen. Auch nicht die bittere Wirkung, als Egon Bahr, Gerhard Schröder und Oskar Lafontaine das Gespräch mit der SED-Regierung suchten, das schließlich zum sogenannten Dialog-Papier vom 27. August 1987 „Der Streit der Ideologien um die gemeinsame Sicherheit" führte. Das im „Vorwärts" und im „Neuen Deutschland" veröffentlichte Strategiepapier verlangte, dass sich BRD und DDR „auf einen langen Zeitraum einrichten" sollten, indem sie „nebeneinander bestehen und miteinander auskommen müssen". Und weiter: „Keine Seite darf der anderen die Existenzberechtigung absprechen. Unsere Hoffnung kann sich nicht darauf richten, dass ein System das andere abschafft. Sie richtet sich darauf, dass beide Systeme reformfähig sind und der Wettbewerb der Systeme den Willen zur Reform auf beiden Seiten stärkt." Koexistenz und gemeinsame Sicherheit müssten deswegen „ohne zeitliche Begrenzung" gelten.

„Wandel durch Annäherung" war eine Egon-Bahr-Formel, die zur politischen Maxime wurde. Und mit diesem Wandel war lange begonnen, auch, indem die SPD-geführten Bundesländer die Zahlungen für die „Zentrale Erfassungsstelle" in Salzgitter einstellten. In dieser Institution wurden die Verbrechen und Vergehen des MfS, der DDR-Justiz und der SED sowie der Grenztruppen der NVA dokumentiert. Diese Doku-Stelle war ein politisches Ärgernis für die SED und gehörte zu den sogenannten Geraer Forderungen gegenüber der Bundesregierung, sie blieb aber eine Hoffnung für die DDR-Bürger. Wer heute über neue politische Wandlungen nachdenkt, auch zwischen SPD und Die Linke, die sich aus SED und PDS herausgemendelt haben will, sollte sich erinnern.

Der ehemalige sächsische Ministerpräsident Kurt Biedenkopf erinnerte am Abend der Bundestagswahl am 27. September 2009 daran, dass die SPD vor dem Problem stehe, welches sie historisch an das Jahr 1946 erinnere, nämlich an das Datum des Zusammengehens von KPD und SPD, also an das Aufgehen in der SED. Ob sie dieses Problem auch so sieht?

Es ist erstaunlich, wie sehr in der alten Bundesrepublik in Politik, Wissenschaft und Kultur die Wirklichkeit des „Real Existierenden Sozialismus" verharmlost wurde. Die DDR-Forschung war in weiten Teilen darauf angelegt, Legitimationsstrukturen für die Beibehaltung der Zweistaatlichkeit und für die kommoden Verhältnisse des DDR-Systems zu erkennen. Ein Schwerpunkt der Forschung lag in der Freien Universität zu Berlin, am Osteuropa-Institut. Die dort hervorgegangene „Berliner Schule" prägte viele Bereiche der DDR-Forschung in anderen Instituten und Universitäten. Es gab keinen, der es auch nur annähernd gewagt hätte, ja, der auf den Gedanken gekommen wäre, die DDR als Unrechtsstaat oder gar als Diktatur zu bezeichnen. Man sah in ihr unentwegt Bewegungen zum Besseren, so vom „totalitären Ein-Parteien-Staat zu einem auf Funktionstüchtigkeit angelegten Industriestaat konsultativ-autoritativen Gepräges", so Peter Christian Ludz im Jahre 1968. Lediglich in den 60er bis Anfang der 70er Jahre sprach man noch von totalitären Gesellschaftsstrukturen in der DDR. Bereits 1979 wurde dann auch der Begriff des Totalitarismus aufgegeben, so in dem von Hans Christian Ludz herausgegebenen DDR-Handbuch, und zwar in einem verquasten Funktionärsdeutsch. So stellte dieses Handbuch (markanterweise herausgegeben vom damaligen Bundesministerium für innerdeutsche Beziehungen) zum Thema Totalitarismus fest: „In den 50er und 60er Jahren verwandte unscharfe Bezeichnung zur Charakterisierung der Herrschafts- und Gesellschaftssysteme kommunistisch regierter Staaten. In der westlichen Ost- und DDR-Forschung inzwischen von differenzierteren Analysemethoden abgelöst."

Von besonderer Wirkkraft war ein anderer Vertreter der Berliner Schule der DDR-Forschung, nämlich Gerd-Joachim Glaeßner, der sich in seinen Publikationen stets für eine „vorurteilsfreie Beschreibung und Interpretation der politischen, sozialen und kulturellen Entwicklung im anderen deutschen Staat" aussprach und insbesondere dafür, das von der DDR gerichtete Gesellschaftssystem zu „entdämonisieren". Ein feines Wort, das nun wieder in die Aufarbeitungssprache zurückkehrt.

Die Entdämonisierer sammeln sich wieder und erkennen wie auch schon in den 80er Jahren die DDR-Forscher im SED-Staat ein politisches System, das vor allem ein soziales gewesen sei und in seiner besonders deutschen Ausprägung genuinen Charakter trage. Die DDR-Apologie erkannte – gestützt auf Herbert Marcuses Schrift *Die Gesellschaftslehre des Sowjetmar-*

xismus – im SED-Staat eine „Übergangsgesellschaft", die den Kapitalismusetappen zuzuordnen sei (so Peter Brokmeier). Die DDR war schlicht „das bessere Deutschland", das sogar zum Vorbild für die Entwicklung der westdeutschen Gesellschaft herhalten sollte. So stellte Klaus von Beyme 1975 fest: „Gewiss, auch bürgerliche Demokratien wiesen gelegentlich Innovationskräfte auf, die ihnen viele nicht mehr zutrauten, aber um den Preis der geistigen Anleihen beim Sozialismus (Sozialstaatlichkeit, Basis-Demokratisierung, System-Planung usw.)". Schon immer gab es neue Variationen der Selbstlegitimierung! Sogar der „Systemvergleich" zwischen beiden deutschen Staaten wurde dabei von manchen in Frage gestellt, da dieser eine „vorurteilsfreie Forschung und systemimmanente Betrachtung der DDR" unmöglich mache. Die Feststellung des DDR-Forschers Wilhelm Bleek aus dem Jahr 1989 zum 40. Bestehen der DDR wirken wie von einem anderen Stern: „Die Bundesrepublik müsste, um endgültig ein ganz normaler Staat zu werden, sich auch in ihrer Verfassung von der Präambel bis zum letzten Artikel auf ihr eigenes Territorium beschränken, einen autochthonen Staatsfeiertag verkünden und dergleichen mehr". Mit der DDR und den dortigen Deutschen würden die Bundesrepublik und ihre Bürger nur historische Erinnerungen und ethnische Gemeinsamkeiten, aber nicht mehr verbinden, vor allem keine politisch relevanten Gemeinsamkeiten. Das sind Sätze von vor 23 Jahren, also noch Gegenwart! Klaus Bölling hatte seine Lektion schon vorher gelernt.

Reiner Kunze betonte stets, die Deutsche Einheit sei deshalb unverzichtbar, da damit der Erwerb der Grundfreiheiten der 17 Millionen Deutschen in der DDR verbunden sei. Ihm ging es primär um Demokratie, in deren Konsequenz dann die Einheit unausweichlich war. Das sollte man erinnern, wenn man die Montagsdemonstrationen verstehen und besonders den Wandel der Losung von „Wir sind das Volk" zu „Wir sind ein Volk".

Westdeutsche Politologen wie Ullrich Lohmann stellten dagegen fest: „So bleibt festzuhalten, dass die Grundrechte in der DDR, vielleicht stärker als programmatische Quellen, das öffentliche Leben strukturieren sowie dem Einzelnen in Übereinstimmung mit gesamtgesellschaftlichen Zielstellungen Entfaltungsmöglichkeiten geben."

Gesamtgesellschaftliche Zielstellungen und Entfaltungsmöglichkeiten: Das liest sich heute wie blanker Hohn, hat jedoch eine Renaissance. Denn die politischen Diskussionen nach Bundestagswahlen und Wahlen in den Länderparlamenten machen deutlich, dass die DDR gar nicht tot ist, sie lebt weiter, nicht nur in Ostalgie, sondern in einer Renaissance des Sozialismusbegriffs.

Haben sich Egon Bahr oder Gerhard Schröder von ihren grotesken Einschätzungen am Vorabend der Deutschen Einheit vor 23 Jahren distanziert, gar um Entschuldigung gebeten?

Ähnliches ist auch von den DDR-Forschern nicht bekannt geworden und somit von all jenen, welche die Deutschen auf Dauer in die Zwei-Teilung des Landes zwischen Rhein, Elbe und Oder einrichten wollten.

Immanuel Kant wusste, dass die „Wohltat des ewigen Friedens" nur denen versprochen werde, die „nach dem Reiche der reinen praktischen Vernunft und nach seiner Gerechtigkeit" trachten. Die DDR-Apologie in Publizistik und DDR-Forschung war weit entfernt vom aufklärerischen Geist des Königsbergers. Nur wenige haben ihren Irrtum anerkannt und öffentlich bekundet wie Carola Stern, die langjährige WDR-Redakteurin, die zugab: „Eine Zeit lang gehörte es in den Redaktionsstuben nicht zum guten Ton, zu ,unfreundlich' über den SED-Staat zu urteilen. (Das gilt auch für meine Stube. Wir glichen uns dem allgemeinem Klima an, und so kam es schließlich, dass wir ein viel zu positives Bild der DDR vermittelt haben".

Und auch Klaus Bresser gehörte zu den wenigen, als er als Chefredakteur des ZDF 1990 bekannte, bei der Betrachtung der DDR einer „Fiktion" erlegen zu sein.

Reiner Kunze wurde 1933, im Unglücksjahr Deutschlands, geboren. Nicht viel älter ist Helmut Kohl, wahrlich kein Dichter, aber jemand, der im entscheidenden Zeitpunkt Mut hatte, zu sprechen und so zu handeln. Gegen den anfänglichen Widerstand aller Alliierten die mögliche Einheit realisiert zu haben und sich innenpolitisch nicht beirren zu lassen, öffnete uns allen neue Horizonte. Dass wir wieder an das europäische Deutschland und an die „europäisch gewachsene Kulturnation", wie es im Deutsche-Welle-Gesetz heißt, glauben dürfen, dass wir die deutsche Nation (die sich aus 200 Ethnien zusammensetzt) als Grundvoraussetzung für den freiheitlich demokratischen Rechtsstaat erkennen und verteidigen können, verdanken wir dem Mut und der Entschlossenheit von Menschen, die auf das innere Vaterland im Sinne Schillers setzten und Deutschland primär als Sprachnation begreifen, als geistiges Gefilde, das jeden einlädt, der sich ansprechen lässt vom Gedicht, das befreit.

IN SALZBURG,
AUF DEM MÖNCHSBERG STEHEND
  Nach ankunft im westen Europas

Wiederzukehren
hierher, können von nun an mich hindern
armut nur, krankheit
und tod

Im kupferlaub der dächer geht der blick
den abend ab

Heimat haben und welt
und nie mehr der lüge
den ring küssen müssen

Reiner Kunze ist ein Poet, der uns vereint, in Deutschland und mit Europa.

Die Autoren

Wolf Biermann, *1936 in Hamburg, siedelte 1953 in die DDR über. Seine ersten Lieder und Gedichte veröffentlichte er in den frühen sechziger Jahren. Nachdem wegen seiner Kritik an der Parteidiktatur bereits 1965 in der DDR ein Auftritts- und Publikationsverbot gegen ihn verhängt worden war, wurde er 1976 nach einem Konzert in Köln von der SED ausgebürgert. Wolf Biermann hat zahlreiche Schallplatten, CDs und Bücher veröffentlicht, so die Lyrikbände „Die Drahtharfe" (1965), „Preußischer Ikarus" (1978) und „Heimat. Neue Gedichte" (2006). Zu den zahlreichen Auszeichnungen, die er bisher erhalten hat, gehören der Georg-Büchner-Preis (1991), der Heinrich-Heine-Preis der Stadt Düsseldorf (1993) und die Deutschen Schallplattenpreise 1973, 1975 und 1977. Seit 2007 ist er Ehrenbürger der Stadt Berlin. Wolf Biermann lebt in Hamburg.

Thomas Blomenkamp, *1955 in Düsseldorf, studierte an der Staatlichen Musikhochschule Köln Komposition (bei Jürg Baur) und am Robert-Schumann-Institut (bei David Levine und Kurt Schäffer) Düsseldorf Klavier und Kammermusik. Seit 1982 ist er freischaffend als Komponist und Pianist tätig. Zu seinen Kompositionen gehören Auftragsarbeiten für die Berliner Festwochen, die Vereinigten Städtischen Bühnen Krefeld/Mönchengladbach (die Oper „Der Idiot"), die Düsseldorfer Symphoniker und die Nordwestdeutsche Philharmonie. Thomas Blomenkamp, der in Meerbusch lebt, hat mehrere Auszeichnungen erhalten, unter anderem 1983 beim internationalen Kompositionswettbewerb in Budapest sowie 2008 den Johann-Vaillant-Komponistenpreis.

Matthias Buth, *1951 in Wuppertal-Elberfeld, studierte Rechtswissenschaften an der Universität zu Köln und promovierte 1985 mit einer Arbeit zum Militätstrafrecht der DDR. Seit 1981 ist er in verschiedenen Insitutionen mit Kulturgeschichte, Recht und Medien befasst, im Bundesministerium für innerdeutsche Beziehungen wirkte er als Kultur- und Kirchenreferent am DDR-Kulturabkommen mit, widmete sich ab 1991 im Bundesminsiterium des Innern der Kultur und Geschichte der Deutschen im östlichen Europa und ist seit 1998 im Bundeskanzleramt (BKM) Referatsleiter für kultur- und medienrechtliche Fragen. Matthias Buth veröffentlicht seit 1973 Lyrik und Prosa, den Essayband „Der weite Mantel Deutschland"(2001) und zuletzt die Lyriksammlung „Weltummundung" (2011) mit Gedichten aus vier Jahrzehnten. Er erhielt den Literaturförderpreis des Landes Nordrhein-Westfalen und das Auslandsstipendium Deutsch-Niederländischer Kulturaustausch des Berliner Senats. Er gehört zu den Gründern der Else Lasker-Schüler-Gesellschaft. Matthias Buth lebt in Hoffnungsthal.

Karl Corino, *1942 in Ehingen/Mittelfranken, studierte Germanstik, Altphilologie und Philosophie. Sein Studium schloss er 1969 mit der Promotion an der Universität Tübingen über das Frühwerk Robert Musils ab. Anschließend arbeitete er als Redakteur in der Literaturabteilung des Hessischen Rundfunks, deren Leiter er 1985 wurde. Zu den Buchveröffentlichungen von Karl Corino gehören neben den Lyrikbänden „Tür-Stürze" (1981) und „In Bebons Tal. Neue Bilder aus Bebenhausen" (2011) „Die Akte Kant. IM ‚Martin', die Stasi und die Literatur in Ost und West" (1995) und „Robert Musil. Eine Biographie" (2003). Er erhielt mehrere Auszeichnungen, darunter den Kurt-Magnus-Preis (1974) und den Nikolaus-Lenau-Preis (2012). Karl Corino lebt in Tübingen.

Gerhardt Csejka, *1945 in Guttenbrunn (rumänisch Zabrani)/Rumänien, studierte in Temeswar Germanistik und Rumänistik. Er hat zahlreiche Werke rumänischer Autoren ins Deutsche übersetzt sowie Beiträge sowohl zur rumäniendeutschen Literatur und Publizistik als auch zum literarischen deutsch-rumänischen Austausch veröffentlicht. Gerhardt Csejka hatte Lehraufträge für rumänische Sprache und Landeskunde an der Johann-Wolfgang-Goethe-Universität Frankfurt/Main (1990 bis 1992) und an der Johannes-Gutenberg-Universität Mainz (1993 bis 2003). 2008 erhielt er den Übersetzerpreis der Kunststiftung NRW, 2009 zusammen mit Caius Dobrescu den Preis der Stadt Münster für Europäische Poesie. Er lebt in Frankfurt am Main.

Karl Dedecius, *1921 in Łódź, machte in seiner Geburtstadt das Abitur am polnischen Stefan-Zeromski-Gymnasium. In der Nachkriegszeit ließ er sich zunächst in Weimar nieder und siedelte 1952 in die Bundesrepublik über. Karl Dedecius hat eine Vielzahl von Werken aus der polnischen und russischen Literatur ins Deutsche übersetzt sowie Essays zur Literatur und Übersetzungstechnik veröffentlicht. 1979/80 initiierte er das Deutsche Polen-Institut in Darmstadt, dessen Direktor er bis 1999 blieb. Zu seinen Hauptwerken gehören die 50-bändige „Polnische Bibliothek" und das siebenbändige „Panorama der polnischen Literatur des 20. Jahrhunderts" (1996-2000). Karl Dedecius ist mit 150 Büchern der bedeutendste Nach-Dichter polnischer Lyrik; er erhielt 1990 den Friedenspreis des Deutschen Buchhandels. Karl Dedecius lebt in Frankfurt am Main.

Horst Drescher, *1929 in Olbersdorf bei Zittau, studierte von 1953 bis 1957 Germanistik bei Hans Mayer in Leipzig und arbeitete anschließend als Verlagslektor. Seit 1960 ist er freischaffend tätig. Er veröffentlichte mehrere Bücher, darunter den Essay-Band „Maler-Bilder" (1989) und „Regenbogenpapiermacher" (1995). Horst Drescher erhielt 1990 den Lion-Feuchtwanger-Preis der Akademie der Künste in Berlin und 1991 den Literaturpreis der Stadt Meißen. Horst Drescher lebt in Leipzig.

Karsten Dümmel, *1960 in Zwickau, war in der DDR als Bürgerrechtler aktiv. 1985 wurde er in Gera in Untersuchungshaft genommen und kam unter Auflagen wieder frei. 1988 übersiedelte er in die Bundesrepublik Deutschland. Er studierte anschließend in Tübingen Rhetorik und Germanistik. 1996 folgte seine Promotion. Karsten Dümmel, der seit 1997 in der politischen Erwachsenenbildung und Entwicklungshilfe tätig ist, veröffentlichte einige Bücher, unter anderem „Identitätsprobleme in der DDR – Literatur der siebziger und achtziger Jahre" (1997) und „Was war die Stasi? Einblicke in das Ministerium für Staatssicherheit" (2002, 3. erweiterte und überarbeitete Auflage 2009).

Wilhelm Gössmann, *1926 in Rüthen, studierte von 1946 bis 1955 Germanistik, Philosophie und Theologie in Münster und München, wo er 1955 promoviert wurde. Nach beruflichen Stationen an mehreren Universitäten und Pädagogischen Hochschulen war er von 1980 bis zu seiner Emeritierung 1991 Professor für deutsche Literatur an der Heinrich-Heine-Universität Düsseldorf. Von 1973 bis 1983 war er Vorsitzender der Heinrich-Heine-Gesellschaft.

Zu seinen Veröffentlichungen gehören die Werke „Heine und die Droste, eine literarische Zeitgenossenschaft" (1996) und (als Herausgeber) „Joseph von Eichendorff: seine literarische und kulturelle Bedeutung" (1995). Er wohnt in Düsseldorf und Rüthen.

Hans-Hendrik Grimmling, *1947 in Zwenkau bei Leipzig, studierte von 1970 bis 1974 Kunst in Dresden und Leipzig. Von 1974 bis 1977 war er an der Hochschule für Bildende Kunst Dresden Meisterschüler bei Gerhard Kettner. Seit 1977 war er freischaffend in Leipzig tätig. 1986 siedelte er nach West-Berlin über. 2007 wurde er Professor an der Berliner Technischen Kunsthochschule. Werke von Hans-Hendrik Grimmling wurden in zahlreichen Einzelausstellungen gezeigt, unter anderem in Rostock, Dresden, Leipzig, Berlin, Köln und Amsterdam.

Uwe Grüning, *1942 in Pabianice/Polen, wuchs bei Glauchau in Sachsen auf. Nach dem Studium der Fertigungstechnik an der TH Ilmenau und seiner Promotion zum Dr.-Ing. arbeitete er von 1975 bis 1982 als Fachschullehrer in Jena. Seitdem ist er als freier Schriftsteller tätig. Uwe Grüning, der sich auch in der sächsischen Landespolitik engagiert, veröffentlichte zahlreiche Prosa- und Lyrikbände, so den Roman „Das Vierstromland hinter Eden" (1986) und das Gedichtbuch „Grundlose Wanderschaft" (1996). Außerdem ist er als literarischer Übersetzer tätig, 2005 wurde er mit dem Eichendorff-Literaturpreis ausgezeichnet. Seit 1993 lebt er in Neumark.

Jírí Gruša, *1938 in Pardubice/Tschechoslowakei, + 2011 in Bad Oeynhausen, studierte an der Karls-Universität zu Prag Philosophie und Geschichte, wo er 1962 zum Dr.phil. promovierte. Er gehörte zu den engsten Vertrauten von Vaclav Havel und zu den Erstunterzeichnern der „Charta 77". Bereits 1968 beteiligte er sich mit anderen Intellektuellen am Prager Fühling. 1978 wurde er wegen seines Romans „Der 16. Fragebogen" verhaftet und erst nach Intervention von Heinrich Böll u.a. entlassen. 1980 nahm er ein Stipenium in die USA an, auf der Rückreise von dort erreichte ihn auf dem Bonner Marktplatz 1981 die Ausbürgerung, er blieb in der Bundesrepublik Deutschland und wurde 1983 deutscher

Staatsbürger. Nach dem Ende des Kommunismus in Prag berief ihn Präsident Vaclav Havel zum Botschafter seines Landes in Bonn. Jírí Gruša hat zweisprachig veröffentlicht, neben Romanen zwei deutsche Lyrikbände, nämlich „Der Babylonwald" (1991) und „Wandersteine" (1994). Hinzu kamen die Sachbücher „Gebrauchsanweisungen für Tschechien und Prag" (1999) sowie „Beňes als Österreicher"(2012). Auf der Prager Burg wurde er 1996 mit dem vom Bund dotierten Andreas Gryphius-Preis ausgezeichnet; die Goethe-Medaille (1999) und der Manes-Sperber-Preis (2011) kamen hinzu. Von 2004 bis 2009 war er Präsident des Internationalen P.E.N.-Clubs.

Sabine Gruša, 1943 in Liebenthal/Kreis Löwenberg (Niederschlesien), war mit Jírí Gruša verheiratet. Sie war Leiterin der Stadtbibliothek der Bundesstadt Bonn. Sabine Gruša ist Vorstandsmitglied der Olga-Havel-Stiftung, die 2005 von der Auslandsgesellschaft Deutschland mit einem Preis für internationales soziales Engagement ausgezeichnet wurde. Sie lebt in Merl (bei Bonn) und gibt ab 2014 das Gesamtwerk von Jírí Gruša heraus.

Ludwig Harig, *1927 in Sulzbach/Saar, war seit 1950 Volksschullehrer. 1970 ließ er sich beurlauben und beendete den Schuldienst 1974, um fortan als freier Schriftsteller zu arbeiten. Er veröffentlichte experimentelle Texte und Hörspiele, die durch Montage- und Collage-Technik geprägt waren. 1986 erschien sein Roman „Ordnung ist das ganze Leben". Diesem Band seiner autobiographischen Trilogie folgten 1990 bzw. 1996 die weiteren Teile „Weh dem, der aus der Reihe tanzt" und „Wer mit den Wölfen heult, wird Wolf". Zu seinem umfangreichen Werk gehören neben Prosa- und Hörspielarbeiten auch Lyrikbände. Ludwig Harig erhielt unter anderem den Hörspielpreis der Kriegsblinden und den Heinrich-Böll-Preis (beide 1987). Er lebt in Sulzbach.

Walter Hinck, *1922 in Selsingen/Niedersachsen, promovierte 1956 in Göttingen und war dort bis 1962 Wissenschaftlicher Assistent am Seminar für Deutsche Philologie. 1962 wechselte er als Assistent von Karl Otto Conrady nach Kiel, wo er sich 1964 habilitierte. Von 1964 bis 1987 war er Professor für Neuere deutsche Sprache und

Literatur an der Universität zu Köln. Zahlreiche Publikationen vom 18. Jahrhundert bis zur Gegenwart, insbesondere zu Goethe, Heine und Brecht, hat er vorgelegt, so u.a. „Das moderne Drama in Deutschland" (1973), „Die Wunde Deutschland" / Heinrich Heines Dichtung im Widerstreit von Nationalidee, Judentum und Antisemitismus (1991), „Stationen der deutschen Lyrik. Von Luther bis in die Gegenwart" (2000) und zuletzt „Gesang der Verbannten" / Deutschsprachige Exillyrik von Ulrich von Hutten bis Bertolt Brecht (2011). Walter Hinck, der nunmehr in Landau/Pfalz lebt, erhielt 1992 den Kasseler Literaturpreis und 2003 den Preis der „Frankfurter Anthologie". Er ist inzwischen auch als Erzähler hervorgetreten.

Franz Hodjak, *1944 in Hermannstadt (rumänisch Sibiu)/Rumänien, studierte Germanistik und Romanistik. Von 1970 bis 1992 war er als Verlagslektor tätig. 1992 übersiedelte er nach Deutschland. Er schreibt Lyrik und Prosa und übersetzt aus dem Rumänischen. Zu seinen wichtigen Veröffentlichungen gehören der Roman „Ein Koffer voll Sand" (2003) und die Gedichtbände „Siebenbürgische Sprechübung" (1990), „Landverlust" (1993) und „Die Faszination eines Tages, den es nicht gibt" (2009). Franz Hodjak, der in Usingen lebt, erhielt unter anderem den Preis des Landes Kärnten beim Ingeborg-Bachmann-Wettbewerb 1990 und den Nikolaus-Lenau-Preis (1996).

Kay Hoff, *1924 in Neustadt/Holstein, studierte von 1945 bis 1949 an der Universität Kiel Psychologie, Literaturwissenschaft und Kunstgeschichte. Er beendete das Studium mit der Promotion zum Doktor der Philosophie. Kay Hoff war unter anderem als Bibliothekar und Leiter des deutschen Kulturzentrums der Deutschen Botschaft in Tel Aviv tätig. Er veröffentlichte Hörspiele, Lyrik und Prosa, so die Romane „Bödelstedt oder Würstchen bürgerlich" (1966) und „Janus" (1984) und die Lyriksammlung „Zeit-Gewinn" (1989). Seine gesammelten Werke in Einzelausgaben erscheinen seit 2002 in Siegen. 1965 erhielt er den Ernst-Reuter-Preis, 1968 den Georg-Mackensen-Literaturpreis. Kay Hoff lebt in Berlin.

Wulf Kirsten, *1934 in Klipphausen bei Meißen, war als Handelskaufmann, Buchhalter und Bauarbeiter tätig, bevor er sich entschloß, das Abitur nachzumachen und Pädagogik in Leipzig zu studieren. Kurze Zeit arbeitete er als Lehrer, bevor er 1965 eine Tätigkeit als Lektor im Aufbau Verlag begann. 1969 und 1970 studierte er am Literaturinstitut Johannes R. Becher. Seit 1987 ist Wulf Kirsten freier Schriftsteller und Herausgeber. Er veröffentlichte Prosatexte und vor allem Lyrik, unter anderem die Gedichtbände „Die Erde bei Meißen" (1987), „Stimmenschotter" (1993), den Auswahlband „erdlebenbilder" (2004) und „fliehende ansicht" (2012). Für seine Werke erhielt er zahlreiche Auszeichnungen, so 1987 den Peter-Huchel-Preis und 1999 den Horst-Bienek-Preis. Wulf Kirsten lebt in Weimar.

Johannes Kühn, *1934 in Bergweiler/Saarland, besuchte eine Missionsschule in St. Wendel, die er 1953 aufgrund einer langwierigen Krankheit ohne Abitur verließ. Später war er als Hilfsarbeiter in der Tiefbaufirma seines Bruders beschäftigt und schrieb nebenbei Dramen, Märchen und Lyrik. Vor allem mit seinen seit den später achtziger Jahren veröffentlichten Gedichtbänden wie „Ich Winkelgast" (1989), „Gelehnt an Luft" (1992) und „Ganz ungetröstet bin ich nicht" (2007) fand er breite Anerkennung. Johannes Kühn, der in Hasborn/Saarland lebt, erhielt unter anderem den Horst-Bienek-Preis (1995), Hermann-Lenz-Preis (2000) und Friedrich-Hölderlin-Preis der Stadt Bad Homburg (2004).

Günter Kunert, *1929 in Berlin, studierte nach dem Ende des Zweiten Weltkriegs in Ost-Berlin Grafik, brach sein Studium jedoch nach fünf Semestern ab. 1976 gehörte er zu den Erstunterzeichnern der Petition gegen die Ausbürgerung von Wolf Biermann. Daraufhin wurde ihm die seit 1948 bestehende SED-Mitgliedschaft entzogen. 1979 verließ Günter Kunert die DDR und ließ sich in Kaisborstel bei Itzehoe nieder, wo er bis heute als freier Schriftsteller lebt. Zu seinem sehr umfangreichen Werk zählen Hörspiele, Erzählungen, der Roman „Im Namen der Hüte" (1967) sowie zahlreiche Lyrikbände, so „Fremd daheim" (1990) und „Als das Leben umsonst war" (2009). Günter Kunert erhielt unter anderem 1985 den Heinrich-Heine-Preis der Stadt Düsseldorf und 1997 den

Georg-Trakl-Preis und 2011 des Preis der „Frankfurter Anthologie". Er ist Vorsitzender des P.E.N.-Zentrums deutsch-sprachiger
Autoren im Ausland.

Birgit Lermen, *1935, ist emeritierte Professorin für Neuere Deutsche
Literatur an der RWTH Aachen und der Universität zu Köln.
Sie forscht zur deutschsprachigen Literatur des 18., 19. und 20.
Jahrhunderts .Von besonderem Interesse sind ihr Werke von
Autorinnen und Autoren der deutsch-jüdischen Literatur des 20.
Jahrhunderts. So veröffentlichte sie zu Else Lasker-Schüler, Nelly
Sachs und Hilde Domin.Hinzu kamem Arbeiten zur Lyrik in der
DDR und zur deutschsprachigen Literatur in den Nachbarländern.
Sie erhielt das Österreichische Ehrenkreuz für Wissenschaft und
Kultur I. Klasse. Seit vielen Jahren ist sie Vorsitzende der Jury
des von ihr angeregten „Literaturpreises der Konrad Adenauer-
Stiftung".

Ralf Liebe, *1965 in Weilerswist, ist Drucker und Verleger. In seinem
Verlag erscheinen Lyrikbände, Romane, Sachbücher, Fotobände
sowie Kunstcomics von Reinhard Kleist. Zu den Autoren gehören
Elias Bierdel, Matthias Buth, Karl Otto Conrady, Hans-Jürgen
Heise, Franz Hodjak, Ernst David Kaiser, dessen Roman „Die
Geschichte eines Mordes" im Juni 2010 auf Platz 1 der SWR-
Bestenliste stand, Roland E. Koch, Heinz Küpper, Lutz Rathenow,
Dieter Wellershoff und Annemarie Zornack. In Zusammenarbeit
mit Roland Hüwe und Reinhard Kleist veröffentlichte Ralf Liebe
1992 als Autor das Kinderbuch „Minna Spaghetti". Er wohnt in
Weilerswist in seinem Druck- und Verlagshaus, dem ein Museum
für Druckgeschichte angegliedert ist.

Doris Liebermann, *1953 in Leimrieth, studierte an der Friedrich-
Schiller-Universität Jena Theologie. Nach einer Unterschriftensammlung gegen die Ausbürgerung Wolf Biermanns wurde sie
festgenommen und danach exmatrikuliert. 1977 wurde Doris
Liebermann ausgebürgert. In West-Berlin studierte sie osteuro-
päische Geschichte und Slavistik. Seit 1983 arbeitet sie als freie
Autorin für Funk, Fernsehen und Printmedien. Zu ihren Buchveröffentlichungen gehört der Band „Dissidenten, Präsidenten

und Gemüsehändler: Tschechische und ostdeutsche Dissidenten 1968-1998", den sie 1998 gemeinsam mit Jürgen Fuchs und Vlasta Wallat herausgegeben hat. Sie lebt in Berlin.

Marko Martin, *1970 in Burgstädt, verließ 1989, aus politischen Gründen mit Hochschulverbot belegt, als Kriegsdienstverweigerer die DDR und siedelte in die Bundesrepublik über. Danach studierte er an der TU und FU Berlin Germanistik, Politikwissenschaft und Geschichte. Er lebt, sofern nicht auf Reisen, als freier Schriftsteller und Publizist vor allem für DIE WELT in Berlin. Er veröffentlichte den Essayband „Orwell, Koestler und all die anderen" (1999), das literarische Tagebuch „Sommer 1990" (2004), die Reportagen „Sonderzone. Nahaufnahmen zwischen Teheran und Saigon" (2008) und „Kosmos Tel Aviv" (2012) sowie nach dem Roman „Der Prinz von Berlin"(2000) die Erzählbände „Schlafende Hunde" (2009) und „Die Nacht von San Salvador"(2013).

Dirk von Petersdorff, *1966 in Kiel, studierte an der Universität Kiel Germanistik und Geschichte. 1995 promovierte er in Literaturwissenschaft und habilitierte sich 2003 an der Universität des Saarlandes. Heute lebt er in Jena, wo er an der Friedrich-Schiller-Universität als Professor für Neuere Deutsche Literatur tätig ist. Er veröffentlichte mehrere Bücher, darunter die Lyrikbände „Bekenntnisse und Postkarten" (1999) und „Nimm den langen Weg nach Haus" (2010). Dirk von Petersdorff erhielt unter anderem 1993 den Friedrich-Hebbel-Preis und 1998 den Kleist-Preis.

Toni Pongratz, *1951 in Hofkirchen/Niederbayern, wurde nach dem Besuch eines Gymnasiums Krankenpfleger. Er ist heute Leiter der medizinischen Intensivstation am Klinikum Passau. 1981 gründete er die „Edition Toni Pongratz", in dem u.a. Werke von Horst Bienek, Walter Helmut Fritz, Peter Härtling, Peter Huchel, Reiner Kunze und Gabriele Wohmann erschienen sind. Außerdem organisierte Toni Pongratz verschiedene Ausstellungen. Er lebt in Hauzenberg in der Nähe von Passau.

Utz Rachowski, *1954 in Plauen, wurde 1979 wegen Verbreitung eigener Gedichte sowie von Literatur von Jürgen Fuchs, Reiner Kunze,

Wolf Biermann, Gerulf Pannach und dem damit verbundenen Vorwurf „staatsfeindlicher Hetze" zu 27 Monaten Haft verurteilt. Nach der Intervention von Reiner Kunze und Amnesty International wurde er 1980 in die Bundesrepublik entlassen. Dort studierte er in Göttingen und an der FU Berlin Kunstgeschichte und Philosophie. Utz Rachowski veröffentlichte mehrere Bücher, so „Erinnerungen an eine Jugend" (1995). Er wurde u.a. mit dem Reiner-Kunze-Preis der Stadt Oelsnitz (2007) ausgezeichnet. Er lebt in Berlin und im Vogtland.

Lutz Rathenow, *1952 in Jena, wurde wegen seiner kritischen Einstellung zum DDR-Regime – er gab zahlreiche mutige DLF-Interviews - zweimal verhaftet, zuletzt 1980 nach der Veröffentlichung seines Buches „Mit dem Schlimmsten wurde schon gerechnet", das in der Bundesrepublik erschienen war. Unter anderem setzten sich Christa Wolf und Günter Grass für seine zehn Tage später erfolgende Haftentlassung ein. Ausreiseangebote der DDR-Behörden lehnte er ab. Er war in der unabhängigen Friedens- und Bürgerrechtsbewegung aktiv. Lutz Rathenow veröffentlichte Kinderbücher, Erzählungen und Lyrikbände wie „Zangengeburt" (1982) und „Gelächter, sortiert" (2008). Er erhielt u.a. 1998 den Karl-Hermann-Flach-Preis. Seit März 2011 ist er sächsischer Landesbeauftragter für die Stasi-Unterlagen.

Benno Rech, *1935 in Thalexweiler/Saarland, studierte an verschiedenen Universitäten Germanistik, Geschichte und katholische Theologie. Anschließend promovierte er in Frankfurt am Main. Im Jahr 2000 wurde ihm der Professorentitel verliehen. Benno Rech ist Herausgeber der Werkausgabe von Ludwig Harig. Gemeinsam mit seiner Frau betreut er das literarische Schaffen von Johannes Kühn. Neben mehreren Büchern veröffentlichte er Fachaufsätze über Literatur. Er lebt in Thalexweiler.

Ulrich Schacht, *1951 im Frauengefägnis Hoheneck, wurde 1973 in der DDR wegen „staatsfeindlicher Hetze" zu sieben Jahren Freiheitsentzug verurteilt und 1976 – nach Freikauf durch die Bundesregierung - in die Bundesrepublik entlassen. Nach dem Studium der Politischen Wissenschaften und Philosophie arbeitete er als

Redakteur und Autor für Zeitungen und Zeitschriften. Zu seinen zahlreichen Veröffentlichungen zählen der Erzählungsband „Brandenburgische Konzerte" (1989) sowie die Lyrikbände „Die Treppe ins Meer" (2003) und „Bell Island im Eismeer" (2011). Ulrich Schacht erhielt verschiedene Auszeichnungen, so 1990 den Theodor-Wolff-Preis und 2013 den Eichendorff-Literatur-Preis. Er lebt nunmehr in Schweden.

Udo Scheer, *1951 in München, kam 1960 in die DDR, wo er später Gründungsmitglied des oppositionellen Arbeitskreises Literatur und Lyrik Jena war, der 1975 verboten wurde. Nach einem Technologiestudium arbeitete er in der DDR als Konstrukteur, ohne die Möglichkeit zu haben, seine literarischen Werke zu veröffentlichen. Seit 1993 ist er freiberuflicher Schriftsteller und Publizist. Zu seinen Publikationen gehört die Biografie „Jürgen Fuchs. Ein literarischer Weg in die Opposition. Inhaftiert in Hohenschönhausen" (2007). Udo Scheer lebt in Stadtroda.

Werner Söllner, *1951 in Horia/Banat (Rumänien), studierte zunächst Physik, dann Germanistik und Anglistik. Er war als Lehrer an einem Bukarester Gymnasium tätig und anschließend Lektor in einem Kinderbuchverlag. 1982 übersiedelte er in die Bundesrepublik Deutschland. Er veröffentlichte mehrere Bücher, so die Lyrikbände „Kopfland, Passagen" (1988) und „Der Schlaf des Trommlers" (1992), und übersetzte Werke des rumänischen Dichters Mircea Dinescu ins Deutsche. 1978 erhielt er den Lyrikpreis des rumänischen Schriftstellerverbandes und 1988 den Förderpreis des Friedrich-Hölderlin-Preises. Werner Söllner lebt in Frankfurt am Main.

Peter Steinbach, *1948 in Lage, studierte in Marburg Geschichte, Philosophie und Politikwissenschaft. Er wurde dort im Fach Mittlere und Neuere Geschichte promoviert. 1979 habilitierte er sich an der FU Berlin und lehrte danach als Professor an verschiedenen Universitäten. Er ist wissenschaftlicher Leiter der ständigen Ausstellung „Widerstand gegen den Nationalsozialismus" und der Gedenkstätte Deutscher Widerstand in Berlin (Bendler-Block). Peter Steinbach ist einer der Herausgeber der „Zeitschrift für

Geschichtswissenschaft". Zu seinen Buchveröffentlichungen gehören die Werke „Der 20. Juli. Die Gesichter des Widerstands" (2004) und „Claus von Stauffenberg. Zeuge im Feuer" (2007) sowie „Geschichte im politischen Kampf. Wie historische Argumente die öffentliche Meinung manipulieren" (2012).

Gabriele Stötzer, *1953 in Emleben, studierte an der Pädagogischen Hochschule Erfurt Germanistik und Kunsterziehung. Im Sommer 1976 wurde sie wegen einer Petition gegen die Entlassung eines kritischen Kommilitonen von der Hochschule relegiert. Nachdem sie sich mit einer Unterschrift am Protest gegen die Ausbürgerung Wolf Biermanns beteiligt hatte, wurde sie 1977 zu einem Jahr Haft verurteilt. Eine Ausreise in den Westen lehnte sie nach ihrer Entlassung ab. Gabriele Stötzer ist heute als Künstlerin und Schriftstellerin tätig. Sie veröffentlichte unter anderem die Bücher „Erfurter Roulette" (1995) und „Das Leben der Mützenlosen" (2007). Sie lebt in Erfurt und Utrecht.

Volker Strebel, *1962 in Waldsassen/Oberpfalz, studierte evangelische Religionspädagogik, Germanistik, slavische Philologie und Deutsch als Fremdsprache. Zu seinen zahlreichen Veröffentlichungen vor allem über russische und tschechische Literatur zählt der Beitrag „Verzeichnis von Übersetzern aus dem Tschechischen ins Deutsche zwischen 1900 und 1945" in „Praha – Prag 1900 – 1945. Literaturstadt zweier Sprachen, vieler Mittler", herausgegeben von Jozo Dzambo (2010).

Jan Wagner, *1971 in Hamburg, ist nach dem Studium der Anglistik seit 2001 als freier Schriftsteller, Herausgeber und Übersetzer aus dem Englischen und Amerikanischen tätig. Er veröffentlichte mehrere Lyrikbände, unter anderem „Probebohrung im Himmel" (2001) und „Australien" (2010). Zu den zahlreichen Auszeichnungen gehören der Anna-Seghers-Preis (2004), der Ernst-Meister-Preis (2005) und der Wilhelm-Lehmann-Preis (2009). Jan Wagner lebt in Berlin.

H. Johannes Wallmann, *1952 in Leipzig, studierte von 1968 bis 1973 in Weimar Musik und war 1980/81 Meisterschüler für Komposition von Friedrich Goldmann an der Ost-Berliner Akademie der Künste. Nachdem er 1986 einen kulturpolitisch begründeten Ausreiseantrag gestellt hatte, konnte er 1988 mit seiner Familie in den Westen Deutschlands übersiedeln. Sein Werk enthält Kompositionen in verschiedenen Gattungen, darunter „Innenklang-Außenklang – Musik im Raum für 4 Orchestergruppen, Soprane und Soundscapes" sowie der Zyklus DER BLAUE VOGEL – Musik im Raum für Bariton und Kammerensemble zu Gedichten, Nachdichtungen und Texten von Reiner Kunze.

Michael Wolffsohn, *1947 in Tel Aviv-Jaffa, studierte an der FU Berlin Geschichte. Er promovierte 1975 und habilitierte sich 1979 in Politikwissenschaft. 1980 folgte eine erweiterte Habilitation in Zeitgeschichte. Von 1981 bis zu seiner Emeritierung 2012 lehrte er an der Universität der Bundeswehr in München als Professor für Neuere Geschichte. 1991 hat er dort die Forschungsstelle Deutsch-Jüdische Zeitgeschichte gegründet. Er veröffentlichte zahlreiche Bücher, darunter 2008 „Juden und Christen" und 2012 „Über den Abgrund der Geschichte hinweg: Deutsch-jüdische Blicke auf das 20. Jahrhundert". Michael Wolffsohn wurde unter anderem 1993 mit dem Deutschen Schulbuchpreis ausgezeichnet.

Eva Zeller, *1923 in Eberswalde, studierte in Greifswald, Marburg und Berlin Germanistik und Philosophie. Nach dem Krieg arbeitete sie vorübergehend in Görzke als Lehrerin. 1956 verließ sie die DDR und zog mit ihrer Familie nach Namibia. 1962 kehrte sie wieder nach Deutschland zurück und ließ sich in der Bundesrepublik nieder. Eva Zeller veröffentlichte Kinderbücher, Romane (u.a. „Der Sprung über den Schatten", 1967, „Die Hauptfrau", 1977,„Die Lutherin / Spurensuche nach Katharina von Bora", 1996), Erzählungen, Jugendbücher, Essays, Hörspiele und acht Lyrikbände, so „Das unverschämte Glück" (2006) und „Hallelujah in Moll" (2013). Sie wurde oft ausgezeichnet, so 1986 mit dem Ida-Dehmel-Preis, 1991 mit dem Eichendorff-Literatur-Preis und 2007 mit dem Paul-Gerhardt-Preis. Eva Zeller lebt in Berlin.

Hans Dieter Zimmermann, *1940 in Bad Kreuznach, studierte in Mainz und Berlin Germanistik, Geschichte und Philosophie. Er promovierte 1968 bei Walter Höllerer an der TU Berlin. Nach seiner Habilitation an der Universität Hannover lehrte er unter anderem als Professor für Neuere Deutsche Literatur an der Johann-Wolfgang-Goethe-Universität in Frankfurt/Main und am Institut für Literaturwissenschaft der TU Berlin. Er ist geschäftsführender Herausgeber der Tschechischen Bibliothek in deutscher Sprache in 33 Bänden und Mitglied der Jury des Kafka-Preises der Stadt Prag. Hans Dieter Zimmermann veröffentlichte unter anderem die Werke „Der babylonische Dolmetscher. Zu Franz Kafka und Robert Walser" (1985) und „Die Spaltung der deutschen Literatur von 1948 bis 1998" (2000). Er lebt in Berlin und Prag.

Die Fotografin

Brigitte Friedrich, geb. 1940 in Ostpreußen; Studium Anglistik, Geographie (Examen 1965) an der Universität zu Köln. Seit 1969 freie Fotografin (überwiegend Autorenporträts); Veröffentlichungen in allen großen deutschsprachigen Medien und in Büchern (auch in Lexika); verschiedene Ausstellungen, zuletzt 2009 die Dauerausstellung in der Stadtbibliothek Köln. Bildarchiv: über 4.000 Schriftsteller und Persönlichkeiten des kulturellen Lebens; lebt in Köln.